# JOURNAL

D'UN

# VOYAGE A TEMBOCTOU ET A JENNÉ,

DANS L'AFRIQUE CENTRALE.

TOME III.

SE TROUVE A PARIS:

Chez P. MONGIE AINÉ, Libraire - Éditeur, boulevart des Italiens, n.º 10,

Et chez A. BERTRAND, Libraire de la Société de géographie.

---

A Londres, chez DULAU et compagnie;
A Leipsick, chez L. MICHELSEN;
A Bruxelles, à la Librairie parisienne, rue de la Montagne;
A Genève, chez BARBEZAT;
A Francfort, chez FUGEL;
A Zurich, chez TRACHSLER.

# JOURNAL

D'UN

# VOYAGE A TEMBOCTOU ET A JENNÉ,

DANS L'AFRIQUE CENTRALE,

PRÉCÉDÉ

D'OBSERVATIONS FAITES CHEZ LES MAURES BRAKNAS, LES NALOUS ET D'AUTRES PEUPLES;

PENDANT LES ANNÉES 1824, 1825, 1826, 1827, 1828:

## PAR RENÉ CAILLIÉ.

AVEC UNE CARTE ITINÉRAIRE, ET DES REMARQUES GÉOGRAPHIQUES, PAR M. JOMARD, MEMBRE DE L'INSTITUT.

### TOME TROISIÈME.

### PARIS.

IMPRIMÉ PAR AUTORISATION DU ROI
A L'IMPRIMERIE ROYALE.

M DCCC XXX.

# JOURNAL

D'UN

# VOYAGE A TEMBOCTOU

ET

DANS L'INTÉRIEUR DE L'AFRIQUE.

## CHAPITRE XXIV.

Puits d'Amoul-Gragim. — Serpens énormes. — Hautes dunes appelées Helk. — Puits d'Amoul-Taf. — Collines de granits diversement colorés. — Puits d'el-Ekseif; très-bonne eau. — Puits dits Marabouty, el-Guédéa, Myara et Sibicia. — Hautes montagnes escarpées, défilés et précipices. — Chute violente. — Camp de Sidi-Aly. — El-Harib. — Les Berbers. — Tatta. — Description du pays d'el-Harib, usages; tribus qui l'habitent.

Le 5 juin, à trois heures du matin, nous continuâmes de gravir de hautes dunes de sable mouvant; notre direction était au N. : la partie occidentale de ces dunes était couverte de plantes épineuses que mangeaient les chameaux. Ces pauvres animaux avaient peine à se mouvoir : notre marche était lente et pénible ; nous ne faisions pas plus d'un mille à l'heure. Vers midi, après avoir gravi une dune très-élevée, on se trouva sur une grande plaine de sable gris très-dur : nous fîmes halte auprès des puits d'Amoul-Gragim ; ils étaient comblés comme les précédens ; ceux-ci n'ont que sept à huit pieds de profondeur ; l'eau en est bourbeuse et salée, mais moins désagréable à boire que celle de Trasas.

La nuit me parut plus fraîche que les précédentes : elle fut troublée pour moi par l'apparition d'un serpent qui me réveilla en sursaut ; il se disposait à monter sur ma tête, lorsque je l'aperçus. Je me levai bien vîte ; le bruit que je fis l'effraya, et il rentra aussitôt dans son trou, qui était peu éloigné de là : ce reptile était long de cinq pieds et demi, et gros comme la cuisse d'un enfant de douze ans. L'idée d'un si déplaisant voisinage m'empêcha de dormir le reste de la nuit : mes compagnons de route s'aperçurent aussi de pareilles visites, et en parurent non moins épouvantés que moi.

Le 6, toute la journée fut employée à faire boire les chameaux ; on leur procura quelques tiges d'*hedysarum alhagi* et des branches de tamarix, arbrisseau qui croît dans la plaine, à quelque distance des puits : ils les eurent bientôt dévorées. Nous nous couchâmes, et, de même que la nuit précédente, je fus tourmenté par la vue d'énormes serpens.

Le 7, à quatre heures du matin, nous nous dirigeâmes au N. N. E., parmi la chaîne de dunes qu'on appelle *Helk;* mais celles-ci étaient bien moins hautes que celles de la veille. Sidi-Aly, que je questionnai, et qui parfois consentait à me répondre, m'assura que, dans aucun de ses voyages dans le Soudan, il n'avait vu des dunes si élevées ; sa route avait toujours été plus au N.

Comme notre marche était plus facile que celle de la veille, nous faisions au moins deux milles à l'heure. Vers onze heures et demie, nous fîmes halte au bout de la chaîne, dans une plaine un peu montueuse et couverte de gravier gris, le plus fin que j'eusse encore vu.

Le 8, à quatre heures du matin, nous prîmes notre route en nous dirigeant au N., sur un sol sablonneux et assez uni. Vers midi, nous fîmes halte dans une plaine solide, couverte de cailloux tranchans, plats comme l'ardoise, et mélangés de petit gravier; cette plaine est entourée de dunes peu élevées. J'aspirais vivement à sortir de ces déserts affreux, où l'on ne s'apercevait que la nature fût animée qu'au souffle importun du vent d'E. et à la vue de quelques gazelles légères qui les parcouraient avec la rapidité de la flèche. J'ai remarqué, dans plusieurs endroits, des squelettes de ces animaux, desséchés par le soleil brûlant; ils étaient sans doute morts de soif.

Le 9, à une heure du matin environ, nous fîmes

route en nous dirigeant au N. : le sol était couvert de gravier noir, et de roches tranchantes de même couleur. Vers onze heures du matin, nous fîmes halte auprès des puits d'Amoul-Taf, situés entre des rochers de granit gris; on fut encore obligé de les déblayer : ils n'ont que quatre pieds de profondeur; l'eau en est douce, mais peu abondante; les environs sont peuplés de quelques tamarix. On mit de la paille autour de ces puits, pour empêcher le sable d'y crouler. Les chameaux ne burent qu'à moitié, et nous emplîmes nos outres pour nous préparer à partir.

Le 10, à quatre heures du matin, nous fîmes route au N.; nous gravîmes une grande côte de granit, très-difficile, car il n'y avait pas de sentier tracé. Le sol que nous parcourûmes est entrecoupé de coteaux couverts de gravier noir et de roches tranchantes : la campagne n'offrait pas le moindre signe de végétation. Vers neuf heures du matin, nous descendîmes dans une plaine où nous trouvâmes un peu d'herbe et quelques *mimosa ferruginea* très-rabougris. Nous y fîmes halte, pour laisser paître les chameaux : on en tua un, qui, près de crever, ne pouvait plus servir pour porter le bagage; on distribua sa viande aux gens de la caravane; nous en fîmes un très-mauvais souper, qu'il fallut manger faute de mieux.

Le 11, à quatre heures du matin, nous nous mîmes en route. Si l'on eût consulté mes dispositions, on aurait retardé le départ jusqu'au lever du soleil, car je me trouvais bien fatigué de me lever tous les jours si matin; j'avais beaucoup de peine à me tenir sur mon chameau, tant j'étais endormi. Je revenais souvent à l'idée que le seul moyen pour ne pas mourir en chemin, était de hâter la marche; cette pensée soutenait mon courage et me rendait mes forces épuisées par la fatigue : cependant, j'avoue que j'enviais le sort de ceux qui peuvent se faire un nom sans l'acheter par des épreuves si pénibles et des périls toujours renaissans.

Nous marchions constamment au N., sur un sol aride comme celui de la veille. Plus nous avancions dans cette direction, plus les chaleurs diminuaient; la soif devenait dès-lors plus supportable. Vers dix heures, nous fîmes halte; on dressa la tente, et je me couchai pour tâcher de prendre un peu de repos : après le tourment de la soif, l'obligation de me lever à toutes les heures de la nuit pour partir, était ce qui me fatiguait le plus.

Le 12, à deux heures du matin, encore à moitié endormi, je montai sur mon chameau, et nous fîmes route au N., sur un sol uni, dur et pierreux : je voyais dans la plaine, à des distances très-éloignées, quelques mimosas, sans autres traces de végétation.

Vers neuf heures du matin, nous descendîmes, par un sentier très-étroit, dans un profond ravin, entouré d'énormes blocs de granit rose et de diverses couleurs, par couches de dix-huit à vingt pouces d'épaisseur. Les chameaux, fatigués d'une si mauvaise route, eurent beaucoup de peine à descendre parmi ces rochers. Il était dix heures du matin, lorsque nous fîmes halte aux puits d'el-Ekseif, qui sont situés tout au bout du ravin. Ces puits ou sources sont ombragés par un joli bosquet de dattiers, d'un aspect enchanteur : c'est du moins l'impression que produit le contraste du lieu, avec tout ce qui l'entoure et avec les plages dépouillées et arides qu'on vient de parcourir; il croît aussi autour quelques roseaux et quelques joncs. Cette verdure, encadrée au milieu d'énormes roches de granit où l'on n'aperçoit aucune espèce de végétation aussi loin que la vue peut s'étendre, présente quelque chose de riant et de sauvage en même temps, dont l'ensemble compose un site vraiment pittoresque.

L'eau des puits d'el-Ekseif est très-bonne; j'éprouvai une véritable volupté à la boire, car elle était douce, claire et limpide.

Fatigué de ne manger que du riz bouilli, j'allai trouver un Maure qui me traitait assez bien. Je lui racontai mes privations; il parut prendre part à ma peine, m'exhorta à la patience et m'engagea à partager son souper, qui consistait en riz cuit avec de la viande séchée au soleil qu'il avait apportée de Jenné, et assaisonné de piment. Ce Maure avait demeuré plusieurs années dans cette ville, pour y faire le commerce. Je crus devoir lui faire un petit présent pour l'engager à m'inviter souvent à manger avec lui : je lui donnai donc une pièce de vingt sous, qu'il accepta; mais il ne se crut engagé à rien envers moi, car il ne m'invita plus.

Le 13 juin, nous séjournâmes aux puits pour nous rafraîchir et boire à longs traits de cette eau délicieuse. Le sol sur lequel nous étions campés, était aride et couvert de pierres, dont nous fûmes obligés de débarrasser la place où les chameaux devaient se coucher, dans la crainte qu'ils n'en fussent blessés. L'eau était ici si abondante, que le soir je me rafraîchis le corps avec une calebasse d'eau froide ; ce qui me fit beaucoup de bien.

Le 14, à cinq heures du matin, nous nous mîmes en route, suivant toujours la même direction. Nous descendîmes dans une plaine où nous trouvâmes un peu d'herbe. Vers neuf heures du matin, nous fîmes halte pour laisser paître les chameaux. Le chemin avait été difficile; nous avions fait environ deux milles à l'heure. A cinq heures du soir, lorsqu'on jugea que les chameaux étaient rassasiés, nous nous mîmes en route au N. A peine avions nous fait un mille, qu'il fallut faire halte pour attendre une partie de nos compagnons qui étaient restés en arrière ; l'endroit où nous étions était composé de sable gris très-dur, couvert de gravier blanc très-fin. Vers onze heures du soir, les traînards, que leurs montures avaient emmenés très-loin pour trouver à manger, arrivèrent, et nous nous remîmes en route, toujours dans la direction de l'étoile polaire; nous marchâmes toute la nuit jusqu'à onze heures du matin du 15, que nous fîmes halte.

Le 15 juin, le sol était le même que celui de la veille, sans végétation. Il régnait un grand vent du N. qui nous incommoda beaucoup. Le même jour, à cinq heures et demie du soir, après avoir bu du dokhnou, nous nous enfonçâmes de nouveau dans le désert. Nous fîmes route toute la nuit au N.; contre l'ordinaire, la fraîcheur fut grande, mais il n'y eut pas de brouillard.

Le 16 juin, au lever du soleil, nous vîmes une petite chaîne de montagnes peu élevées, se prolongeant du N. au S.; elles paraissaient noires, ce qui me fit présumer qu'elles étaient de granit.

Le 16, vers dix heures du matin, nous fîmes halte au bout d'une chaîne de dunes de sable mouvant, qui suit la même direction que les montagnes de granit.

Le 17, à deux heures du matin, nous levâmes le camp, et nous fîmes route au N.; à droite et à gauche de notre route, nous avions des dunes de sable très-fin. Les pauvres chameaux mangeaient en marchant quelques bouquets de plantes épineuses, seule espèce de végétaux qu'ils pussent trouver. Vers dix heures, nous fîmes halte aux puits dits de *Marabouty*, qui sont situés à un quart de mille à l'E. de la route, parmi de hautes dunes de sable mouvant : ces puits, qui ne sont pas plus profonds que les derniers, étaient comblés ; mais ils furent bientôt déblayés. Je m'empressai d'aller demander à boire, car on n'avait pas voulu m'en donner en route : ma soif était dévorante, et augmentée encore par un vent d'O. violent qui soulevait du sable et rendait la marche très-pénible. Les environs des puits sont couverts d'excrémens de chameaux ; et si les Maures ne connaissaient pas bien leur emplacement, ces traces seules suffiraient pour le faire découvrir : l'eau y est très-bonne.

On tua encore un chameau qui était sur le point de crever, et nous mangeâmes de sa chair bouillie. Sidi-Aly en fit sécher quelques morceaux qu'il saupoudra de sel, pour les conserver et s'en régaler durant le reste de la route.

Le 18, à sept heures du matin, nous marchâmes au N. N. E., d'abord parmi les dunes, ensuite sur une plaine couverte de gravier noir. Vers dix heures du matin, nous fîmes halte pour laisser paître les chameaux. On fit préparer à manger avec une partie de l'animal tué la veille : ce mets n'était guère appétissant, et cependant force fut d'en manger. Une particularité que je crois digne de remarque, c'est que ma santé se soutint au mieux dans le désert, malgré les privations de tout genre que l'on y éprouve : j'eus seulement la crainte de succomber à la soif. Mon anxiété était grande aussi, en pensant que nous pouvions nous égarer et nous éloigner des puits ; mais la providence veillait sans doute à ma conservation, puisque j'échappai encore à ce péril, peut-être le plus grand qu'on puisse redouter dans ces affreuses solitudes.

Le 19, à une heure du matin, nous marchâmes sur un sol dur et couvert de gravier; il y avait quelques dunes peu élevées, répandues dans la campagne. Nous suivions toujours la même direction. A midi, nous arrivâmes dans un endroit où nous trouvâmes un peu d'herbe; nous y fîmes halte. On envoya un homme garder les bestiaux, et nous nous réunîmes sous notre tente pour boire et nous tenir à l'abri du vent qui soulevait des nuages de poussière.

Le 20, à une heure du matin, nous nous remîmes en route au N., sur du sable mouvant. A dix heures, nous fîmes halte; nos chameaux trouvèrent quelques plantes épineuses dispersées parmi les dunes. Vers minuit, nous levâmes le camp, et fîmes route au N. à travers des monticules qui rendaient la marche lente et pénible.

Le 21, à neuf heures du matin, nous fîmes halte au milieu de dunes de sable, entre lesquelles il végétait de l'herbe en assez grande quantité. Nous étions à un mille à l'O. des puits d'el-Guédéa, où nous trouvâmes d'assez bonne eau. La chaleur de la journée fut plus forte que celle des jours précédens ; elle était augmentée par un calme plat : cette journée fut employée à faire notre provision d'eau.

Le 22, à cinq heures du matin, nous fîmes route au N.; notre marche était lente, car les chameaux broutaient, en marchant, quelques plantes épineuses à demi desséchées. Le sol était le même que celui que nous parcourûmes la veille. A dix heures du matin, nous fîmes halte pour laisser passer la chaleur du jour ; vers dix heures du soir, nous levâmes le camp et nous nous dirigeâmes au N. parmi les dunes de sable, jusqu'au jour que nous parcourûmes un sol plus uni, couvert de gravier blanc.

Le 23, à neuf heures du matin, la marche fut suspendue. On fit cuire à l'eau, pour notre dîner, quelques morceaux de chameau séchés au soleil, qui étaient bien aussi durs que du bois. Le même jour, à neuf heures du soir, nous levâmes le camp, et nous nous dirigeâmes au N. pendant près de trois heures ; puis nous tournâmes au N. N. O., sur un sol uni, sans aucune végétation, et couvert de petit gravier.

Le 24, à onze heures du matin, la chaleur étant

insupportable, nous fîmes halte, pour la laisser passer, sous notre tente, en buvant un peu de dokhnou; et vers quatre heures du soir, après avoir mangé du riz cuit avec de la viande de chameau, nous nous remîmes en route en nous dirigeant au N. N. O. jusqu'au coucher du soleil, que nous tournâmes vers le N., en traversant une chaîne de dunes peu élevées, sur lesquelles il croît quelques herbes. Mes compagnons me dirent que les Maures d'el-Harib viennent dans la saison des pluies jusque dans cet endroit faire paître leurs troupeaux. Nous marchâmes, jusqu'à deux heures du matin, sur un sol dur, couvert de gravier et de quelques dunes de sable mouvant; après quoi on fit halte jusqu'au jour : nous nous couchâmes auprès de nos chameaux, pour nous reposer un peu. Aux deux côtés de l'endroit où nous étions établis, il y avait de grosses roches de granit, parmi lesquelles on voyait quelques tristes *mimosa ferruginea*.

Le 25, à quatre heures du matin, le jour nous éclairant assez, nous fîmes route lentement à travers de gros blocs de quartz, parmi lesquels je vis beaucoup de plantes épineuses et de mimosas rabougris, dont les chameaux affamés coupaient les branches dégarnies de feuilles, et les mangeaient avec avidité. Soit que ces animaux sentissent l'approche de leur pays, ou le moment où ils allaient se rassasier, ils paraissaient plus gais et plus vigoureux que de coutume. Enfin, vers dix heures du matin du même jour, nous fîmes halte aux puits de Mayara, qui sont situés dans une gorge entourée de granit et de quelques mimosas. L'eau de ces puits, qui n'ont que quatre à cinq pieds de profondeur, est salée; elle conserve un goût détestable : il nous restait encore une outre pleine de bonne eau; mais les Maures ne me permirent pas d'en boire ma part; ils la gardèrent pour eux, et me dirent d'aller me désaltérer avec les chameaux. Trois esclaves maures qui faisaient route avec nous, furent plus heureux que moi ; on leur donna une petite portion de bonne eau. A cent cinquante pas des puits salés, il en existe un autre dont l'eau est assez bonne à boire ; mais il se trouvait presque à sec : plusieurs Maures passèrent une partie du jour à le creuser; et vers le coucher du soleil, je pus étancher ma soif à mon aise.

Le 26, à une heure du matin, on me réveilla pour partir; nous fîmes route au N. N. E., entre deux côtes élevées de soixante à soixante-dix brasses, qui sont composées de gros blocs de quartz gris, et de quelques granits de même couleur : dans cette gorge, dont le sol est formé de sable gris, il croît beaucoup de mimosas et d'*hedysarum alhagi*. Depuis si longtemps que je n'avais rien vu de pareil en fait de végétation, je me crus dans un des plus beaux pays du monde.

Vers huit heures du matin, nous entrâmes dans une plaine couverte de gravier noir, où l'on aperçoit çà et là des espèces de petites îles couvertes de verdure et de mimosas. A mesure qu'on approche des limites de ce désert, la nature paraît moins désolée. A onze heures, nous fîmes halte sur du sable mouvant : il fit toute la journée une chaleur étouffante, qui nous altéra beaucoup; vers la nuit, on fit cuire, comme à l'ordinaire, du riz pour notre souper. Vers dix heures du même jour, nous nous mîmes en route vers le N. N. E., sur un sol entrecoupé de grands ravins, au bord desquels il se trouvait quelque végétation. Notre marche était lente, car on laissait paître les chameaux en marchant; nous faisions deux milles à l'heure. A neuf heures du matin, le 27, nous nous arrêtâmes aux puits de Sibicia, situés entre des mornes de granit d'un rose pâle, et environnés d'un joli bosquet de dattiers, dont la verdure faisait un contraste agréable avec le reste du sol. L'eau de ces puits, qui n'ont que sept à huit pieds de profondeur, est claire et délicieuse à boire.

Vers six heures du soir, étant occupés à la prière, nous entendîmes dans l'éloignement un coup de fusil; ce bruit ne nous étonna pas, car nous savions que Sidi-Aly, depuis el-Guédéa, avait pris les devans, pour reconnaître l'endroit où l'on devait placer son camp, et nous pensions qu'il enverrait quelqu'un au-devant de nous pour nous y conduire. Plusieurs Maures coururent aussitôt du côté d'où le bruit provenait : c'était effectivement un Maure que Sidi-Aly nous envoyait; il nous annonça que, dans deux jours, nous serions au camp des Maures d'el-Harib. Il était porteur de lettres pour plusieurs personnes de la caravane : on leur apprenait quel était l'état du pays, le prix des marchandises et des denrées; une partie de la soirée fut employée à cette lecture, qui eut lieu en public, de sorte que toute la caravane profita des nouvelles.

Nous repartîmes à dix heures du soir, nous dirigeant au N.; le sol était couvert de gravier; nous marchâmes toute la nuit.

Le 28, vers sept heures du matin, nous descendîmes une côte très-rapide, hérissée de roches de granit par couches de douze à dix-huit pouces d'épaisseur, tendres et friables : le chemin était très-difficile, et même dangereux pour les animaux porteurs. Vers dix heures du matin, nous dressâmes nos tentes dans une plaine environnée de montagnes de granit de l'aspect le plus aride, et sur un sol pierreux.

Je ne pus profiter de l'abri que cette halte nous offrait; car les Maures ne cessèrent de me tourmenter. Sidi-Body, le même qui proposait à Sidi-Molut de me vendre, poussa l'indignité jusqu'à me frapper. Je fus obligé de me réfugier sous une autre tente, où je me couchai pour passer le reste du jour. Le vent soufflait avec violence ; j'étais très-altéré, et je ne pus obtenir d'eau de mes compagnons. Les étrangers à qui je m'adressai, touchés de ma position, m'en donnèrent un peu. Je passai la journée sans manger; le soir, je dus une poignée de riz à la générosité de mes nouveaux hôtes, qui me réveillèrent pour me faire manger avec eux.

Comme nous approchions des camps d'el-Harib, quelques Maures préparèrent leur toilette pour nous devancer le lendemain, sans doute afin de jouir plus tôt du plaisir de revoir leur famille. L'un d'eux, fils de Sidi-Aly, mon guide, me faisait la cour depuis plusieurs jours pour que je lui prêtasse ma couverture de coton, car la sienne était déchirée ; j'avais eu moins à me plaindre de lui pendant la route, que de ses camarades, et je consentis à la lui prêter.

Vers neuf heures du soir, nous levâmes le camp, et nous nous dirigeâmes au N. O., comme nous l'avions fait depuis sept heures du matin jusqu'à dix. Vers minuit, nous tournâmes au N. N. E. entre des défilés de hautes montagnes de granit, parmi lesquelles se trouvaient des mares d'eau salée. D'énormes masses de ces roches, suspendues sur nos têtes, semblaient menacer de nous écraser en se détachant et roulant sur nous. Dans un de ces défilés, le chameau que je montais eut peur, il fit un écart et se mit à courir : je tombai en arrière, les reins sur le gravier. Je pensais avoir le corps brisé, tant la douleur que je ressentis fut grande; je crus toucher à mon dernier moment. Un Maure vint à mon secours; il me prit dans ses bras, et me pressa fortement contre sa poitrine : j'en éprouvai du soulagement. Il m'aida à rejoindre mon chameau, qu'on avait arrêté, et le fit coucher pour que je pusse remonter plus facilement : ce Maure était étranger à la compagnie d'Aly. Les douleurs que je ressentais étaient si grandes qu'elles m'arrachaient malgré moi de profonds gémissemens : il me semblait que j'avais la tête fracassée; je voyais à peine, j'étais comme étourdi; ce ne fut que le surlendemain que je me sentis la tête débarrassée : mais les maux de reins continuèrent toujours avec violence, je ne pouvais me baisser qu'avec beaucoup de difficulté. Je me suis ressenti de cette chute pendant plus de deux mois. Le Maure qui m'avait aidé à me relever me mit lui-même sur le chameau, car je n'aurais pu m'y placer seul.

Pour sortir de ces défilés, il nous fallut gravir une haute montagne escarpée; nous passâmes par un sentier étroit et tortueux, qui offrait de grandes difficultés; en conséquence, on fit descendre des chameaux tout le monde : je fus le seul qui restai sur le mien; j'étais tellement brisé qu'il m'eût été impossible de faire le moindre trajet à pied. Il me fallut essuyer, pour cette raison, de nombreuses invectives de la part de quelques Maures qui menaçaient de me jeter des pierres pour me faire descendre : cependant ceux qui avaient été témoins de mon accident prirent ma défense, et on me laissa en paix.

Les chameaux, épuisés par les fatigues qu'ils avaient éprouvées pendant le voyage, n'avançaient qu'avec répugnance, faisaient deux ou trois pas, s'arrêtaient en tournant péniblement la tête à droite et à gauche, et poussaient des gémissemens sourds et lugubres : ils semblaient mesurer de l'œil la tâche pénible qu'ils avaient encore à remplir. Je souffrais d'être obligé de rester sur ma monture; car ces malheureux animaux me faisaient pitié. Les Maures, marchant derrière, les encourageaient de la voix, en répétant quelques mots sur différens tons, en manière de chant, que les chameaux paraissaient comprendre.

Le sentier passait souvent si près du bord des rochers, il était si étroit, qu'il me semblait que nous ne pourrions continuer d'y marcher sans rouler dans d'affreux précipices. Enfin, ayant atteint le sommet avec beaucoup de peine, nous découvrîmes une grande plaine, dont le sol, composé de sable gris et de gravier, est fort dur, et parsemé de pierres plates et minces, en forme d'ardoise, de couleur grise et noire.

Le 29, vers deux heures du matin, le sol changea; il devint plus sablonneux, et offrit quelques traces de végétation. Au point du jour, nous nous arrêtâmes pour faire la prière ; après avoir rendu grâce à Dieu, ceux qui voulaient nous devancer partirent pour se rendre au camp sur des chameaux de rechange, et s'éloignèrent à grands pas.

Nous les suivîmes peu après, en nous dirigeant vers le N. N. O., sur un sol dur, couvert de gros gravier gris. Vers huit heures, nous descendîmes dans une plaine où la végétation était assez belle ; j'y remarquai sur-tout beaucoup de tamarix. L'herbe, quoique sèche, à cause de la saison, procura une nourriture abondante à nos chameaux.

Les habitans du camp, avertis de notre arrivée, accoururent au devant de nous : les femmes amenaient leurs enfans à leurs pères, qui manifestaient une véritable joie, les pressaient tour-à-tour dans leurs bras, leur rendant les caresses qu'ils en recevaient. Cette scène attendrissante me frappa ; et je ne pus m'empêcher d'en faire la comparaison avec la froideur qu'avaient manifestée, chez les Braknas, la femme et les enfans de Mohammed-Sidi-Moctar, lors de son retour dans sa famille.

Vers neuf heures du matin, nous arrivâmes à la demeure de Sidi-Aly. Son camp était de la tribu de Body : il se composait de douze ou quinze tentes, tissues en fil de poil de chameau, et était dressé dans une grande plaine au N. de laquelle il y a de hautes montagnes, entièrement arides, qui se prolongent dans la direction de l'E. à l'O. Ma joie fut extrême de me trouver dans un lieu habité; l'idée que désormais je pourrais me désaltérer à mon aise me fit oublier les fatigues du désert.

En entrant au camp, mon vieux guide vint au-devant de moi en riant, et me demanda la main en signe de paix : il s'informa de ma santé d'un air d'intérêt qui me surprit; il me fit même loger dans la tente de sa vieille sœur, qui n'osait s'approcher de moi, tant elle était prévenue. Bientôt j'eus de nombreuses visites d'hommes et de femmes; car Aly avait raconté à ses compatriotes les diverses circonstances qui avaient déterminé mon passage à travers le désert, pour revoir mon pays. Les femmes, que je trouvais beaucoup plus curieuses que les hommes, ne cessaient de m'importuner; elles parlaient toutes ensemble, et je ne savais à qui entendre. Pour attirer mon attention, l'une me frappait sur l'épaule, l'autre sur la tête, une troisième me tirait fortement par mon coussabe. Sidi-Salah, auquel j'avais le matin prêté ma couverture, me fit donner quelques dattes pour mon déjeûner; mais je les trouvai si dures, que je n'en mangeai que très-peu; et cependant elles renouvelèrent mes douleurs dans la mâchoire.

Aly, mon guide, fit préparer du couscous de froment pour deux marabouts ou prêtres tajacantes qui avaient voyagé avec nous : je croyais qu'il aurait l'attention de m'en donner une petite portion, car je n'avais rien mangé de tout le jour que les mauvaises dattes que l'on m'avait envoyées ; mais je me trompais, et je fus réduit à attendre patiemment.

Au coucher du soleil, Aly fit tuer un beau mouton pour régaler les marabouts ; le foie et la graisse furent mis en brochettes, passés sur les charbons, et mangés à moitié crus. Il m'en donna un petit morceau à goûter ; les enfans et les parens se partagèrent les entrailles, qu'ils mirent sur des charbons.

Avec les restes du mouton, on fit un copieux souper : vers neuf heures du soir, on me donna une bonne quantité de couscous, fait avec de la farine d'orge ; on y joignit un petit morceau du ventre du mouton, qu'on avait réservé. Quoique ce couscous fût détestable, tant par le manque d'assaisonnement que par une trop grande quantité de graisse, j'en mangeai pourtant avec appétit.

Le 30 juin, les femmes se mirent de bonne heure à moudre du froment pour faire le déjeûner des Tajacantes. Voici le moyen qu'elles emploient pour obtenir la farine bien dégagée du son : elles ont deux pierres de granit, rondes et plates, qui se posent l'une sur l'autre, et s'emboitent au moyen d'un morceau de bois adapté au centre de la partie inférieure ; celle du dessus a une ouverture par laquelle on entre le grain ; puis on la tourne avec une manivelle ; les femmes se mettent deux pour la faire marcher, quoiqu'elle ne soit ni lourde ni difficile à mettre en mouvement.

Quand cette farine fut bien tamisée à plusieurs reprises, sur un tamis fait de canevas très-clair, les deux filles de Sidi-Aly, aussi sales que leur père, se mirent à pétrir la farine pour faire une galette sans levain : l'une d'elles fit un grand feu, avec du bois de tamarix, afin de chauffer le sol à l'endroit choisi pour faire cuire cette galette ; lorsqu'on jugea que le terrain était assez chaud, on nettoya un peu la place et on posa la pièce de pâte par terre ; puis on remit par-dessus, de la braise et du sable mouvant, que l'on avait fait chauffer exprès : étant à moitié cuite, elle fut lavée, cassée par morceaux, et jetée dans une calebasse pleine de graisse, reste du souper qu'on avait mangé la veille ; on versa par-dessus une espèce de longue sauce, avec un morceau du mouton nouvellement tué. Toute la famille et les Tajacantes se régalèrent de ce ragoût : lorsqu'ils eurent bien mangé, ils m'en apportèrent un petit morceau qu'ils avaient de reste, avec un peu de sauce par-dessus ; ce qui fit mon déjeûner et en même temps mon dîner. Les jours suivans on ne me donna que des dattes : j'objectai à Sidi-Aly qu'elles m'incommodaient, et je lui en donnai pour raison la faiblesse de mes dents qui ne me permettait pas de les broyer sans éprouver des douleurs aiguës. Aly répondit qu'il en était bien fâché, mais qu'il n'avait pas de sanglé à me donner; que dans le pays on ne mangeait que des dattes pendant le jour, et le soir un couscous : le reste du riz qui m'avait été donné à el-Araouan, fut mis dans sa tente, et ils le mangèrent en famille sans m'en offrir jamais. Enfin, ne pouvant mieux faire, il fallut bien se conformer à ne vivre que de dattes : mais combien j'avais à souffrir! j'eus bientôt une plaie au palais; craignant de retomber dans l'état affreux où j'avais été, je renonçai à manger de ces fruits, et me décidai à mendier un peu de lait de chameau dans les tentes de nos voisins, que je trouvai peu sensibles à mes prières. Aly avait plusieurs filles qui attiraient dans ses tentes de jeunes amoureux, pour lesquels on faisait du sanglé à déjeûner; mais on ne m'en donna pas une seule fois, quoiqu'ils sussent que les dattes me faisaient un mal horrible. Au bout de trois jours, la famille d'Aly commença à me persécuter; on croyait ne pouvoir mieux faire que d'imiter le chef, qui, dans toutes les occasions, me témoignait une haine implacable. Les femmes semblaient prendre plaisir à me tourmenter; elles ne voulaient me souffrir dans aucune tente ; dès que j'étais couché, elles me faisaient mille tours pour me faire sortir, me piquaient avec un morceau de bois, me tiraient les pieds, m'enlevaient ma couverture, me jetaient de l'eau à la figure, etc. Fatigué de ces vexations, je pris le parti de me réfugier sous la tente d'un bon forgeron qui avait fait le voyage de la Mecque, ce qui le rendait recommandable dans le pays : sa vieille mère était très-pieuse, aussi me reçut-elle fort bien ; elle me donna pour me rafraîchir du lait et de l'eau, boisson nommée *cheni*, comme chez les Braknas. La bonne vieille crut faire un acte méritoire devant Dieu, en disant que sa tente était la mienne, que je pouvais venir y dormir quand je voudrais : quoique dévote musulmane, elle était gaie, et plaisantait souvent ; je ne l'ai pas trouvée mendiante comme les autres femmes. Cependant Sidi-Aly, voyant qu'on ne voulait me souffrir sous aucune de ses tentes, en avait fait dresser une pour moi seul ; mais il me fut impossible d'y tenir, car ne recevant l'air que par un seul côté, la chaleur y était suffocante.

Le 2 juillet, la sœur de Sidi-Aly vint me trouver d'assez bonne heure ; elle tenait dans ses mains dégoûtantes une poignée de sanglé pleine de cheveux (car elle avait employé le même beurre pour graisser sa tête et assaisonner ce mets) : quoique j'eusse grand'faim, je n'eus pas le courage de le manger. Cette femme, âgée à-peu-près de soixante ans, me tira à part, et me dit à voix basse : « Écoute, Abdallahi, « toi qui as été élevé chez les chrétiens, qui connais- « sent tout excepté le chemin du salut, tu dois être

« aussi savant qu'eux; je veux te prier de me faire un
« grigri pour une de mes nièces qui desire avoir un
« mari; si tu consens à t'en charger et qu'il soit bon,
« je te ferai du sanglé pendant deux jours de suite. »
Elle se tut un moment pour avoir ma réponse; puis
elle ajouta qu'elle en avait fait écrire plusieurs par
des marabouts maures, qu'elle avait eu soin de bien
payer en *dragmes*, mais qu'ils n'avaient produit aucun
effet; qu'elle espérait que les miens seraient meilleurs.
La position dans laquelle je me trouvais ne me permit
pas de rejeter cette proposition : j'insistai seulement
sur la clause qu'elle ne mettrait point de beurre dans
le sanglé. Sans perdre de temps, elle alla chercher
de l'encre et un tuyau de paille pour remplacer une
plume : elle me dit d'abord le nom de l'amant desiré,
ceux de ses parens, et me recommanda particulièrement de garder le secret; comme elle n'avait pas de
papier, je lui en fournis un petit morceau, et j'écrivis
en sa présence le charme qu'elle desirait; pour lui
donner plus d'importance, j'ordonnai de le mettre au
cou de la jeune fille, ce qui fut fait aussitôt; enfin,
dans le but d'inspirer une haute idée de ma complaisance et de mon savoir en magie, je traçai sur une
petite planchette un autre talisman, et j'ordonnai de
laver l'écriture et de faire boire à sa nièce l'eau qui
aurait servi pour cela.

Cette formalité remplie ponctuellement, la jeune

personne me demanda combien de temps il s'écoulerait avant que le charme opérât : comme je savais que je ne resterais dans le pays que quelques jours, je lui dis que probablement il ne s'en passerait pas vingt avant qu'elle fût mariée. Sa tente Ayché (c'était le nom de la vieille) me tint parole; le lendemain elle m'apporta, dans une calebasse malpropre, du sanglé fait avec de la farine d'orge et sans assaisonnement. Les filles d'Aly, devenues plus polies depuis que j'avais le talent de donner des épouseurs, cessèrent de me molester; elles vinrent m'offrir du lait de chameau fraîchement trait; c'était la première fois que j'en buvais chez mon hôte.

Cependant la bonne vieille tante, qui m'avait si fortement recommandé le secret, fit part à ses amies de l'heureux don que je possédais, et je devins bientôt l'écrivain des camps voisins, qui tous avaient appris cette merveille. Toutes les femmes du voisinage me firent bonne mine, pour que je leur donnasse un charme qui procurât des maris à leurs filles; elles allèrent même jusqu'à m'offrir de l'argent en paiement: on s'imaginera sans peine que je fus loin d'accepter une telle offre; mais je ne me fis aucun scrupule de recevoir du lait et du sanglé pour ma nourriture : en profitant de cet innocent stratagème, tous les jours j'avais pour déjeûner un peu de bouillie ou de lait. Avant que le hasard m'eût offert ce moyen de me procurer le nécessaire, j'avais donné à mon hôte un petit coussabe, en le priant de me faire apporter, les matins seulement, un peu de sanglé : le vieil hypocrite garda mon cadeau, et ne me donna rien. Un jour je lui en fis le reproche; il en fut piqué, et me rendit mon coussabe : je le changeai contre une paire de souliers de maroquin, car j'étais pieds nus; en plein midi, le sol était si brûlant, les graviers et les herbes sèches me faisaient tant souffrir, que j'étais obligé d'emprunter des chaussures pour marcher.

Les garçons de Sidi-Aly, âgés de vingt-huit à trente ans, n'ayant pas besoin de mon ministère pour trouver des épouses, ne furent pas plus aimables envers moi que précédemment; ils continuèrent à m'insulter jusqu'à mon départ; ils poussèrent même l'insolence jusqu'à se présenter tout nus devant moi, en faisant les gestes les plus indécens. Aly, leur père, voyait leur conduite, et paraissait en rire.

Les Arabes d'el-Harib sont tellement tourmentés par les Bérabères (ou Berbers), dont ils sont tributaires, qu'ils craignent de voyager même dans leur propre pays, sans être escortés par quelques-uns de leurs gens; car si ces malheureux Arabes étaient rencontrés par les Berbers, ils seraient pillés et battus par eux : c'est par cette raison que nous ne pouvions nous rendre au Tafilet sans une escorte. Nous attendions donc pour partir un des chefs de cette nation, qui demeurait dans un village du Drah ou Draba ; on l'avait fait avertir.

Le 3 juillet, ce chef arriva au camp : Aly le reçut très bien. Ils convinrent ensemble du prix que paierait chaque charge pour le transport d'el-Harib au Tafilet, car ce Berber devait fournir les bêtes de somme ; ils passèrent un écrit par lequel ils s'obligeaient mutuellement à remplir leurs engagemens, et le Berber promit de revenir dans huit jours avec des chameaux.

Fatigué de la vie ennuyeuse que je menais dans le camp, je me décidai, afin de me distraire, à aller faire un tour à la tribu d'Oulâd-Gouassim pour y visiter un grand marabout dont on m'avait beaucoup vanté la sainteté ; son camp se trouvait à trois milles à l'E. du nôtre. Je m'approchai de sa tente, et je vis le saint personnage au moment où il en sortait : plusieurs vieillards l'accompagnaient ; ils avaient entendu parler de moi, et le prévinrent d'abord que j'étais malheureux, et que je sortais de chez les chrétiens. Il répondit avec un air indifférent et sans paraître faire attention à moi : « Eh bien ! il faut remer« cier Dieu qu'il soit rentré dans la voie du salut. » Je m'assis un moment par terre, avec lui et d'autres Maures, qui à l'envi lui faisaient la cour : il ordonna à l'un d'eux de lui procurer de l'eau pour y faire dissoudre du sel, qu'il voulut prendre en guise de médecine pour se guérir d'une indisposition; il prétendait que ce genre de breuvage lui procurerait du soulagement. Comme le vase qu'on lui apporta était trop plein, il voulut répandre un peu d'eau; un des Maures qui étaient en sa compagnie, ayant apparemment soif, proposa de le boire : mais le fier marabout lui demanda, d'un air hautain, qui il était, pour boire dans son satala; celui qui prétendait à cette faveur la méritait sans doute; car il ne lui eut pas plutôt dit son nom, que le marabout lui remit le vase. Pendant le peu de temps que je restai en sa présence, je vis quantité de Maures venir le consulter sur diverses maladies; pour tout remède à tant de maux, il posait gravement sa main sur la partie malade, qu'il frottait doucement en faisant une prière. Cet important personnage servait aussi d'écrivain public et d'instituteur pour les enfans.

Cet homme n'avait pour tous biens que la connaissance du Coran; mais en Afrique, cette science vaut une métairie. On lui apportait de toute part des pagnes pour se vêtir, des étoffes pour se faire une tente; il ne manquait ni de monture pour le porter en voyage, ni d'orge pour subvenir à sa nourriture et à celle de ses gens : il recevait tout cela en échange des grigris qu'il écrivait. Dans son camp, on lui fournissait copieusement de quoi se nourrir pour lui et même pour ses amis; il donnait en retour des talismans contre les maladies existantes, ou pour préserver de tous maux, ou bien contre le vol, ou enfin pour procurer des maris aux filles.

Comme il était tard, que je ne voulais pas retourner au camp d'Aly, et que le marabout ne m'engageait pas à rester chez lui, je cherchai un logement pour passer la nuit ; je m'adressai, comme il est d'usage, au premier Maure que je trouvai, et lui demandai la permission de coucher auprès de sa tente : cet homme me fit une bonne réception, m'installa auprès de la place qu'il occupait ordinairement, et s'éloigna ; ensuite il m'envoya une provision de dattes pour attendre l'heure du souper. Je n'y touchai pas ; je redoutais trop d'en manger. J'eus, à la nuit, la visite d'un Maure cu-de-jatte, obligé de se faire porter par un autre. J'étais couché par terre ; en me soulevant, je fus étonné de voir à mes côtés ce petit homme qui m'apparaissait comme un nain mystérieux : je ne savais que penser de sa visite nocturne ; je croyais qu'aidé de son compagnon, il cherchait à me dérober quelque chose. Comme je ne paraissais pas du tout content de leur présence, ils me dirent de ne pas avoir peur : je leur déclarai, de manière à être entendu des voisins, que, s'ils ne s'éloignaient pas, je me plaindrais à mon hôte. Le nabot difforme se mit alors dans les bras de son conducteur, et ils disparurent aussitôt comme un éclair. Vers dix heures du soir, on m'apporta à souper; c'était de bon couscous à la viande, tel que je n'en avais jamais mangé chez Aly. Le chef de la tente vint me donner de l'eau pour me laver les mains, s'informa si j'avais bien soupé, et s'assit près de moi : il m'adressa plusieurs questions sur le pays des chrétiens, puis se retira.

Le 4 juillet, après avoir pris congé de mon généreux hôte, je retournai au camp d'Aly. En route, je fis rencontre de deux femmes, dont la conversation m'égaya un peu. Elles me prièrent de leur écrire des grigris, l'une pour faire changer de résolution à son mari qui avait envie de la quitter; l'autre, pour procurer un épouseur à une jeune fille qui desirait de se marier : elles me proposèrent de l'argent en échange ; mais elles me prévinrent en riant qu'elles ne me paieraient que lorsque mes charmes auraient fait leur effet. En conversant ainsi, nous fîmes gaiement la route, sans nous apercevoir de sa longueur

Nous arrivâmes au camp : le forgeron dans la tente duquel j'allais souvent me reposer, faisait des préparatifs pour transporter deux charges d'ivoire à Tatta ; je m'aperçus qu'il payait des droits aux Berbers pour traverser le pays en sûreté. En m'informant du lieu où ils allaient, j'appris que Tatta est une grande ville, située à cinq jours dans le N. O. de notre camp : pour s'y rendre, on passe dans celle de Brahihima, qui se trouve sur la route à deux jours du camp. Les marchandises rendues à Tatta sont expédiées par les négocians à Soueyrah (cap Mogador).

Le 6 juillet, la femme de Sidi-Aly, qui jusqu'alors m'avait fait mauvaise mine, comme le reste de la famille, m'aborda d'un ton très-affable, et me demanda un *saphi* pour guérir son mal d'yeux; me promettant que, si je pouvais opérer sa guérison, elle me donnerait tout ce que je desirerais. Afin de me débarrasser d'elle, je m'empressai sur-le-champ de lui en faire un, qu'elle reçut avec reconnaissance. Je refusai son argent, mais j'acceptai avec plaisir un peu de lait qu'elle m'offrit. Au bout de quelques jours, l'impatiente Mariam (c'était son nom), voyant que mon saphi n'opérait pas, m'adressa de vifs reproches, et me dit que mes saphis ne valaient pas mieux que ceux des marabouts. Sachant par son mari que j'avais quelques médicamens, elle me demanda une médecine : je me trouvai fort embarrassé, car je craignais d'augmenter son mal; et cependant il fallait la satisfaire, sous peine d'être considéré comme un homme peu obligeant. Convaincu que la propreté était le meilleur remède que je pusse prescrire, je délayai, pour la forcer à se nettoyer, une très-petite quantité de sulfate de quinine dans beaucoup d'eau, et lui recommandai de s'en laver : elle exigea que je fisse cette opération moi-même; mais par malheur, l'eau pénétrant dans ses yeux, lui fit éprouver une légère cuisson; elle se mit alors en fureur, m'accabla d'injures, et finit par maudire le médecin et les médicamens. Elle ne me donna plus de sanglé.

Cet incident ne détruisit pas la confiance qu'on avait en mes saphis; d'ailleurs le vieux Aly les avait accrédités par un mensonge : il débitait qu'en partant de Temboctou, j'avais le ventre très-enflé; qu'ayant écrit un livre, je l'avais lavé dans de l'eau que j'avais bue, et que cette liqueur m'avait guéri.

Une vieille femme me tourmentait depuis long-temps, pour que je procurasse un mari à sa fille; elle m'entraîna, presque malgré moi, dans sa tente, qui faisait partie d'un camp voisin du nôtre, me promettant en récompense de me donner du cheni à boire pour me rafraîchir. En arrivant, je vis l'objet de sa sollicitude maternelle : c'était une fille âgée de vingt ans environ, d'une laideur repoussante; elle était vêtue de chiffons, dont la saleté ne pouvait être comparée qu'à celle de sa figure; une cicatrice lui couvrait la joue gauche; de plus elle avait les yeux malades : enfin toute sa personne composait l'ensemble le plus repoussant qu'il fût possible de voir. Je compris aisément pourquoi sa mère avait recours aux charmes pour la marier; mais je sentis en même temps qu'il n'y en aurait aucun qui pût opérer un pareil prodige.

Sans doute pour m'engager à y mettre toute ma

science, la bonne femme m'offrit un morceau de viande sèche qu'elle tira d'un grand sac de cuir et qui y était vraisemblablement depuis le jour de la naissance de son aimable progéniture, car il tombait en putréfaction. Malgré la répugnance que je manifestai, la vieille insistait pour me le faire accepter, m'assurant que cette viande était délicieuse; le dégoût que j'éprouvai fut si grand, que je refusai même de boire le cheni qu'elle me présenta. Je voulus me retirer, mais il me fut impossible d'y parvenir avant d'avoir écrit un saphi pour la fille; je le lui remis, et m'enfuis au plus vîte, en souhaitant à celle-ci un homme assez courageux pour devenir son mari.

Dans aucun pays je n'ai vu de femmes aussi sales que chez les gens d'el-Harib. Sans doute la malpropreté où elles croupissent elles et leurs enfans, viciant leurs humeurs, est une des principales causes des ophthalmies chroniques et autres infirmités qui les affligent fréquemment. Ma réputation de médecin m'attira de bien fâcheuses corvées : les mères venaient en foule m'apporter leurs enfans et me demander des remèdes; ils étaient quelquefois si dégoûtans, que je ne pouvais les regarder sans frémir d'horreur; je me cachais la figure : mais elles n'en devenaient que plus pressantes, et m'obligeaient à examiner les êtres hideux pour lesquels elles réclamaient mon ministère. Je ne pouvais mieux faire que de les engager à les nettoyer et à les tenir propres : mais elles méprisèrent mes avis, qui leur paraissaient trop simples ; il leur fallait du merveilleux.

Dans la soirée du 6, il arriva dans notre camp une troupe de Berbers qui demandèrent l'hospitalité. Aly fit faire pour leur souper du couscous à la farine de froment, auquel on ajouta quelques morceaux de viande séchés au soleil. On eut soin de faire cuire celui des esclaves et le mien à part ; mais sa sœur, qui, depuis que je lui avais donné des amulettes pour ses nièces, était devenue plus attentive envers moi, me donna un morceau de cette viande, qu'elle cacha sous le mauvais couscous d'orge qui m'était destiné.

Le 8 juillet, une autre troupe de Berbers enleva plusieurs chameaux qui étaient à paître à quelque distance du camp. Tout le monde prit l'alarme ; on s'arma de fusils pour courir après les voleurs ; les uns partirent à pied, les autres à cheval : mais les voleurs étaient déjà bien loin, et les Maures revinrent sans les avoir atteints. Toute la soirée se passa en lamentations de la part des propriétaires des chameaux, de leurs parens et de leurs amis. Ils tirèrent la bonne aventure pour savoir s'ils les retrouveraient ; ils vinrent même me consulter à ce sujet, et me demander un grigri pour les faire revenir : je le leur refusai, en disant que mes écrits n'avaient pas cette vertu.

Le 11 juillet, les Berbers qui devaient nous accompagner jusqu'au Tafilet, arrivèrent : j'éprouvai un sentiment de satisfaction en pensant que le lendemain je quitterais un séjour où j'avais éprouvé tant de désagrémens. Aly fit tuer un mouton pour le souper des Berbers; il m'en fit donner un petit morceau, en s'excusant sur la trop grande quantité de personnes qui devaient le partager.

Le 12, à cinq heures du matin, nous nous disposâmes à partir; avant de quitter ce pays, je vais en faire la description.

Le territoire d'el-Harib, situé à deux jours à l'O. de celui d'el-Drah, et à une journée à l'E. de la tribu des Tajacantes, se trouve entre deux chaînes de petites montagnes qui se prolongent de l'E. à l'O. et le séparent vers le N. de l'empire de Maroc, dont il est tributaire. Les habitans sont divisés en plusieurs tribus nomades. Ils élèvent une grande quantité de chameaux qui, dans la saison des pluies, leur fournissent beaucoup de lait, dont ils se nourrissent: c'est en quoi consiste leur principale richesse. Tous les Maures d'el-Harib font les voyages du Soudan; ils vont à Temboctou, à el-Araouan et à Sansanding; les négocians du Tafilet, d'el-Drah et du Soueyrah, leur donnent des chargemens pour leurs chameaux; ils n'emportent pour leur compte, et en petites pacotilles, que du froment et quelques dattes. Quand ils sont dans le Soudan, ils y restent plusieurs mois, et s'y livrent au négoce. Ils font les petits voyages de Toudeyni, où ils achètent du sel gemme, qu'ils viennent vendre dans les deux entrepôts : ils s'adressent toujours aux principaux négocians, qui leur donnent en échange du grain, des étoffes du Soudan, et de l'or. Ils font ce trafic pendant plusieurs mois; puis ils prennent un chargement pour le Tafilet ou d'autres pays ; et reviennent après cela dans leur patrie, auprès de leur famille.

Ces voyages les occupent souvent neuf à dix mois: ils n'apportent en retour que de l'or et quelques esclaves, qu'ils vendent au Maroc. Rendus dans leur pays, ils sont obligés de payer une petite rétribution à un chef qu'ils nomment le *chéikh*. Toutes les marchandises qui viennent du Soudan à el-Harib par la voie des Maures, ne sont transportées au Tafilet ou ailleurs que par les Berbers, ou sous des escortes qu'ils fournissent à prix convenu ; sans ces précautions, les marchands seraient volés et massacrés en route.

Les Maures de ce misérable pays sont sans cesse harcelés par ces Berbers, auxquels ils paient cependant de forts tributs; cela ne les empêche pas, comme je l'ai dit plus haut, d'avoir tout à craindre de leur brigandage, et aucun d'eux, n'importe le rang qu'il occupe dans le pays, n'ose se mettre en voyage sans se faire accompagner.

Ces peuples nomades, n'étant pas cultivateurs, sont obligés d'aller souvent à el-Drah acheter de l'orge et des dattes pour leur nourriture : ils n'osent faire ce trajet que sous la conduite de quelques Berbers, et moyennant une rétribution à la vérité peu considérable. Ces derniers, tous bien armés, parcourent continuellement le pays d'el-Harib, pour se faire nourrir par les Maures, et même souvent leur enlèvent leurs bestiaux.

Les habitans néanmoins sont si pauvres, qu'ils ne peuvent acheter que des provisions de qualités inférieures, principalement les dattes; celles qui tombent avant d'être parvenues à parfaite maturité, sont ramassées soigneusement par les propriétaires, qui les mettent au soleil pour les faire sécher; après quoi ils les renferment dans des sacs en cuir, où elles acquièrent une dureté inconcevable; il faut avoir de très-bonnes dents pour les manger sans souffrir. C'est avec ces dattes que les Maures d'el-Harib se nourrissent pendant le jour : ils les font, à la vérité, casser dans un mortier en bois, et boivent par-dessus un peu de cheni. Rarement ils font pour eux du sanglé durant cet intervalle; ce n'est que dans des cas particuliers.

Le soir, vers huit ou neuf heures, ils mangent pour leur souper un couscous d'orge, trempé le plus souvent avec de l'eau chaude, dans laquelle ils ont fait bouillir une poignée d'herbe qu'ils se procurent dans les environs de leurs camps. Ils élèvent quelques moutons; lorsqu'il leur arrive d'en tuer un, ce qui est fort rare, ils font sécher la viande, et la mettent dans des sacs en cuir pour la conserver quelquefois six mois : ils ont recours à cette provision de réserve, lorsqu'ils traitent des étrangers, sur-tout des Berbers, dont ils ont un très-grand soin. A la considération de ceux-ci, ils étalent devant leur tente, pour les y faire coucher, un tapis de pied aussi beau que ceux que nous avons en Europe. Le maître du logis, pour faire honneur aux nouveaux arrivés, mange souvent avec eux à la même gamelle; et au lieu de donner de l'eau pure, il y met du lait de chameau, qui est très-abondant dans la saison pluvieuse. A l'arrivée des étrangers, on leur donne sur-le-champ des dattes et du cheni, pour attendre l'heure du souper. Quoique les Maures d'el-Harib accueillent très-bien les Berbers, ils n'obtiennent jamais rien de ceux-ci quand ils passent sur leurs terres, pas même à souper; aussi, en se mettant en voyage, ils ont soin d'emporter leurs provisions de dattes et un peu de farine d'orge qu'ils font bouillir dans de l'eau. Le costume des Berbers ne diffère de celui des Maures que par une bande d'étoffe de couleur que les premiers se mettent autour de le tête, en forme de turban; ils ont aussi des boucles d'oreilles : ils sont tous armés, et montent de beaux chevaux, bien harnachés; ils ont au talon un éperon tenu par une bande de cuir, qu'ils attachent fortement au coude-pied.

Les Maures d'el-Harib sont vêtus comme ceux des bords du Sénégal, excepté qu'ils mettent par-dessus leur coussabe une couverture de laine, fabriquée dans le pays d'el-Drah ou du Tafilet. Ils n'ont qu'une femme, et, comme les Braknas, ils en changent souvent. Ils sont tous musulmans; mais ils ne s'adonnent pas, comme les marabouts, à l'étude du Coran; ils se contentent de connaître les premiers versets, sans apprendre à écrire. Aussi un marabout est très-considéré chez eux.

Les Maures d'el-Harib sont généralement détestés de tous leurs voisins; dans el-Drah et au Tafilet, on ne les appelle guère que les cafirs ou infidèles. Au reste, je n'ai de ma vie vu de pays où les femmes soient aussi méchantes et aussi sales : elles ne se voilent pas comme celles du Maroc, et laissent voir une figure d'une malpropreté dégoûtante; elles exhalent une fort mauvaise odeur. Les habitans mangent les chameaux crevés, non cependant sans les avoir saignés; ils ont quelques moutons, et peu de chevaux. El-Harib contient onze tribus, dont voici les noms, tels qu'un ancien du camp que j'ai habité me les a donnés : Oulad-Rossik, Oulad-Ouébâl, Oulad-Gouessim, Oulad-Foulh, Oulad-Ouraff, Oulad-Rouzinn, Oulad-Rahân, Oulad-Nasso, Oulad-Body, Oulad-

Boulaboï, Oulad-Sidi-Ayché. A un jour à l'O. de notre camp, on trouve les premières tentes des Tajacantes; à quatre dans cette même direction, sont situées les tribus de Oulad-Noun, qui habitent près de la ville d'Adrar, qu'il ne faut pas confondre avec le pays d'el-Drah, petit arrondissement qui s'étend de l'E. à l'O. et du N. au S., entre le Maroc et el-Harib; à cinq jours du camp de Sidi-Aly, dans l'O., on trouve la ville de Sous; à quatorze jours dans la même direction, celle de Soueyrah; et à dix ou onze jours d'el-Harib, dans le N. N. O., Maroc, capitale de l'empire de ce nom, où les nomades vont quelquefois.

Pendant que les hommes d'el-Harib font les voyages du Soudan, les femmes s'occupent à faire des cordes avec de l'herbe, pour attacher les bagages, et pour tirer l'eau des puits dans le désert; elles filent le poil de leurs chameaux, avec lequel elles tissent l'étoffe pour faire leurs tentes; elles travaillent le cuir, le tannent, font des sandales pour leurs maris, et donnent l'autre partie de leur temps aux soins du ménage. Comme dans tous les pays musulmans, elles ne mangent pas avec les hommes.

Sidi-Aly m'avait souvent tourmenté pour me déterminer à céder mes deux pagnes bleus du Soudan, afin, disait-il, d'avoir de quoi acheter des vivres pour me rendre au Tafilet; car il ne restait plus rien des provisions qui m'avaient été données à Temboctou et à el-Araouan; le tout avait été consommé par lui et sa famille : mais je résistai, voulant garder mes pagnes, dont je pouvais avoir besoin par la suite. C'était tromper sa cupidité, et m'exposer peut-être à son ressentiment; toutefois ma résistance n'eut pas de conséquences fâcheuses.

# CHAPITRE XXV.

Pays d'el-Drah. — Zaouât. — El-Hamid. — Bounou. — Ville de Mimcina. — Camp des Berbers. — Tabelbât. — Les Taouâts. — Puits d'Yénéguédel, de Faratissa, de Bohayara. — Usages des Berbers. — Puits de Goud-Zénaga, de Zénatyia. — Ville d'el-Yabo. — Puits de Chanérou, de Nyéla. — Arrivée au Tafilet. — Ville de Ghourland ; sa description. — Marché très-bien approvisionné. — Ressant, résidence d'un gouverneur de l'empereur de Maroc.

Le 12 juillet, je partis à cinq heures du matin, après avoir pris un peu de lait de chameau, que j'avais acheté avec un grain de verre de mon chapelet. Nous fîmes route lentement à l'E. ; on marchait sur un sol dur, composé de sable gris couvert de végétation et entrecoupé de grands ravins. Aly ne me permit pas de monter sur mon chameau pendant la matinée ; ce ne fut que vers midi qu'il me fit cette grâce ; car alors il y monta lui-même. Vers deux heures après midi, nous fîmes halte sur un sable très-dur, sur lequel il se trouvait quelques *zizyphas lotus* : toute la journée, il fit un grand vent de l'E., qui nous incommoda beaucoup ; à quatre heures du soir, il tourna à l'O. A la nuit tombante, nous eûmes la visite d'un Maure marabout, dont le camp était dans le voisinage de notre halte. Cet homme était propriétaire d'un nombreux troupeau de moutons; nous voulûmes lui en acheter; comme il s'y refusa, nous lui donnâmes un peu de farine d'orge pour nous faire faire à souper par sa femme. Il nous l'envoya vers dix heures de la nuit; il eut la complaisance d'y mettre un peu de lait de ses brebis, et ne voulut pas, par réserve, souper avec nous : il s'assit à l'écart, pour attendre le plat dans lequel était notre bouillie.

Le 13 juillet, à deux heures du matin, nous nous mîmes en route à l'E. N. E. Nous traversâmes quelques dunes de sable; le sol était couvert de petits arbrisseaux desséchés. Vers huit heures du matin, nous passâmes devant les ruines de quelques cahutes en terre, entourées d'un mur avec des créneaux; en face de ces ruines, il y a un petit mausolée carré, dont le toit est rond et voûté, avec une petite porte devant laquelle intérieurement on a tendu une corde où pendent nombre de lambeaux d'étoffe de diverses couleurs : ce sont les voyageurs qui les y ont accrochés par un sentiment de dévotion. Diverses pyramides de cailloux posés à sec les uns sur les autres, et hautes d'environ dix-huit pouces, sont encore des espèces d'offrandes adressées par les passans aux manes du chérif dont les cendres reposent dans ce monument.

Les Maures et les Berbers de notre petite caravane y firent leur prière ; après une courte cérémonie, ils prirent un peu de sable à la place où ils s'étaient prosternés, et en jetèrent sur leurs chameaux et sur les esclaves. J'appris que ces ruines appartiennent à un village ancien, nommé *Zaouât*, abandonné depuis long-temps par ses habitans, qui avaient fondé ailleurs une autre ville du même nom. Le mausolée recèle le corps d'un pieux chérif dont le souvenir est en vénération.

Le sol des environs est très-dégarni, dur et couvert de pierres de diverses couleurs; on y voit quelques arbustes dont les feuilles sont brûlées par le soleil.

Il était midi lorsque nous passâmes près du nouveau village de Zaouât, faisant partie du pays d'el-Drah. Ce village est peuplé par les anciens habitans du lieu ruiné que nous avions vu dans la matinée : les maisons, construites en pierre, sont à terrasse et n'ont que le rez-de-chaussée ; elles sont mal bâties et ressemblent aux cahutes des Bambaras. Nous traversâmes quelques champs qui avaient été cultivés, et vers midi et demi nous fîmes halte dans un bois de dattiers, près d'un joli village nommé el-Hamit. Dans toutes les directions, on ne voit là que des forêts de dattiers qui élèvent majestueusement leur sommet dans les nues : sous ces arbres, les habitans d'el-Drah cultivent du froment, de l'orge et quelques légumes. Ils distribuent leurs terres, qui sont d'un sable très-fin, mais fertile, en petits carrés, et font autour une chaussée pour y faire séjourner l'eau des pluies; quand ils jugent qu'elle n'y est plus nécessaire, ils la mènent par des conduits au pied de leurs dattiers. Chaque propriétaire a au milieu de son champ un puits dont l'eau est claire et bonne à boire : ces puits n'ont pas plus de vingt à vingt-cinq pieds de profondeur; ils sont creusés dans un sable dur mêlé de petits cailloux noirs et jaunes; j'en ai remarqué plusieurs ayant des couches de quatorze à dix-huit pouces de sable rouge veiné d'un peu de gris, ayant une consistance grasse. De chaque côté des puits, les habitans mettent deux piliers de quinze pieds de haut; ils y attachent une traverse en bois, à laquelle est adaptée une grande perche qui porte à son extrémité postérieure quelque chose de lourd pour faire contre-poids au seau qui est attaché à l'autre extrémité par un bout de corde: en tirant avec peu d'efforts, ils amènent l'eau qui sert à arroser leurs plantations. Le bois est très-rare dans ce pays; on ne brûle que les feuilles sèches des dattiers et les troncs des arbres morts: le dattier est employé comme bois de charpente pour la construction des maisons. A la profondeur d'environ vingt-cinq pieds, on trouve des roches qui m'ont paru être de granit.

Dans ce pays, on fait usage de la charrue, à laquelle on attelle le mulet ou le chameau.

Vers le coucher du soleil, les Berbers allèrent ramasser quelques petits cailloux qu'ils arrangèrent symétriquement sur le sable; puis ils prirent des feuilles de dattier pour faire du feu et chauffer ces cailloux; ils pétrirent un peu de farine d'orge, avec laquelle ils firent une galette pour notre souper; afin de la rendre meilleure, ils y mirent de petits morceaux de graisse de mouton, bien rance; quand elle fut cuite, on la distribua à chacun de nous. Aly m'en donna un petit morceau que je trouvai délicieux, quoique mal cuit et très-compact; mais je n'avais encore rien mangé de la journée, et cependant mon guide me reprochait le peu de nouriture qu'il me donnait, disant que je vivais à ses dépens, puisque mes provisions étaient épuisées depuis long-temps. Heureusement pour moi, deux marabouts tajacantes s'étaient joints à notre caravane. Aly les nourrissait : il les faisait quelquefois monter sur ses chameaux, non par humanité, mais parce qu'il eût perdu entièrement sa réputation de pieux musulman, s'il eût agi autrement. Ces deux hommes furent pour moi une compagnie bien précieuse : ils me consolaient des insultes auxquelles j'étais sans cesse en butte; enfin, ils contribuèrent réellement beaucoup à adoucir mon sort pendant cette longue et pénible route; car j'aurais peut-être été bien plus maltraité encore sans leur présence, qui imposait à mon guide et à sa famille un peu de retenue; ces marabouts avaient même la bonté de me donner à boire, lorsque l'on m'en refusait, ce qui arrivait fréquemment.

Le 14, à trois heures du matin, nous fîmes route en nous dirigeant lentement à l'E. N. E., parmi les nombreuses plantations de dattiers; le sol était entrecoupé de dunes de sable mouvant.

Vers huit heures du matin, nous passâmes devant un gros village nommé *Bounou*, entouré de beaux dattiers. Vers dix heures du matin, nous parcourûmes un sol dur, couvert de petits cailloux noirs et jaunes; nous fûmes, dans cet endroit, rencontrés par six cavaliers Berbers, tous bien montés, armés de sabres et de fusils; ils vinrent bride abattue sur nous, avec des intentions hostiles, car ils tenaient leurs fusils armés : nos six conducteurs Berbers, avec quatre Maures bien armés, se mirent à la tête de la caravane en tenant aussi leurs armes prêtes à recevoir l'ennemi. Arrivés à une certaine distance, les deux partis s'arrêtèrent, et les Berbers se parlèrent dans leur langue, tenant toujours leurs fusils prêts à faire feu : lorsqu'ils se furent reconnus pour compatriotes, ils se saluèrent; et nous continuâmes notre route paisiblement. Quel pays que celui où l'on ne peut faire un pas sans courir le danger d'être dévalisé, même assassiné par ses voisins ! Notre marche fut toujours dans la même direction, et sur un sol dur et pierreux. Nous passâmes près d'un ancien village tombé en ruine; on y voit encore le minaret d'une mosquée : à côté de là est un puits où les voyageurs vont se désaltérer ; un des Maures Tajacantes me donna un peu de cette eau, que je trouvai tiède et mauvaise. Je remarquai encore un mausolée comme celui de la veille : les musulmans y firent leur prière. En continuant dans la même direction, nous rencontrâmes de misérables Maures conduisant des ânes chargés de fourrage ; ces hommes étaient mal vêtus, et marchaient pieds nus.

Vers midi, nous fîmes halte dans les champs, à l'ombre des dattiers et assez près de Mimcina, grande ville d'el-Drah, habitée par des Berbers et des Maures cultivateurs : cette ville, entourée de murs de douze pieds de haut, est située entre deux chaînes de petites montagnes qui se prolongent dans la direction de l'O. à l'E., et dont le sol présente par-tout une teinte rougeâtre ; elles n'ont aucune trace de végétation.

Comme il faisait chaud, et que nos gens n'étaient pas revenus des puits, où ils étaient allés faire boire les chameaux, ma soif devint pressante et je me décidai à me rendre aux tentes des Berbers, dressées à peu de distance des nôtres, pour demander de l'eau.

Je ne m'en fus pas plus tôt approché que trois gros chiens se jetèrent sur moi, déchirèrent mes vêtemens et me firent plusieurs morsures. J'invoquai à grands cris l'assistance des Berbers ; mais ces méchantes gens me regardaient avec la plus grande indifférence, puis détournaient la tête : cependant, assailli par tant d'ennemis, les forces n'étaient pas égales ; et dans la crainte d'être mis en pièces, je battis en retraite, toujours en recevant quelques coups de dents : les chiens emportèrent des morceaux de mon coussabe, et ne me quittèrent que lorsque je fus à une certaine distance de leurs tentes. Tout en maudissant de bon cœur l'inhumanité de leurs maîtres, je me retirai tristement sous les dattiers où nous étions campés. Les Berbers ont beaucoup de chiens pour garder leurs troupeaux : ils sont si habitués à ne jamais souffrir qu'aucun étranger, quel qu'il soit, approche de l'habitation qu'ils sont chargés de garder, que les voleurs, si communs dans ce pays, sont souvent retenus par la crainte d'en être dévorés. Des Berbers mêmes, s'ils étaient d'un autre camp, n'oseraient approcher sans précautions de celui où ils ne sont pas connus ; mais si quelques affaires les y appellent, voici le moyen qu'ils emploient pour échapper à la fureur de ces impitoyables gardiens : l'étranger arrive lentement, fait le tour des tentes à une certaine distance ; les chiens aboient, mais sans avancer, à cause de l'éloignement ;

aussitôt que les propriétaires se montrent, il annonce le sujet qui l'amène, et l'on s'empresse de le satisfaire ; si c'est l'hospitalité, on lui tend une natte un peu éloignée des tentes, et on lui donne à souper : mais personne n'approche jamais de l'habitation.

A cinq heures du soir, lorsque la chaleur fut tombée, j'allai faire un tour à la ville de Mimcina, accompagné d'un Maure du pays, qui était venu voir Sidi-Aly, son ami, et qui lui avait apporté en présent quelques dattes que nous mangeâmes ensemble, sur l'invitation de celui qui les apportait. Le chef de nos Berbers me recommanda fortement à ce Maure; il lui dit surtout de ne pas souffrir que l'on me volât la pagne que j'avais sur le dos, et d'empêcher que l'on ne m'insultât : cette recommandation me donna fort mauvaise opinion des habitans que j'allais visiter. La ville est murée et entourée de jolies cultures de dattiers. Je vis à la porte, sous un hangar, une troupe de fainéans qui, aussitôt qu'ils m'aperçurent, m'entourèrent et me firent mille questions ridicules; car ils étaient prévenus que j'étais Arabe, et que je m'étais sauvé de chez les chrétiens. J'eus peine à me débarrasser de ces importuns, et à pénétrer dans la ville : je passai par une petite rue très-étroite, tortueuse et sale; les murs des maisons ont au moins quinze pieds d'élévation et sont mal crépis; j'étais suivi d'une foule d'hommes, car les femmes étaient voilées et n'osaient me regarder. J'allai m'asseoir sous une galerie où il y avait beaucoup de vieillards réunis, conversant avec un de nos Tajacantes qui était dans la ville depuis le matin; il avait déjà appris à l'assemblée une partie de mon histoire. Il se trouvait dans ce rassemblement un vieux Maure qui avait fait deux fois le voyage de la Mecque, ce qui lui donnait beaucoup de prépondérance : cet homme me parla long-temps des chrétiens; il montra un simulacre de la manière dont on représente le Christ en Europe ; il essaya de chanter comme les prêtres qu'il avait vus à Tripoli de Barbarie, et il répétait souvent, *amen, amen*, en se frappant la poitrine. Il me demanda si j'étais disposé à manger quelques dattes; je le remerciai. Le marabout tajacante lui dit que j'étais avec un guide appelé Aly, qui me tourmentait pour me faire vendre mes pagnes et acheter des provisions de route : le vieillard parut indigné de cette conduite déloyale, et assura que cet homme n'était pas un bon musulman. Il me proposa de me faire donner des dattes, que j'acceptai; et il ordonna sur-le-champ à ceux qui l'entouraient de m'en faire une provision pour me rendre au Tafilet. Enfin il m'emmena à la mosquée, où il réitéra ses ordres : au sortir de la prière, on m'apporta une grande quantité de dattes; un âne en avait sa charge; malheureusement elles étaient mauvaises et dures : ces braves gens poussèrent la complaisance jusqu'à les porter à notre camp : toutes mauvaises qu'elles étaient, Aly, le cupide Aly, les reçut avec plaisir ; ce jour-là il me fit meilleure mine qu'à l'ordinaire.

Les maisons de Mimcina n'ont que le rez-de-chaussée ; elles sont, comme celles de Temboctou, terminées en terrasse, et ne reçoivent d'air que par une cour intérieure. J'ai vu plusieurs femmes juives très-mal vêtues ; elles étaient sales, couvertes de guenilles et marchaient pieds nus ; elles annonçaient la misère la plus grande. Les habitans de Mimcina ont peu de bestiaux, presque pas de bœufs ; ils nourrissent quelques moutons à laine, des chèvres et des volailles ; ils sont grands cultivateurs, et ont beaucoup de dattiers, dont ils tirent leur principal revenu. Le matin ils mangent du pain, un peu de bouillie de farine d'orge, et à souper du couscous. Vers sept heures du soir, on envoya à Sidi-Aly un copieux couscous au mouton : après avoir mangé avec trois ou quatre personnes qu'il regardait comme ses égaux, il nous donna le reste, à moi et à six chameliers qui ne mangeaient pas avec lui ; les pauvres esclaves, à ma grande satisfaction, ne furent pas oubliés. Nous nous couchâmes ensuite sous les palmiers, qui couvraient nos têtes de leurs larges feuilles ; je dormis assez bien, contre mon habitude.

Le 15, à trois heures du matin, nous quittâmes

la ville et les habitans de Mimcina; nous nous dirigeâmes à l'E. N E., en marchant sur du sable blanc et dur, couvert de petits cailloux de même couleur, et mêlé de gravier; la campagne est entrecoupée de petites montagnes qui paraissent extrêmement arides. Les Maures de Mimcina me dirent qu'à un jour au N. N. O. de leur ville, sur la route de Maroc, est situé Bénéali, résidence du chef des Berbers. Cette nation, selon eux, ne paie aucun droit à l'empereur.

A un jour de Bénéali, dans la même direction, on trouve Amsero; puis à un jour de ce village, Ranguerute, grande ville; enfin à six jours au N. N. O. de Ranguerute, Maroc, capitale de l'empire de ce nom.

A six jours à l'E. de Mimcina, est située la ville de Tabelbât, sur la route de Taouât, qui s'en trouve éloignée de huit jours, aussi à l'E. Les Maures de Taouât sont cultivateurs; ils ont beaucoup de dattiers, font le commerce à Temboctou, et viennent au Tafilet et à el-Drah, acheter des chèvres et des moutons.

En continuant notre route, nous arrivâmes auprès des puits de Yénéguédel, où nous fîmes halte : à un quart de mille au S., nous vîmes un joli bosquet de dattiers, qui offre un contraste absolu avec l'aridité des montagnes auprès desquelles il se trouve; on négligea ce lieu, où nous eussions été à l'ombre, et nous restâmes à l'ardeur du soleil, qui fut ce jour-là plus forte qu'à l'ordinaire. Je visitai les puits, qui sont placés sur une petite colline aussi aride que les environs ; on y voit un seul *mimosa ferruginea* languissant, sous lequel je m'étendis, et, la tête appuyée sur une pierre, je sommeillai profondément. A mon réveil, je m'approchai des puits pour me désaltérer ; j'y vis des femmes berbères qui faisaient boire leurs troupeaux de moutons : ces puits ont trois pieds de profondeur ; l'eau en est bonne et abondante ; ils sont creusés dans du sable gris, contenant beaucoup de pierres calcaires de forme plate. A notre départ de Mimcina, un Maure du Tafilet s'était joint à nous : lui et ses gens étaient montés sur des mulets ; c'est la bête de somme qui sert le plus ordinairement pour faire ce trajet ; le chemin est trop pierreux pour les chameaux, qui s'y blessent les pieds ; cependant Sidi-Aly faisait conduire ses marchandises par les siens.

Les Berbers firent cuire sous la cendre une galette d'orge pour notre souper ; après ce léger repas, chacun but un verre d'eau fraîche, et l'on se coucha sur le sol pierreux pour passer la nuit.

Le 16, à trois heures du matin, nous fîmes route assez lentement au N. N. E. jusque vers huit heures, que nous tournâmes au N. Nous marchions sur un sol très-montagneux et couvert de pierres plates, qui gênaient beaucoup notre marche : les montagnes sont peu élevées et composées de granit, sans aucune trace de végétation. Le Maure Sidi-Boby, qui continuait à m'insulter, me lança une pierre dans le côté droit; le coup me fit beaucoup de mal, et j'en gardai la marque très-long-temps : ce brutal me traita de cette manière, parce que j'étais monté sur mon chameau sans l'en prévenir. Le vieux Aly avait pris le devant, monté sur le sien; dès que je l'eus rejoint, je lui fis des plaintes sur les grossiers procédés dont je venais d'être victime; il y fit peu d'attention et me dit d'un air riant : « Ce n'est rien, tout ira bien. » Exaspéré de sa conduite, je lui dis que si tout allait bien pour lui, tout allait fort mal pour moi : il se tut et tourna la tête d'un autre côté. Je dois répéter encore ici que si, depuis el-Drah jusqu'au Tafilet, je n'ai pas été plus malheureux avec de tels hommes, c'est aux deux marabouts tajacantes que j'en ai l'obligation : je leur en rends grâce; sans eux j'aurais été obligé de déserter, ou de chercher un autre guide pour me rendre à Ghourland; si les Maures de ma compagnie ne me faisaient pas plus de mal, c'est qu'ils étaient retenus par la seule crainte de passer pour des infidèles.

Vers dix heures du matin, nous fîmes halte auprès des puits de Faratissa, agréablement ombragés par de beaux dattiers : on trouve aux environs quelques veines de sable parsemées d'herbes que les chameaux ont coutume de brouter; on y voit aussi des mimosas rabougris. Les puits n'ont que deux pieds et demi de profondeur ; l'eau en est très-bonne.

Depuis el-Drah, notre petite caravane s'était augmentée de plusieurs Maures ; ils étaient rassemblés autour des puits : dans leur conversation, il fut beaucoup question de moi ; tous, excepté mes guides, paraissaient s'intéresser à mon sort ; on craignait qu'à mon arrivée à Alexandrie, je ne retrouvasse pas mes parens. « Pauvre jeune homme, disaient-ils, que fera-t-il tout seul? » Je leur disais que j'avais une grande confiance en Dieu, qui m'avait soutenu à travers mille dangers, et qu'au moment d'arriver au port, il ne m'abandonnerait pas. Enfin, ajoutais-je, si Dieu a appelé auprès de lui mon père et ma mère, il m'aura conservé un frère et une sœur.

Dans de pareilles occasions, Aly disait de moi beaucoup de bien, me plaignait même : ce jour-là, il poussa la complaisance jusqu'à me raser la tête, chose dont je me serais bien passé ; mais comme c'est un devoir religieux, je ne dus pas le trouver mauvais. Sa conduite, en ce moment même, prouvait son hypocrisie, puisqu'il ne cessait de m'insulter et d'encourager ses esclaves à l'imiter. Pour fuir ces persécutions, je me sauvai dans les tentes des Maures qui faisaient route avec nous : nous passâmes la nuit sous les dattiers ; la fraîcheur du feuillage nous engageait au sommeil. Les chameaux et les mulets n'ayant pu boire tous ce jour-là, on séjourna le 17 jusqu'à trois heures du soir.

La forte chaleur étant alors tombée, nous fîmes route au N. : le sol que nous parcourûmes était le même que celui de la veille. Vers six heures et demie, on s'arrêta, et nous soupâmes chacun avec un petit morceau de galette d'orge et des dattes. Après ce maigre repas, nous nous étendîmes sur le sol pierreux, où je dormis d'un profond sommeil jusque vers trois heures du matin du 18, que nous partîmes.

Comme mon guide craignait de fatiguer son chameau, il m'obligea de marcher toute la matinée : je suivis donc à pied la petite caravane, qui se dirigeait lentement vers le N. N. E., sur un sol de gravier; la campagne était couverte de petites montagnes composées de roches de granit. Vers neuf heures du matin, nous fîmes halte aux puits de Bohayara, autour desquels il y a beaucoup de végétation; l'eau en est douce: ils n'ont que douze pieds de profondeur, et sont creusés dans un sable gris, mêlé de gros gravier. Ils sont à la proximité d'un camp de Berbers, qui viennent y abreuver leurs troupeaux de brebis et de chèvres : ces hommes habitent dans les gorges des montagnes, où ils élèvent de nombreux troupeaux de moutons et de chameaux; ils cultivent un peu d'orge et de froment : ils sont nomades, mais ne changent pas aussi souvent de place que les Maures; quand ils s'éloignent de leurs petits champs, ils laissent toujours quelqu'un pour les garder.

Je trouvai les femmes berbères beaucoup plus propres et moins curieuses que les mauresses : elles sont vêtues comme elles de vieux haillons ; mais elles ont soin de les laver. J'ai toujours vu ces femmes filer la laine de leurs moutons : cette laine est très-blanche ; avec le fil elles font des couvertures, qu'elles vendent au Tafilet. Ces femmes, dont l'embonpoint annonce qu'elles sont dans l'aisance, ont toujours la tête enveloppée d'un vieux chiffon de laine rouge ou blanc ; elles ont aussi deux touffes de cheveux qui leur pendent de chaque côté des oreilles ; elles en font des espèces de bourlets, qu'elles rattachent derrière la tête ; elles ont sur le nez et au menton, de petites marques bleues, dans le genre de celles que des artisans en France se font sur les bras et sur la poitrine. Leur principal ornement consiste en quelques colliers d'ambre, de corail, de diverses verroteries et en bracelets d'argent qu'elles portent aux bras et aux jambes : leur figure ne m'a pas paru aussi sale que celle des Mauresses d'el-Harib. Les Berbers ont un idiome particulier, que les Arabes ne parlent pas ; ils sont aussi soumis à la religion de Mahomet : ils ont plusieurs femmes, qui sont chargées de tout l'ouvrage de la famille ; elles préparent la nourriture, vont garder les troupeaux, les conduisent auprès des puits, et ont encore la tâche pénible de tirer de l'eau pour les abreuver. Ils font paître leurs troupeaux de moutons dans les gorges des montagnes, où ils trouvent un peu de verdure; car le pays qu'ils habitent offre l'aspect le plus aride; de tout côté, on ne voit que des montagnes de granit, peu élevées à la vérité, mais sans aucune trace de végétation. Ces peuples nomades et cultivateurs se nourrissent, comme les Maures, de dattes et de sanglé d'orge; ils font souvent leur souper avec du couscous ou de la galette d'orge cuite sous la cendre : dans la saison des pluies, comme le lait de leurs troupeaux est plus abondant, il fait une partie de leur nourriture. Ceux d'entre eux qui habitent dans les villages, ont des maisons dans le genre mauresque, construites comme celles des Arabes habitans des villes : les nomades n'ont que des tentes faites du poil de leurs chameaux. Ils récoltent peu, car la contrée qu'ils habitent n'est guère propre aux cultures ; ils rencontrent par-ci par-là quelques veines de bonne terre qu'ils utilisent.

Ils font cuire leurs alimens, comme les Maures d'el-Harib, dans de grands vases en cuivre que les forgerons du pays fabriquent : il est étonnant que le vert-de-gris ne les empoisonne pas; car les Mauresses, extrêmement sales, ne lavent jamais ces ustensiles; elles se contentent de les frotter dans l'intérieur avec la main, pour enlever ce qui a pu s'attacher aux parois. Les Berbers du camp de Bohayara firent cadeau à ceux qui nous servaient d'escorte, ainsi qu'à Sidi-Aly, d'un très-beau mouton laineux, que nos compagnons berbers tuèrent pour notre souper. Comme nous n'avions pas de vase pour le faire bouillir, nos conducteurs usèrent d'un expédient très-industrieux : ils se procurèrent de larges pierres calcaires plates, avec lesquelles ils firent un petit four que l'on chauffa avec des racines d'*hedysarum alhagi*, seul combustible qui croisse dans ce pays. On dépeça le mouton par petites parts; les entrailles furent mises en andouilles.

Le four improvisé étant bien chaud, on le balaya avec soin, et l'on y mit les morceaux de mouton les uns sur les autres; puis on le ferma hermétiquement avec du sable mouillé. Quand on jugea que la viande était suffisamment cuite, le chef de nos Berbers, assez bon homme, en fit la distribution; chacun apporta un petit morceau de bois qu'on lui avait remis; il s'en trouva autant que de parts : un Maure fut chargé de les bien mêler, et il en posa un au hasard sur chaque morceau de viande; par ce moyen, la distribution fut faite avec justice. J'eus aussi ma part, que je dus au chef des Berbers, qui souvent avait témoigné son indignation de la conduite des Maures à mon égard. Cette viande était assez bonne, proprement servie et cuite à point.

Le 19 juillet, à quatre heures du matin, nous quittâmes les puits délicieux de Bohayara, en nous dirigeant lentement au N. N. E., sur un sol couvert de petit gravier gris : des deux côtés de notre route régnait une chaîne de montagnes de peu d'élévation, arides, et contenant beaucoup de granit noir, détaché par gros blocs; la campagne était toujours nue et frappée de stérilité.

Vers dix heures du matin, nous fîmes halte aux puits de Goud-Zénaga; nous pouvions avoir fait trois milles à l'heure. Nous trouvâmes auprès de ces puits les Berbers d'un camp voisin qui abreuvaient leurs troupeaux. L'aspect du pays me porta à réfléchir sur ses habitans; je ne pouvais concevoir comment ce peuple se résigne à demeurer dans un lieu aussi aride, où il ne croît qu'un peu d'herbe, et pas un seul petit arbre.

Le 20, à quatre heures du matin, nous nous mîmes en route vers le N. N. E. : le sol était le même que celui de la veille, un peu pierreux; la chaîne de montagnes continuait toujours à être aussi aride. Vers onze heures du matin, nous fîmes halte aux puits de Zénatyia : ces puits ont de vingt à vingt-quatre pieds de profondeur; l'eau en est assez bonne, et abondante. Le sol, aux environs, offre un assez bel aspect de végétation; il y a quelques mimosas, des *zizyphus lotus*, et beaucoup de tamarix très-élevés. Nous nous mîmes à l'ombre sous ces arbustes, où nous mangeâmes quelques dattes en attendant le souper. La campagne est entre-coupée de dunes de sable blanc et mouvant : il y existe beaucoup de gazelles ; un Maure de notre compagnie en tua une, qui fut partagée de manière que toutes les personnes de la caravane en eurent chacune un petit morceau.

A une journée au N. O. des puits de Zénatyia, il y a une ville berbère nommée el-Yabo; nous avions à notre suite un de ses habitans, qui se sépara de nous pour aller chez lui. Les cultivateurs d'el-Yabo viennent, dans la saison des pluies, jusqu'à Zénatyia, travailler les terres, les préparer à recevoir le froment et l'orge, qu'ils récoltent en petite quantité.

Le 21, à quatre heures du matin, nous fîmes route au N. N. E. l'espace de trois milles, pendant une heure, parmi ces dunes de sable mouvant; puis nous marchâmes sur une plaine de sable uni, plus ferme que celui des dunes, couverte de petit gravier et de cailloux. Vers dix heures du matin, nous fîmes halte auprès des puits de Chanérou ; nous y trouvâmes des Berbers faisant boire leurs troupeaux de moutons, dont la laine était d'une blancheur remarquable.

Je vis auprès de ces puits un petit hangar en branches de *zizyphus lotus*, recouvert de paille et de plantes épineuses : je me mis à l'ombre dessous avec quelques Maures et trois femmes berbères, qui chargèrent les hommes de me questionner, et ne parurent pas faire grande attention à mes aventures, qu'on leur raconta sommairement ; mais elles tournèrent toutes leurs regards sur ma personne, qui paraissait assez leur plaire : parfois je leur demandais à boire; elles me donnaient avec complaisance le seau avec lequel elles puisaient, et prenaient soin de le soutenir, pour que je busse plus à mon aise. La plaine où sont ces puits est couverte de gravier et de roches; elle est entourée de montagnes arides, dont la plus haute peut avoir trois cent cinquante pieds de sa base au sommet; il croît, parmi les fentes des rochers, quelques pieds d'herbe que les moutons broutent. Nous fûmes joints dans la matinée par un Maure du Tafilet, venant au-devant de son père, qui depuis long-temps habitait Temboctou. Ce vieillard, qui avait vu dans cette ville le major Laing et m'en avait parlé en route, retournait dans le village de Ghourland, son pays natal : il se nommait Sidi-Abdoul-Rahmân, et pouvait avoir cinquante-cinq à soixante ans; il était presque chauve. Son fils lui apportait quelques raisins noirs pour le rafraîchir, et il m'en donna une grappe avec un petit morceau de pain de froment, que j'acceptai avec plaisir. Certes, je ne m'étais guère attendu à manger du pain et du raisin frais, dans un pays aussi aride ! Dans la soirée, quelques Berbers vinrent abreuver leurs troupeaux. Sidi-Aly proposa d'acheter un mouton pour notre souper : les Berbers d'une autre troupe se joignirent à nous, et nous étions vingt pour faire cette emplette; chacun donna pour sa part un dragme, pièce de huit sous du pays. Sidi-Aly, auquel j'avais laissé voir trois ou quatre shillings, consentit à me prêter une pièce de huit sous que je promis de lui remettre à mon arrivée au Tafilet. Je dois déclarer d'avance, comme un fait qui m'étonna beaucoup, qu'il ne voulut point par la suite en accepter la restitution : il m'engagea à garder cette pièce de monnaie pour m'aider à me conduire à Fez, et dit qu'il me la donnait pour l'amour de Dieu. C'était sans doute un remords de conscience, qu'il voulait faire taire à bon marché. Quoi qu'il en soit, ce mouton, préparé comme le précédent, fut trouvé délicieux ; cependant il avait été nettoyé avec moins de soin.

Le 22, à une heure du matin, nous nous mîmes en route dans la direction du N. N. E. : le sol est toujours le même, et les montagnes se prolongent des deux côtés de notre route. Vers dix heures du matin, nous fîmes halte aux puits de Nyéla (ou Aïn-Yéla), dont l'eau est abondante et bonne : ils sont situés dans un ravin très-pierreux, et si peu profonds qu'on y puise à la main. La chaleur fut très-forte, et nous n'avions pour nous mettre à l'ombre que quelques *zizyphus lotus*. Non loin des puits, dans la partie du S., on voit une haute montagne de granit à travers les crevasses de laquelle végètent quelques brins de verdure : j'ai remarqué un troupeau de moutons se promenant sur sa pente; ils paraissaient de la grosseur de petits agneaux. Cette montagne, qui est presque à pic, peut avoir cent cinquante ou deux cents brasses au-dessus du niveau d'un sol très-pierreux. Le soir, lorsque tout le monde fut couché, j'allai au puits avec un satala, et je me baignai dans l'eau fraîche, ce qui me procura beaucoup de soulagement; je revins auprès de mes compagnons et me couchai sur le sol, où je dormis profondément jusqu'à trois heures du matin.

Le 23, j'étais encore à moitié endormi, lorsque nous partîmes, faisant route dans la direction du N. N. E. pendant environ une heure; puis nous tournâmes au N. E. jusqu'à six heures du matin; et laissant les montagnes arides, nous descendîmes dans une plaine de sable gris très-dur, susceptible d'être cultivée. De cette plaine, on voit les beaux et majestueux dattiers du pays de Tafilet, qui enchantent la vue : ils me rendirent la gaieté, car ils m'annonçaient que bientôt mes maux allaient être allégés. Nous longeâmes des champs entourés les uns de murs faits en pisé, les autres de petits fossés seulement : la campagne était belle, mais desséchée par l'ardeur brûlante du soleil; on n'y voyait d'autre verdure que les feuilles toujours vertes du palmier. Arrivés à Ghourland vers neuf heures du matin, nous fûmes bientôt entourés d'une foule d'enfans qu'attirait la curiosité : nous campâmes à l'ombre des dattiers, à la porte de la ville. Au bruit de l'arrivée de la caravane venant du Soudan, une grande quantité de Maures et de Juifs, sales et mal vêtus, vinrent nous visiter; ils entourèrent bientôt le bagage : plusieurs de mes compagnons me prévinrent de faire attention à mon sac de cuir et à la pagne que j'avais sur moi; car, si je n'y prenais pas garde, on me la volerait même sur le dos; ils me conseillèrent de ne pas trop m'écarter du village, parce qu'il y avait des voleurs qui, croyant que j'apportais du Soudan beaucoup d'or, pourraient bien me faire un mauvais parti. Les négocians maures vinrent enlever leurs marchandises; ils faisaient porter à un seul mulet la charge d'un chameau. Je pris mon bagage sur l'épaule, et suivis mon guide chez le vieux Haggi le Mekké, chef de Ghourland : je traversai plusieurs longues rues très-étroites, et j'arrivai à la maison de mon nouvel hôte. On me fit entrer dans une cour intérieure assez propre, donnant entrée aux chambres et magasins : une partie de cette cour était couverte par une charpente faite de troncs de dattier; il y avait au milieu de cette charpente une espèce de lucarne par laquelle le jour pénétrait; un escalier en terre conduisait sur le toit de la maison, fait en terrasse. Je déposai le petit sac où étaient mes notes dans un magasin fermant à clef; mon sac lui-même avait un cadenas, ce qui me tranquillisait beaucoup sur la curiosité des Maures. Notre hôte nous fit donner pour notre déjeûner de très-bonnes dattes, si mûres qu'elles ressemblaient à des confitures ; on y joignit un petit morceau de pain frais de froment : j'aurais trouvé ce régal excellent, si l'eau que l'on nous donna à boire n'avait pas été salée. Les jeunes fils de Haggi le Mekké me firent un très-bon accueil; ils me félicitèrent sur-tout de la détermination que j'avais prise de déserter de chez les chrétiens, pour venir parmi les musulmans ; ils me dirent que j'étais l'homme protégé de Dieu, et que tous ceux qui me feraient du bien seraient chéris du prophète. Je ne devais plus m'inquiéter, ajoutaient-ils, sur les moyens de me rendre dans mon pays ; maintenant que j'étais au Tafilet, j'atteindrais sans difficulté le lieu de ma naissance, et ils se chargeaient eux-mêmes de me faire parvenir à Fez, sans qu'il m'en coûtât la moindre chose. Enfin, ils m'engagèrent généreusement à demeurer avec eux, m'assurant que je ne manquerais de rien.

Mes nouveaux hôtes me semblaient si bien disposés en ma faveur, que je m'attendais à avoir une chambre chez eux : mais je me trompais ; car, après le déjeûner, on m'invita à aller prendre mon logement à la mosquée, monument destiné à servir Dieu, et en même temps à héberger les voyageurs : j'y vis effectivement beaucoup d'étrangers, qui tous m'entourèrent pour m'assommer de questions. Vers deux heures du soir, j'allai me présenter à la maison de mon hôte, pour faire un peu diversion à l'ennui que me faisaient éprouver ces curieux importuns : je fus très-étonné de voir les jeunes gens qui le matin m'avaient témoigné tant d'affection, me refuser l'entrée. Après m'avoir expliqué qu'ils en agissaient ainsi à mon égard à cause des femmes, ils me demandèrent si je voulais manger, me firent donner environ deux onces de pain avec quelques dattes, et me laissèrent assis par terre à la porte. Après avoir pris ce maigre repas, je retournai à la mosquée. Vers dix heures du soir, des esclaves nègres vinrent appeler Sidi-Aly et ses gens pour souper : comme il ne voulait pas souffrir que je mangeasse avec lui, on ne m'avertit pas ; cependant, voyant arriver l'heure, et n'étant pas du tout disposé à me passer de souper, je pris le parti d'aller m'asseoir à la porte de la maison de mon hôte. Les esclaves, en passant, me demandèrent ce que je voulais ; je leur répondis que je n'avais pas soupé, et que je les priais d'en avertir leur maître : ils s'acquittèrent de ma commission, et revinrent en disant que j'aurais dû partager celui de Sidi-Aly et des personnes de sa suite. Je leur parlai alors de la conduite de cet homme à mon égard : ils en furent indignés, et dirent que lui et les siens étaient des infidèles; ils m'engagèrent à attendre un moment, et m'envoyèrent une bonne quantité de mauvais couscous d'orge, avec un petit morceau de bœuf et un peu de giraumon. Ensuite j'allai me coucher sur le toit de la mosquée, par terre, parmi quantité de Maures, condamnés comme moi à y passer la nuit. Comme me l'avaient fait observer les fils de Haggi le Mekké, nul étranger n'est admis ici dans l'intérieur des maisons, de peur que les femmes, qui ne doivent voir d'autres hommes que ceux de leur famille, ne soient exposées à des regards indiscrets. En conséquence, les voyageurs vont prendre gîte à la mosquée, et l'hôte chez lequel ils sont descendus leur envoie leurs repas; on les fait appeler à la maison à l'heure du souper, mais on ne les reçoit que dans un corridor très-obscur.

Le 24, à huit heures du matin, j'allai à la maison de mon hôte chercher mon déjeûner; je m'assis, comme la veille, à la porte, en attendant qu'on m'invitât. Bientôt le plus jeune des fils de la maison vint, et me demanda avec bonté si j'avais déjeûné; sur ma réponse négative, il ordonna à un esclave de me donner des dattes et de la bouillie faite avec de la farine d'orge: cette bouillie, qui est très-claire, sert de breuvage en mangeant ces fruits; quand on a du pain ou du couscous, on ne boit que de l'eau. C'est avec l'estomac aussi légèrement repu qu'il fallut.

attendre jusqu'à dix heures du soir, pour manger un peu de couscous ; voilà la nourriture qu'ils donnent aux étrangers qui demandent l'hospitalité : elle est la même pour les esclaves. Les maîtres ont une bouillie de farine de froment, très-claire, qu'ils boivent à leur déjeûner, et ils font leur dîner avec un morceau de pain frais et des fruits de la saison ; ils ont en quantité de beaux melons, qu'ils aiment beaucoup ; les plus riches habitans du Tafilet déjeûnent avec du thé, du pain et quelques figues. A dix heures du soir, heure habituelle du souper, ils mangent du couscous fait de farine de froment, cuit avec du mouton ou de la volaille ; car ils élèvent quelques oiseaux domestiques.

Comme j'étais assis au coin d'une rue, je fis connaissance avec un Maure nommé *Sidi-Boubacar*: il m'adressa des questions très-réservées et parut s'intéresser à ma position ; il était très-doux et assez bon homme. Il avait voyagé au cap Mogador et à Maroc ; dans la première de ces villes, il avait eu beaucoup de relations avec les chrétiens, qu'il détestait à l'exemple des autres Maures : il montrait du goût pour les sciences et desirait s'instruire ; il avait assez bien appris à calculer ; il connaissait les trois premières règles de l'arithmétique, et en faisait les preuves : il avait chez lui une ardoise sur laquelle il écrivait ; il me l'apporta, et nous calculâmes ensemble. Cet homme était un peu enthousiaste ; il me prit en amitié, et me parla beaucoup des connaissances des Européens, qu'il me dit être bien supérieures à celles des Maures ; il me fit voir une montre, à laquelle il attachait un prix extrême, parce qu'il était le seul qui en eût dans le pays. C'est chez lui que j'ai vu la boussole de poche anglaise dont j'ai parlé plus haut. Il me parla de Bonaparte et de ses campagnes en Égypte ; il me demanda sur-tout si c'était bien pendant son séjour chez les musulmans que j'avais été fait prisonnier, et me dit qu'il était à Tripoli à-peu-près à cette époque ; enfin il voulut connaître mon âge : comme j'étais couvert de haillons, noirci par le soleil et malade, je paraissais moins jeune que je ne l'étais réellement ; aussi n'eut-il pas de peine à croire que j'avais trente-quatre ans.

Le 26, je proposai à un pauvre Juif nommé *Jacob*, de m'acheter au poids un shilling, pièce qui n'avait pas cours de monnaie dans le pays ; comme il était forgeron et bijoutier en or et en argent, il pouvait l'utiliser dans son commerce. Il m'engagea, pour cet effet, à passer chez lui, sans doute afin de satisfaire sa curiosité ; toutefois il servit bien la mienne, car je ne savais comment m'y prendre pour visiter au moins l'intérieur d'une maison : j'entrai donc dans l'humble demeure du Juif, qui me fit traverser deux petites chambres basses, très-sombres et de la plus grande malpropreté, pour arriver dans une troisième un peu plus grande, qui ne recevait de jour et d'air que par une petite ouverture à la voûte, ouverture qui servait également pour toutes les pièces de l'intérieur; car les maisons des Juifs sont construites aussi simplement que celles des Maures.

Jacob me fit asseoir par terre, car il n'avait pas de natte; il ouvrit un petit magasin et alla chercher quelques noix qu'il m'offrit, avec une belle tranche de melon et un gros morceau de pain de froment, cuit de la veille. Sa femme et sa vieille mère, assises aussi par terre auprès de moi, ne pouvaient se lasser de me regarder; elles paraissaient douces et timides; cependant elles m'adressèrent plusieurs questions sur le pays des chrétiens. Je remarquai dans cette chambre, deux gros sacs de grain pour la provision de la famille, quelques volailles, et un chien gardien de la maison : dans le coin d'une des chambres, on avait rassemblé les balayures de plusieurs jours. Après avoir pris une petite collation, je me séparai de ces bonnes gens; un nègre esclave était venu me joindre, dans la crainte, disait-il, que ces infidèles ne me fissent quelque insulte. Le juif Jacob me dit de revenir le lendemain, et qu'il me changerait ma pièce de monnaie; car le jour de ma visite était un samedi, et par conséquent consacré à la prière. Les Maures, curieux et questionneurs, ne furent pas aussi généreux que l'Israélite; ils ne m'offrirent jamais que leurs mauvaises dattes; encore était-ce parce qu'ils en avaient beaucoup plus qu'ils ne pouvaient en consommer.

Le 27, j'allai, accompagné de Sidi-Boubacar, visiter le marché, qui se tient trois fois la semaine, auprès d'un petit village nommé Boheim, à-peu-près à trois milles au N. de Ghourland : Boubacar montait une belle mule, et moi un âne destiné à porter les provisions au retour.

Ce marché est établi dans un bel emplacement entouré de dattiers; il y a beaucoup de cahutes en terre pour les marchands d'étoffes, de merceries, d'épiceries, et pour les bouchers. Les Berbers et les Arabes habitans des villages voisins viennent y vendre leurs denrées; ils y amènent des bestiaux, des grains et diverses espèces de légumes et de fruits; ils achètent en retour des étoffes. Comme je témoignais à mon compagnon le desir d'examiner le marché en détail, il me fit accompagner d'un de ses gens; car il m'assura que si je m'éloignais seul, on me volerait, en qualité d'étranger, la couverture que j'avais sur le dos. Je fus étonné de la variété des objets qui approvisionnaient ce marché : j'y vis en quantité de beaux légumes, choux, navets, ognons, haricots secs, pois et lentilles; il y avait aussi abondance de fruits indigènes, tels que raisins, figues blanches et noires, pommes, noix, calebasses, giraumons, melons de belle espèce; de la luzerne verte pour les chevaux, et diverses productions de l'Europe; on y voyait aussi beaucoup de volailles et des œufs bouillis, j'achetai une demi-douzaine de ceux-ci pour une valeur de six liards de notre monnaie; je remarquai des moutons d'une grosseur étonnante, couverts d'une très-belle laine blanche. Des marchands d'eau, avec des outres pleines, se promenaient dans le marché, tenant une petite sonnette à la main, pour avertir ceux qui voulaient boire, car il faisait une chaleur accablante : il y a cependant des puits dans le marché; mais ils sont très-profonds, et tous les étrangers n'ont pas des cordes pour y puiser; quoique l'eau soit saumâtre, il s'en vend beaucoup. De tout côté, je voyais arriver des ânes et des mulets chargés de diverses productions de la nature et de l'industrie; enfin, je croyais me trouver dans un marché européen bien fourni. J'achetai du raisin et quelques figues, pour me rafraîchir ; j'y joignis un petit pain de froment, de la valeur d'un sou. Les Juifs brocantent beaucoup : il y a des marchands établis qui achètent en détail les étoffes de laine que chaque particulier fabrique chez lui; ils les emmagasinent, pour les expédier dans d'autres marchés. La monnaie du Maroc et celle de l'Espagne sont les seules qui aient cours ici; les autres monnaies d'Europe ne sont reçues qu'au poids. Après une si longue traversée dans le désert, privé de tout ce qui est nécessaire à la vie, j'éprouvais une jouissance inexprimable à me promener dans ce marché si richement pourvu : mais il me fallut retourner au village avec l'homme auquel Sidi-Boubacar m'avait confié, qui, dès qu'il eut fait ses provisions, devint impatient de s'en aller.

Le 28 au matin, Sidi-Boubacar, qui m'avait pris en affection, me fit appeler chez lui, où il m'attendait : il me fit asseoir sur un assez beau tapis, tendu dans sa cour, sous un petit hangar; puis me dit d'attendre un moment, et alla avertir un Maure de distinction de ses amis. Peu après, une esclave apporta, sur un plateau de cuivre bien propre, un gâteau de froment à la viande, cuit à la poêle, avec du beurre, et à côté de ce mets un gros morceau de melon, acheté la veille au marché de Boheim : Sidi Boubacar cassa le gâteau, et son ami et moi nous y fîmes honneur avec lui. Dans la soirée, le Juif Jacob me changea mon shilling, et je pus, les jours suivans, acheter un peu de pain. Ce même jour, étant à la mosquée, un Maure dont le père venait de mourir, m'accosta, et mit dans la poche de mon coussabe une pièce de huit sous, qu'il me pria d'accepter pour l'amour de Dieu et du prophète.

Le 29, Haggi le Mekké m'avertit qu'il fallait me tenir prêt à partir pour Fez. N'étant pas en état de faire une aussi longue route à pied, je m'informai d'une monture; effectivement, j'étais enflé et faible : ils me demandèrent si j'avais assez de dragmes pour payer une mule; je le pouvais, mais il eût été imprudent de l'avouer, et je préférai paraître pauvre pour ne pas éveiller la cupidité de mes conducteurs. J'espérais que la vente de mes deux pagnes bleues du Soudan suffirait pour la location d'une mule; depuis trois jours je les avais remises à l'un des fils de mon hôte, pour les vendre : on me conseilla de les porter au marché de Boheim, d'où devait partir la caravane. Je m'y rendis, mais dans l'intention de voir le bacha ou gouverneur, pour lui demander des secours.

En quittant Ghourland, j'étais accompagné par un muletier monté sur un âne; cet homme était chargé par Haggi le Mekké de me conduire chez Sidi-Habib Bénani, résidant à Boheim, et chef de la caravane allant à Fez, à qui il me recommandait particulièrement. Chemin faisant, je fus arrêté par des Berbers qui allaient au marché, et qui, reconnaissant que j'étais étranger, m'entourèrent au nombre de vingt ou trente, en me disant tous ensemble : « Qui es-tu? où vas-tu? » ils me tiraient tous par ma couverture et ne me donnaient pas le temps de répondre : enfin ils enlevèrent ma pagne, et ils auraient pris mon sac, si en partant je n'avais pas eu la précaution de le remettre à mon guide, qui, monté sur son âne, avec un Berber en croupe, avait pris les devans sans s'embarrasser si je pouvais le suivre : les voleurs ne s'en tenaient pas à ma pagne, et ils se mettaient en devoir de m'ôter mon coussabe, lorsque le Haggi-Lemedan (nom de mon guide), averti par des Maures de sa connaissance, revint au galop au-devant de moi avec son Berber en croupe, qui me fit rendre ce que les pillards m'avaient enlevé. Peu après ce fâcheux événement, nous arrivâmes au marché, que je trouvai aussi bien fourni que la première fois que je l'avais visité. En route, j'avais rencontré deux cavaliers berbers qui couraient, bride abattue, le fusil armé, après deux cavaliers arabes qui se sauvaient en toute hâte.

Après le marché, je me rendis, accompagné de mon guide, chez Sidi-Habib-Bénani, qui m'envoya prendre un logement sur le toit de la mosquée ; vers dix heures du soir, il me fit donner d'assez bon couscous.

Le 30 juillet au matin, j'allai m'asseoir modestement par terre, à la porte de mon hôte ; car je savais bien qu'il n'aurait pas la complaisance de m'envoyer mon déjeûner à ce logement public : lorsqu'il m'aperçut avec mon chapelet à la main et priant, il me fit donner un peu de bouillie de froment sans dattes. Vers dix heures du matin, je priai un Maure de m'accompagner chez Sidi-Habib bacha, au lieu de sa résidence, qui est la petite ville de Ressant, à deux portées de fusil au N. de Boheim. Cet homme m'obligea avec complaisance; nous y allâmes : mais on nous dit que le bacha ne viendrait pas ce jour-là; qu'il était indisposé, et qu'il paraissait desirer passer la journée dans sa maison particulière, à Sosso, petit village situé environ un mille et demi au S. E. de Boheim. Comme je témoignai le desir de m'y rendre, l'honnête Maure me fit accompagner par un homme de ce village, serviteur du bacha, qui me conduisit chez celui-ci. On me fit traverser une grande cour assez propre, puis une seconde plus petite, à la porte de laquelle il y avait deux factionnaires assis par terre, leurs fusils posés contre le mur : on alla m'annoncer au bacha, qui donna ordre de me faire entrer. Je trouvai ce seigneur arabe modestement assis sur une natte posée à terre, sous un hangar, près des puits, qui rendaient ce lieu assez frais; il avait à sa compagnie deux Maures, que l'on pourrait appeler courtisans : il m'accueillit assez bien et me fit asseoir à côté de sa natte; puis me demanda le sujet qui m'amenait en sa présence. Je lui expliquai en peu de mots les diverses circonstances qui m'avaient occasionné un si grand et pénible voyage à travers le Soudan et le désert; je lui dis enfin que j'étais d'Alexandrie, où je desirais me rendre, mais que je n'en avais pas les moyens, que j'étais très-pauvre et malade, par suite des fatigues que j'avais éprouvées ; que je ne pouvais faire ce long trajet à pied. Parmi diverses questions qu'il m'adressa, il me demanda comment j'avais fait pour subvenir aux frais de ma route, depuis mon départ de chez les nègres : je lui dis, en vantant la générosité des musulmans, que chacun d'eux m'avait aidé d'une modique aumône. Il m'entretint ensuite des Européens, qu'il tourna en ridicule sur leur croyance. Un des Maures de sa compagnie, extrêmement gros, me dit en ricanant : « Eh « bien ! puisque Jésus est fils de Dieu, pourquoi s'est- « il laissé crucifier par les Juifs ? » Comme c'était à moi qu'il faisait directement cette interpellation, je lui dis qu'il ne m'appartenait pas de rendre raison d'une chose que j'ignorais, et que c'était aux chrétiens à discuter son objection. Le bacha fit appeler son intendant, et lui commanda de me donner quelques dattes qu'il m'apporta dans une petite corbeille de paille : il m'engagea d'un air poli à les manger ; mais je n'acceptai pas. Ce seigneur me fit ensuite conduire à Boheim, chez mon hôte, par une des sentinelles de la cour, et me recommanda de venir le voir le lendemain à son gouvernement ; il fit dire à Sidi-Mohammed, le chérif qui le matin m'avait accompagné, de venir avec moi.

Le 31, je ne manquai pas de me trouver avec le

chérif sur le passage du bacha : aussitôt que nous l'aperçûmes, nous nous tînmes debout. Il montait un assez bon cheval gris, et était escorté par deux soldats armés chacun d'un fusil. Il s'arrêta un peu devant nous : le chérif, en l'abordant, baisa respectueusement sa tunique blanche; le bacha lui dit quelques mots tout bas; puis, élevant un peu la voix, il m'annonça qu'il fallait que je restasse à Ghourland jusqu'à nouvel ordre. Je compris bien que je n'avais rien à espérer de sa grandeur; et en rentrant au village, Mohammed me confirma dans mon opinion. Sidi-Habib-Bénani était parti pour Fez dans la matinée; il avait refusé de me donner une monture pour trois mitkhals en argent, que j'avais retirés du produit de la vente de mes deux pagnes : ainsi je me trouvais à Boheim, sans savoir comment en sortir. J'avais un assez bon coussabe que m'avait donné Abdallah-Chébir, à Temboctou; je me décidai, au risque d'aller tout nu, à le faire vendre au marché, et à tâcher de louer un âne pour partir le surlendemain avec une caravane qui allait à Fez : le fils aîné de Bénani, marchand de profession, vendit mon coussabe deux mitkhals, qui, avec les trois autres, suffirent pour louer un âne. A dix heures du soir, j'allai comme à l'ordinaire me présenter à la porte du fils de mon hôte, qui dans la journée m'avait fait donner un peu de pain et une grappe de raisin : il m'envoya à souper, et j'allai me coucher sur le toit de la mosquée. La cour de ce lieu fermait à clef, et l'on ne pouvait en sortir ; circonstance qui faillit m'attirer une très-fâcheuse affaire. Dans cette cour se trouvait la tombe d'un saint chérif décédé depuis long-temps : le lendemain, à leur grand scandale, mes compagnons de gîte s'aperçurent que cette sépulture révérée avait été salie pendant la nuit ; alors il s'éleva un cri général d'indignation, et tous les regards se tournèrent sur moi. Confus et épouvanté, je n'eus pas le courage de nier que je fusse le coupable ; je m'excusai sur mon ignorance des localités, et protestai, ce qui était bien vrai, que le hasard seul, et non la volonté de commettre une profanation, m'avait conduit vers cette place. Malgré cette allégation sincère, les têtes étaient loin de se calmer, et je ne sais trop ce qui m'en serait advenu, si par bonheur quelques vieillards n'avaient pris le parti d'intercéder en ma faveur. Ils représentèrent que l'on devait avoir égard à ma qualité d'étranger ; que j'ignorais sûrement qu'il y eût une tombe dans cet endroit ; mais que, lors même que je l'aurais su, je n'avais pas pu apprendre, chez les chrétiens, à respecter ce qui est l'objet des hommages de tout bon musulman ; qu'il fallait donc avoir quelque indulgence pour mon défaut d'instruction. Ce plaidoyer fit son effet, et l'affaire en resta là.

Le 1.er août, je me rendis le matin à la porte de

mon hôte pour avoir à déjeûner; mais j'attendis inutilement, on ne me donna rien; je restai jusqu'à deux heures après midi sans rien prendre. Dans ce moment même, plusieurs Maures réunis se disposaient à me questionner; mais je leur dis que je n'étais pas en état de leur répondre, que je souffrais trop de la faim, n'ayant encore rien pris de la journée. Un zélé musulman m'offrit de me donner un pain pour l'amour de Dieu, si je voulais l'accepter; j'étais trop affamé pour le refuser, quelque dur qu'il fût.

Le 2, la caravane se disposa à partir pour Fez; le Maure qui me louait un âne, avait reçu les arrhes, et je l'attendais au village où il devait venir me prendre. Avant de quitter le pays, je vais en faire une description succincte.

## CHAPITRE XXVI.

Description du Tafilet et de son commerce. — Agriculture et industrie florissantes. — Misérable condition des Juifs ; leurs costumes et leurs usages. — Afilé. — Jardins riches en fruits. — Tannéyara, Marca, M-Dayara, Rahaba. — Chaînes de montagnes de granit. — Petite rivière de Guigo. — L-Eyarac, Tamaroc, Kars, Aïn-Zéland, L-Eksebi. — Montagnes très-élevées couvertes de liéges. — L-Quim. — Guigo. — Ville de Soforo. — Ville d'el-Fez ou Fez, l'ancienne capitale de Maroc.

Le Tafilet est un petit arrondissement, faisant, comme el-Drah, partie des états de l'empereur de Maroc ; ses habitans paient quelques impositions à ce souverain : il y entretient un bacha ou gouverneur, lequel fait sa résidence à Ressant, ville qui se distingue des autres par une grande porte entourée de petits carreaux en faïence, de diverses couleurs, plaqués symétriquement sur le mur.

Les villages de Ghourland, L-Ekseba, Sosso et Boheim, dans la même ligne, au S. E. de Ressant, sont assez rapprochés les uns des autres : ceux que j'ai eu occasion de voir, sont à-peu près d'une même grandeur et peuvent contenir chacun environ onze à douze cents habitans, tous propriétaires et marchands. Le sol du Tafilet est uni, et composé d'un sable gris-cendré, très-productif; on y cultive beaucoup de blé, toute sorte de légumes et de fruits d'Europe : la luzerne y vient très-belle; quand elle est sèche, on la serre pour la provision d'hiver.

Les indigènes ont de beaux moutons, dont la laine est fort blanche; ils l'emploient à faire de jolies couvertures qui sont tissées par les femmes. Ils ont quelques bœufs, mais pas en aussi grand nombre que les peuples nomades; d'excellens chevaux, des ânes, et beaucoup de bons mulets : les chevaux sont pour la majeure partie possédés par les Berbers, qui sont établis en grand nombre au Tafilet, mais qui s'y montrent moins pillards que ceux d'el-Drah, et ne sont vraiment redoutables que pour les étrangers.

Ce pays, en général, est agréable. Les habitans font un grand commerce avec le Soudan et el-Araouan : ils y envoient du tabac en feuilles qu'ils récoltent dans leur pays; ils expédient aussi des marchandises d'Europe; ils reçoivent en échange de l'or, de l'ivoire, de la gomme, des plumes d'autruche, des effets confectionnés et des esclaves; car, je le dis à regret, ce commerce infame, dans cette partie de l'Afrique, est dans toute sa vigueur. Les marchandises que les négocians expédient à Temboctou par le moyen des Maures nomades d'el-Harib, que l'on peut considérer comme les voituriers du Soudan, sont transportées sur les confins du désert par les chameaux des Berbers, qui les remettent aux Maures chargés par engagement de les conduire à leur destination. Les Berbers reçoivent pour cela une rétribution : c'est une espèce d'indemnité qu'il est convenu de leur donner ; car ils ne font pas, comme les Arabes, les grands voyages des pays nègres. Sans cette sage précaution des négocians, leurs caravanes seraient pillées par ces barbares, comme quelquefois elles le sont par les Touariks. J'ai déjà dit que les Maures de distinction du Tafilet vont pour la plupart s'établir à Temboctou, comme chez nous on quitte l'Europe pour aller dans le nouveau monde, afin d'y faire fortune : ces Maures, après avoir consacré cinq ou six ans au commerce, achètent de l'or et des esclaves, et retournent dans leur patrie vivre paisiblement.

Le Tafilet est un très-bon pays ; il y vient de tout ce qui est nécessaire à la vie de ses habitans. Les nombreux dattiers qui entourent chaque propriété, leur procurent une nourriture abondante et une branche de commerce considérable ; ils vendent beaucoup de dattes dans tout le pays de Maroc, et sur-tout dans les villes situées au bord de la mer.

Dans cette contrée, la population est divisée en plusieurs catégories, et les rangs sociaux y sont distincts. Les hommes qui travaillent à la journée ou au mois, soit pour la culture des terres, soit pour tout autre ouvrage, sont regardés comme appartenant à la dernière classe : ceux qui se croient d'une condition plus relevée, les traitent comme des êtres très-inférieurs. Il y a aussi au Tafilet beaucoup d'esclaves nègres et quelques affranchis : jamais ils ne forment d'alliance avec les Maures; les enfans mêmes nés d'une négresse et d'un Maure par une union clandestine, n'ont aucun état réel dans le pays; ils restent toujours dans les dernières classes de la société.

Les habitans du Tafilet tannent beaucoup de cuir; ils font de beau maroquin, très-estimé dans le commerce, et qui trouve à Fez un prompt débouché. Le peuple, dans ce pays, a plus d'industrie que je n'en ai remarqué dans les différentes parties de l'Afrique que j'ai visitées.

Dans les marchés, chacun apporte le fruit de son labeur : on y voit en abondance des couvertures de laine, des coussabes, des cuirs tannés, des pagnes, des souliers, des nattes, des plats en bois, tous objets travaillés dans le pays.

Chaque propriétaire a l'habitude de faire entourer ses terres d'un mur en pisé, ou d'un fossé; tous les villages sont murés, et ceux que j'ai visités n'ont qu'une porte d'entrée qui ferme tous les soirs. Les habitans élèvent beaucoup de volailles, qui sont aussi grosses que les nôtres; ils en mangent les œufs bouillis. Ils ont des pigeons, mais en petite quantité. Quelques particuliers ont un chien et un chat qu'ils nourrissent avec des dattes.

Dans tout le pays d'el-Drah et de Tafilet, il y a des Juifs qui habitent les mêmes villages que les musulmans ; ils y sont très-malheureux, vont presque nus et sont sans cesse insultés par les Maures : ces fanatiques vont jusqu'à les frapper indignement, et leur lancent des pierres comme à des chiens : le moindre petit enfant peut impunément les outrager, sans qu'ils puissent ni se faire justice eux-mêmes, ni compter sur la protection de l'autorité. J'ai eu souvent occasion de pourchasser de petits vauriens qui vilipendaient ces malheureux.

Les Juifs du Tafilet sont très-sales, et ne vont que pieds nus, peut-être pour éviter l'inconvénient d'ôter trop souvent leurs sandales, en passant devant une mosquée ou devant la porte d'un chérif; obligation qui leur est imposée. Ils sont vêtus d'un mauvais coussabe, et d'un manteau blanc, très-sale, qui ne vaut pas mieux ; il leur passe sous l'aisselle gauche et vient s'attacher sur l'épaule droite. A l'exemple des Maures, ils se rasent la tête; mais ils y laissent une touffe de cheveux qui tombe sur le front. Les uns sont brocanteurs, les autres ouvriers; ils font des souliers, des nattes en feuilles de dattier; ils sont aussi forgerons. Ils prêtent leur argent à intérêt aux marchands qui font le commerce du Soudan, et n'y vont jamais eux-mêmes. Ils n'ont de fortune apparente que leurs maisons ; mais souvent ils prennent des propriétés pour garantie des fonds qu'ils prêtent. Les Juifs ont toujours de l'argent à leur service : toutefois ils évitent de paraître riches ; car les Maures, qui leur supposent beaucoup plus de fortune qu'ils n'en ont réellement, les tourmentent souvent pour les rançonner : enfin, non-seulement ils paient tribut à ceux-ci et à l'empereur, mais ils sont encore harcelés par les Berbers.

La nourriture des Juifs est meilleure que celle des mahométans : ils mangent beaucoup de pain de froment, qu'ils pétrissent et font cuire eux-mêmes ; ils consomment peu de couscous et de bouillie ; ils font avec du grain de la bière qu'ils boivent en dépit des Arabes ; et dans la saison du raisin, ils récoltent un peu de vin.

Les femmes juives ont, comme les Mauresses, un morceau d'étoffe de douze ou quinze pieds de long, qui leur passe autour des reins et sur la tête; elles vont aussi pieds nus. Leur costume ne diffère que par la coiffure : elles ont des deux côtés de la tête, près des oreilles, un gros paquet de cheveux qui leur descend sur les épaules, et qui a cinq pouces de longueur et trois de circonférence; elles se couvrent habituellement la tête avec un morceau d'étoffe de couleur, toujours sale, comme le reste de leurs vêtemens.

Les Juives que j'ai vues au Tafilet sont en général petites, vives et jolies : elles ont des yeux bleus, bien fendus, vifs et expressifs, un nez aquilin et une bouche moyenne ; elles sont curieuses et aiment beaucoup à parler. Puiser de l'eau, laver le linge, aller chercher du bois pour faire la cuisine, enfin tout le travail du ménage est confié à leurs soins.

Je n'entreprendrai pas de faire le portrait des femmes musulmanes du Tafilet ; il m'a été impossible d'apercevoir leur figure ; elles ne sortent qu'enveloppées, de la tête aux pieds, d'une énorme couverture de laine, qui leur laisse à peine la faculté de voir assez clair pour se conduire, ce qui leur donne l'air de masses informes qui se promènent : elles ne se montrent sans voile qu'au sein de leur famille, et quelquefois dans la cour intérieure. Quand des étrangers appelés par quelque affaire doivent entrer dans la maison, on a soin de faire avertir les femmes de se retirer dans leur logement particulier.

On remarque ici un usage connu dans l'Orient, mais qui est suivi dans toute sa rigueur : lorsqu'un simple Maure passe devant un chérif, il ôte ses sandales, les prend à la main, et s'incline profondément de l'air le plus respectueux.

Le 2 août, vers quatre heures et demie du soir, la caravane se mit en route, se dirigeant au N. N. E. Chemin faisant, nous rencontrâmes beaucoup de

Maures des campagnes, conduisant des ânes chargés de toute sorte de productions, comme des melons, des giraumons, des raisins, des figues, et d'autres fruits et légumes; ils allaient dans un marché voisin.

Nous traversâmes des champs, et passâmes auprès d'un village muré dont j'ai oublié le nom : en continuant notre route l'espace d'un mille au N. N. E., nous arrivâmes au village d'Afilé, en dehors duquel nous fîmes halte au coucher du soleil. Il est situé près d'un gros ruisseau que les naturels nomment Sidi-Aïche, et dont l'eau, qui est saumâtre, est la seule qu'ils boivent : ce ruisseau coule lentement au N. O. Peu après notre arrivée, on nous apporta beaucoup d'orge pour nos animaux, et des melons d'eau pour rafraîchir les chérifs; car il y en avait une demi-douzaine qui faisaient partie de la caravane, et allaient à Fez vendre quelques dattes : la modicité de leur commerce ne les empêchait pas de faire les importans.

Vers onze heures du soir, on nous apporta du village plusieurs grandes calebasses de couscous, et de la viande d'un cabri qu'on avait tué exprès; ceux qui les apportaient sur leur tête, étaient éclairés par une bougie. Aussitôt que ces mets furent arrivés, les descendans de Mahomet s'en gorgèrent avec avidité, et donnèrent les restes aux Maures de leur suite : on eut soin d'éveiller tous ceux qui dormaient ou en faisaient semblant. J'étais dans ce moment couché sur le sable, auprès des bagages; personne ne faisant mine de s'occuper de moi, je me résignai patiemment à me passer de souper, quoique je n'eusse mangé de tout le jour que quelques dattes que m'avait données mon hôte à mon départ : enfin un Maure du village, se promenant une bougie à la main, m'aperçut, et, me demandant qui j'étais, me conduisit par la main auprès d'un énorme plat de couscous, autour duquel plusieurs Maures étaient rassemblés, il me dit d'en prendre ma part. Le Maure qui présidait au repas, mit quelques rogatons de viande sur une vieille couverture à mulet; et quand nous eûmes mangé le couscous, il nous donna à chacun un petit morceau de la viande tenue en réserve, et qu'il déchira avec ses doigts sales.

Le 3 août, à cinq heures et demie du matin, nous nous mîmes en route au N., parmi des plantations toutes entourées de murs en pisé, par-dessus lesquels j'apercevais de beaux arbres fruitiers, tels que poiriers, figuiers, abricotiers, vigne, et quelques rosiers : ces campagnes charmantes, quoiqu'un peu desséchées, me rappelaient le souvenir enchanteur de nos jardins d'Europe. L'aridité du Sahara était encore si présente à mon imagination, que les campagnes de Tafilet me parurent un paradis terrestre.

Vers dix heures du matin, nous passâmes devant

Tannéyara, petit village situé à un mille à l'E. de notre route, et ombragé par une énorme quantité de dattiers. Ici notre caravane fut arrêtée par une troupe d'Arabes qui, de gré ou de force, se firent payer des droits de passe. Cette algarade occasionna beaucoup de bruit; les deux troupes furent même près d'en venir aux mains : cependant il n'arriva rien de fâcheux; les marchands donnèrent quelques dragmes, et les Arabes nous laissèrent continuer notre route. Nous marchions sur un terrain aride, couvert de gravier; à droite et à gauche nous apercevions de petites montagnes peu élevées, qui paraissaient composées de sable rouge, et n'offraient aucune végétation : la chaleur fut très-forte, et nous n'avions pas d'eau pour nous désaltérer. Vers une heure après midi, nous arrivâmes à Marca, gros village entouré d'un mur de douze ou quatorze pieds, où nous fîmes halte.

Nous courûmes en grande hâte au puits qui est hors du village; on ne pouvait suffire à puiser; malheureusement nous n'avions qu'un mauvais sac de cuir troué. Après avoir apaisé ma soif, j'allai m'asseoir à l'ombre, auprès de la porte du village : il y avait là beaucoup de Maures oisifs, couchés sur le dos, attendant qu'on vînt les chercher pour souper; aussitôt qu'ils m'eurent aperçu, ils se levèrent avec étonnement, et se demandèrent les uns aux autres : « Quel

« est cet homme là ? » Ils avaient reconnu facilement que j'étais étranger, car je portais toujours un costume en étoffe du Soudan, ce qui les frappait d'abord.

Ils s'assemblèrent autour de moi, et m'accablèrent de leurs questions. En général, les Maures du Tafilet ne m'ont jamais pris à la première vue pour un Arabe; dès qu'ils m'apercevaient, ils me traitaient en étranger; j'avais besoin de redoubler d'artifice pour leur en imposer : mais quand je leur disais que j'avais été fait prisonnier très-jeune par l'armée de Bonaparte, ils finissaient par me féliciter sur la bonne résolution que j'avais formée de retourner dans mon pays.

A la porte de Marca, je rencontrai, par le plus grand des hasards, un Berber que j'avais vu à el-Harib; il me fit un assez bon accueil et instruisit aussitôt l'assemblée de tout ce qui me concernait. Ce Berber m'engagea assez poliment à visiter son humble cabane, qui n'avait que le rez-de-chaussée : il m'y fit asseoir sur une natte très-propre, et sa femme apporta quelques dattes que je mangeai avec lui. Cette femme n'était pas voilée; elle se tenait dans un coin d'une chambre obscure et sale, occupée à tisser une couverture de laine. Lorsque nous eûmes fini de manger nos dattes, le Berber m'emmena à la mosquée, et m'y fit faire connaissance avec deux chérifs, fils naturels de l'empereur : nous les trouvâmes en prière ; dès qu'ils eurent fini, ils m'accablèrent de questions, et me demandèrent entre autres si j'avais subi la circoncision dans le Soudan ou bien à Alexandrie : je leur dis que j'avais été circoncis dans mon enfance, avant de quitter mon pays, et je m'empressai de changer de conversation, ces interrogatoires étant toujours très-pénibles pour moi, puisqu'ils m'obligeaient à me parjurer de nouveau. Heureusement ma réponse parut les satisfaire, et je profitai d'un moment où ils parlaient à leurs élèves, pour les quitter : mais peu après, ils vinrent me trouver à la porte du village, où j'étais assis ; ils se mirent par terre auprès de moi, et me montrèrent un Évangile en latin et en arabe, qu'ils tenaient à la main ; ils me demandèrent si je connaissais ce livre : je lus quelques passages avec eux, et ils s'égayèrent un peu aux dépens de la prétendue crédulité des chrétiens.

Comme il y avait autour du village de jolis jardins entourés de murs, je témoignai le desir de voir les leurs : aussitôt le plus jeune me prit par la main, et, suivis de six autres Maures, nous allâmes nous y promener. Il fit cueillir des figues et du raisin, que le jeune chérif m'offrit de très-bonne grâce ; je fus même étonné de trouver en lui un genre de politesse française, par exemple, de ne pas se servir le premier, de m'offrir les fruits les plus beaux et les plus mûrs, et même de me les peler. Je mangeai peu de fruits; je craignais d'en être incommodé. Je vis dans ce jardin, des melons, des gombos et divers arbres fruitiers : on y a creusé un puits de trente pieds de profondeur. En sortant du jardin, nous allâmes à la mosquée, où Sidi-Abdoul-Rahmân (c'est le nom du jeune chérif) me fit apporter par un de ses gens un morceau de pain avec du miel; il m'engagea à y rester jusqu'à l'heure de son souper, qu'il voulait, disait-il, me faire partager. Ce bon jeune homme, âgé d'environ vingt-deux ans, m'invita fort obligeamment à passer quelques jours à Marca, auprès de lui, pour me remettre de mes fatigues : il me promit qu'ensuite il me ferait conduire à Fez, sans qu'il m'en coutât rien. Je le remerciai beaucoup; mais j'objectai que j'étais trop impatient d'arriver chez moi, pour accepter son invitation. Le Berber m'apporta un bon plat de couscous au mouton; et un instant après, le chérif m'envoya une portion de son souper, et poussa la complaisance jusqu'à charger un Maure de sa maison de m'accompagner avec une lanterne à l'endroit où nous étions campés.

Le 4, à cinq heures et demie du matin, nous partîmes, faisant route au N. N. O. parmi des montagnes où coule un joli ruisseau qui fertilise les terres qui l'avoisinent : les habitans propriétaires savent tirer parti de cette ressource; ils forment des dérivations et arrosent à volonté leurs petits héritages ; par ce moyen, ils cultivent du blé et du maïs dans la saison de la plus grande sécheresse, et ont en abondance de beaux melons. Sur les bords de ce joli ruisseau, il croit quelques dattiers et beaucoup de figuiers ; je remarquai le long de la route un grand nombre de petites habitations à des distances très-rapprochées. Le sol était très-pierreux ; cependant nous faisions plus de deux milles à l'heure. Vers deux heures et demie du soir, nous fîmes halte à M-Dayara, ville entourée d'un grand mur, avec des fossés de sept à huit pieds de profondeur et autant de largeur, qui en font le tour ; nous entrâmes par une grande porte, et nous restâmes en dedans pour passer la nuit. Lorsque tous les bestiaux furent déchargés et le bagage rangé, mon guide, le chérif, noble rejeton du prophète, m'engagea à me rendre à la mosquée, pour chercher, me dit-il, mon repas : sans lui rien répliquer, je restai sur la terrasse assez long-temps, assis sur une natte, auprès d'un Maure de la ville ; cet homme, voyant que je ne me pressais pas de me retirer, et sans doute craignant d'être obligé de partager son souper avec moi, m'engagea à rejoindre mes compagnons de voyage, pour prendre ma part de celui qu'on allait leur envoyer de la ville. Ainsi repoussé de tout côté, j'allai me coucher auprès du bagage : mon noble muletier me demanda en grondant pourquoi je ne restais pas à la mosquée; je lui répondis qu'il pouvait y aller lui-même chercher son souper; il se tut. Voyant que cet homme m'engageait si fort à m'éloigner, je crus que les Maures de la caravane se réunissaient ensemble pour acheter leur nourriture, et je me promis de m'en informer.

Le chérif Sidi-Moula-Sitec, homme d'une grande noblesse, et qui jouissait de la faveur impériale, faisait route en même temps que nous; il avait avec lui sa femme, qui était cachée sous un pavillon couvert d'écarlate pour la préserver de la grande chaleur et en même temps la soustraire à nos regards : en arrivant aux lieux de halte, on la descendait à quatre personnes, et une de ses femmes, aussi voilée en notre présence, levait un coin de la tenture pour lui faire prendre l'air.

Sidi-Moula-Sitec, qui faisait faire sa cuisine à part pour lui et ses gens, envoya dans la soirée une copieuse mesure de thé à ses compagnons de voyage, qui le prirent en attendant le souper; peu après on leur apporta une énorme calebasse de couscous, qui fut bientôt partagé entre douze à quatorze Maures qui se le disputaient : lorsque mon muletier fut rassasié, il prit une petite corbeille qui ordinairement servait à donner de l'orge à ses ânes, y mit les deux ou trois poignées de couscous qui restaient, et vint me les offrir : j'acceptai pourtant avec empressement, car je n'avais pris de tout le jour que quelques dattes. Après ce pauvre repas, voyant qu'on ne voulait plus me permettre de rester auprès du bagage, et cherchant une place pour dormir tranquille, j'allai me coucher par terre à la porte de la mosquée, auprès de quelques Maures voyageurs : comme j'étais très-enrhumé et que je toussais beaucoup, importunés du bruit, ils s'emportèrent contre moi, jusqu'au point de me frapper pour me faire retirer.

Le 5 au matin, je vis, par les dispositions que l'on faisait, que nous ne partirions que dans la soirée ; je me décidai, quoique avec répugnance, à aller dans la ville demander quelques dattes, fruit si commun dans le pays. Je m'adressai d'abord à un vieux Maure qui affichait tous les dehors de la dévotion ; mais il fut peu sensible à ma misère, et il me recommanda d'avoir confiance en Dieu, et qu'il m'aiderait : un second à qui je m'adressai m'apporta une poignée de dattes pourries, que je ne pus manger ; enfin un troisième, qu'à sa mine je jugeai plus charitable, m'en donna une assez grande quantité, mais elles étaient encore plus mauvaises et plus dures que celles que l'on mange à el-Harib. Je perdis alors courage ; et détrompé sur la charité des musulmans, tant vantée parmi nous, je retournai auprès de notre bagage : je présentai les fruits de ma quête aux ânes, qui n'en voulurent pas ; et je déjeûnai avec une poignée de celles que l'on m'avait données à Boheim. On passa une partie de la journée à ferrer les animaux. Vers trois heures du soir, tout étant prêt, nous partîmes et fîmes route vers le N. O., marchant sur un terrain pierreux et uni; le soleil était à l'horizon lorsque nous arrivâmes à Rahaba; nous campâmes hors de la ville sous les dattiers. Comme je me trouvais très-près du chérif Sidi-Moula-Sitec, qui avait eu la bonté de me donner à boire en route dans la tasse dont il se servait ordinairement (faveur inouïe), j'allai le remercier; il m'accueillit avec amitié, me donna la main en riant, et me dit qu'il m'avait recommandé à un de ses gens, pour me faire vivre avec lui jusqu'à Fez: pour ne me laisser aucun doute, il fit venir sur-le-champ le Maure prévenu de ses intentions, et lui renouvela l'ordre en ma présence; mais le mauvais garnement n'en tint aucun compte, et n'eut égard à la volonté de son maître qu'un soir seulement.

Le 6 août, à cinq heures du matin, nous fîmes route au N., d'abord sur un terrain fort plat; puis nous arrivâmes auprès d'une chaîne de montagnes dont la direction s'étend de l'E. N. E. à l'O. S. O.: nous nous enfonçâmes dans ses gorges en suivant le cours d'un joli ruisseau appelé le Guigo; la route, extrêmement pierreuse, était très-difficile. Vers huit heures du matin, nous passâmes devant L-Eyarac, petit village contenant à-peu-près vingt-cinq à trente maisons, qui toutes n'ont que le rez-de-chaussée et sont mal construites ; ce village est situé sur un rocher de granit noir. Jusqu'à cet endroit, nous avions suivi le N. N. E.; ici nous tournâmes au N. Vers une heure après midi, nous fîmes halte à Tamaroc, pour laisser diminuer la chaleur, qui était excessive : j'allai me coucher sur le gazon, à l'ombre d'un beau laurier rose agréablement situé sur les bords du ruisseau, dont la fraîcheur et le doux murmure m'engagèrent au sommeil. Les montagnes des deux côtés de notre route sont peu élevées; elles paraissent composées de granit rose d'un grain très-gros et cassant; dans quelques endroits il y a aussi du quartz blanc. Vers trois heures du soir, la chaleur étant un peu tombée, nous fîmes route au N. dans des défilés jusqu'à cinq heures et demie; puis nous tournâmes à l'O., en suivant toujours le cours du même ruisseau, qui fait beaucoup de sinuosités. En sortant de ce chemin pierreux, nous entrâmes dans une vallée bien cultivée en blé et en maïs ; cet aspect de verdure au milieu de montagnes arides avait quelque chose de ravissant. Vers sept heures du soir, nous fîmes halte à Kars, où nous passâmes la nuit. Depuis Tamaroc jusque-là on ne trouve plus de dattiers.

Le 7, à cinq heures du matin, nous nous mîmes en route en nous dirigeant à l'O., puis au N., toujours dans des gorges de montagnes, mais moins fertiles que les jours précédens ; ici, quoique le Guigo y coule, elles sont généralement arides. Les Berbers nomades campent dans ces gorges ; ils y trouvent par-ci par-là un peu de fourrage pour leurs bestiaux. Vers onze heures, nous arrivâmes à N-Zéland (ou Aïn-Zéland). Nos animaux de charge étaient très-fatigués ; ce petit hameau est habité par des Berbers, qui élèvent de beaux moutons : comme ces hommes ont pour habitude de ne rien donner aux Maures, une partie des gens de la caravane se passèrent de souper. Le chérif Sidi-Moula-Sitec fit faire du couscous pour lui ; il en envoya une portion aux chérifs qui l'accompagnaient ; quant aux Maures d'une condition moins relevée, ils ne furent pas appelés à la distribution. Les Berbers, pensant qu'ils pourraient gagner quelque chose, firent des galettes de farine d'orge, sans levain, qu'ils vendirent très-bien à ceux qui avaient de la monnaie : encouragés par le débit de cette marchandise, ils tuèrent deux moutons qu'ils firent cuire tout entiers, à grand feu ; ils les distribuèrent par petites portions, qu'ils vendirent quatre mougaunans, pièces équivalant ensemble à huit sous de notre monnaie. Mais nous étions tant de monde que cela ne put suffire pour tous : ceux qui n'en eurent pas mangèrent quelques dattes ; triste nourriture, quand on n'a que cela.

Le 8 août, à trois heures du matin, nous quittâmes N-Zéland. La monture que mon muletier m'avait donnée était fatiguée; je fus obligé de faire une partie de la route à pied dans ces montagnes : encore très-faible, je ne marchais qu'avec peine sur cette route excessivement rocailleuse ; à chaque instant je m'arrêtais pour reprendre haleine. Je n'étais pas le seul malheureux, car il y avait beaucoup de monde à pied, les pauvres animaux pouvant à peine se porter eux-mêmes. Jusqu'à huit heures, nous marchâmes au N., puis une heure à l'O. et encore au N.; la route était si mauvaise, que les ânes tombaient sous leur fardeau; ils avaient les cuisses écorchées par le frottement d'une sangle qu'on a coutume de leur passer derrière, en forme de croupière, pour empêcher la charge de tomber en avant à la descente de pentes rapides, tandis qu'une autre, qui leur embrasse le poitrail, remplit la même fonction dans les montées. Les conducteurs frappaient sans pitié ces pauvres bêtes à grands coups de bâton pour les faire marcher plus vîte. Vers deux heures du soir, nous arrivâmes bien fatigués à L-Eksebi, où nous fîmes halte : ce joli village, bien muré, peut contenir huit cents habitans; il est situé dans une grande plaine entourée de hautes montagnes entièrement dénuées de végétation, et où serpente le petit ruisseau dont je viens de parler ; elle est bien cultivée ; il y croît même quelques oliviers qui embellissent la campagne. A notre arrivée, les habitans, tous Maures, établirent un marché où nous trouvâmes en abondance du pain, de la viande, du raisin et des figues; le tout se vendait au poids. Près de ce marché se trouvait une espèce d'hôtellerie où sont reçus les voyageurs en payant une légère rétribution pour les animaux seulement; on met ceux-ci dans de petites galeries pratiquées à cet effet, et les hommes couchent près d'eux par terre.

Comme les dattes que mon hôte de Boheim m'avait données étaient finies, et que je n'avais plus rien à manger, je me décidai à en demander, non aux habitans du village, car elles y étaient chères, parce que le dattier n'y vient pas, mais à un jeune Maure de notre caravane, qui m'en donna très-obligeamment.

Le 9, à cinq heures du matin, nous nous mîmes en route au N. Vers sept heures, nous tournâmes à l'O. N. O., en gravissant sur des collines de cent à cent vingt-cinq brasses au-dessus du niveau du sol, et où il croît quelques liéges: dans toutes les directions, on découvrait de semblables éminences, mais beaucoup plus élevées, et toutes paraissant frappées d'une stérilité complète. Exténué de fatigue, je craignis d'être forcé de rester en chemin : mes jambes ployaient sous moi; j'étais obligé de m'asseoir à tout instant; mon courage semblait près de m'abandonner: enfin ce trajet fut terrible pour moi. Grâce à Dieu, vers neuf heures, nous atteignîmes le sommet; on descendit ensuite dans une belle et grande plaine entourée de terres élevées qui, la plupart, sont dénuées de végétation. Dans le cours de la journée, notre caravane fut arrêtée quatre fois par quelques Arabes campés près de la route exprès pour se faire payer le droit de passe; on leur donnait des dattes et du pain séché au four : on me dit que ces hommes étaient là par ordre du sultan. Quand nous étions rencontrés par des bergers, ils venaient tendre une pagne sur le bord de la route, pour qu'on leur jetât quelques dattes; plusieurs nous apportaient de l'eau en échange. Ce fruit est très-rare et très-cher dans les campagnes. Vers trois heures du soir, nous arrivâmes à L-Guim, petit village maure, où il y a quelques cultures et un peu de fourrage; mais malgré ces traces de végétation, l'aspect général du pays est très-aride; on ne voit pas un seul arbre. Je fis mon souper avec plusieurs petits morceaux de pain d'orge séchés au four, que je fis tremper dans un peu d'eau; la veille, Sidi-Moula-Sitec m'avait envoyé en cadeau, par un de ses domestiques, ces morceaux de pain. Après ce repas, je me couchai près d'un champ de maïs, dont l'un des sillons me servit d'oreiller.

Le 10, à cinq heures du matin, nous nous mîmes en route, nous dirigeant à l'O. N. O.; vers sept heures, nous tournâmes au N., à travers les gorges de montagnes arides et pierreuses; à dix heures, au N. N. O. La campagne, hérissée de hautes éminences, offre l'aspect le plus triste : sur quelques-unes seulement, il croît beaucoup de buis dont les tiges ont à peu-près dix-huit pouces d'élevation; les feuilles en étaient sèches et jaunes. Nous vîmes dans les endroits unis quelques tentes d'Arabes dont les enfans vinrent nous demander des dattes. Vers trois heures du soir, nous arrivâmes à Guigo, petit village habité par des Berbers : les environs du pays sont nus; on n'y voit aucune trace de culture. Les puits sont très-éloignés du village, et il est difficile de se procurer de l'eau sans la payer avec des dattes : comme je n'en avais plus, je fus obligé de recourir pour boire à l'assistance d'autrui; je m'adressai à plusieurs Maures, qui tous me rebutèrent comme un chien, et m'envoyèrent me désaltérer à la fontaine.

La chaleur, qui fut très-forte, devint tempérée vers le soir; un moment avant notre arrivée, il fit un petit orage qui rafraîchit l'atmosphère; il plut pendant un quart d'heure. Un chérif, qui depuis long-temps avait mal au pied, me donna à boire et un petit gâteau de froment à l'anis, pour que je lui fournisse une médecine : j'avais encore un peu de diachylon, reste de ma pharmacie; je lui en cédai une partie : il défit alors devant moi plusieurs chiffons qui enveloppaient son pied ; sur la plaie, presque fermée, il y avait deux gros vers blancs.

Le 11, à trois heures du matin, nous quittâmes Guigo, en nous dirigeant au N., par une route très-pierreuse : cependant on voyait dans la campagne beaucoup de petits arbrisseaux, des mûriers sauvages, des roses de buisson, l'aubépine, l'olivier, le chêne, qui croît en arbuste, et plusieurs autres végétaux arrosés par le cours sinueux d'un petit ruisseau, dont les eaux claires et délicieuses servirent à nous désaltérer[1]. Vers deux heures de l'après-midi, nous arrivâmes à Soforo, ville murée et située dans une grande et belle plaine, très-pierreuse, mais fertile : la campagne est cultivée en maïs et en beaux oliviers. Près de la ville, on voit de très-jolis jardins entourés de haies vives, qui renferment beaucoup d'arbres fruitiers ; de nombreux ceps de vigne grimpent dans les arbres et donnent de beaux raisins. Nous descendîmes dans un fandac[2]. Je visitai cette ville, la plus belle que j'eusse vue jusque là. Il y a une assez belle mosquée, bâtie en briques et enduite de chaux ; deux jolis jets d'eau destinés aux ablutions lui servent d'ornement.

Ce que j'ai vu de plus remarquable à Soforo, ce sont deux moulins à eau. Les maisons, bâties en bri-

---

(1) Sans doute le Guigo.   (2) Espèce d'auberge.

ques, ont un étage : les rues sont étroites et sales ; mais le voisinage de plusieurs ruisseaux qui descendent des montagnes, et les jolis jardins qui environnent la ville, ne laissent pas d'en faire un séjour agréable. On y tient marché tous les jours de la semaine ; il y passe beaucoup d'étrangers ; on vend de la viande cuite au four. J'y ai vu de très-beaux melons ; les Juifs y ont des boutiques. J'ai été singulièrement surpris de voir, à la tour de la mosquée, une mauvaise horloge.

Dans la soirée, Moula-Sitec donna de l'argent à un Juif marchand, pour qu'il lui achetât de la bougie : à son retour, le Juif fut arrêté par un chérif, qui, le tenant fortement par son manteau, exigeait qu'il lui en donnât une. Le pauvre Juif avait beau protester d'un air suppliant qu'il n'avait pas les moyens de faire un tel présent, le Maure insista avec violence ; et saisissant l'Israélite par une boucle de cheveux, il tira son poignard, et fit mine de vouloir le tuer ; le malheureux, transi de peur, criait de toutes ses forces : « Eh ! mon seigneur, épargnez-moi, pour l'amour de Dieu ! » Le Maure à la fin le laissa partir, et celui-ci se sauva à toutes jambes.

Moula-Sitec me fit venir auprès de lui : comme s'il eût douté de ma sincérité, il me demanda si j'aimais bien les musulmans, et me fit réciter quelques versets du Coran ; ensuite il m'apprit que le lendemain nous arriverions à Fez, ville où les chrétiens venaient quelquefois.

Vers neuf heures du soir, on nous envoya de grandes gamelles de couscous pour notre souper. Les chérifs, personnages très-distingués, se mirent à manger les premiers, et nous envoyèrent les restes.

Le 12 août, à cinq heures du matin, nous quittâmes Soforo; en sortant, nous cotoyâmes plusieurs jolis jardins. La route, ombragée par des treilles et des figuiers, est pavée de cailloux jusqu'à près de trois quarts de mille hors de la ville. Nous fîmes route gaiement au N.; nous rencontrâmes beaucoup de Juifs allant au marché à Fez, où nous arrivâmes vers midi. La route que nous avions parcourue est assez belle, pas aussi pierreuse que celle des jours précédens, mais les terres sont peu cultivées.

N'ayant pas de connaissances ni de lettres de recommandation, j'allai loger au fandac avec mon muletier. Après m'être reposé un peu sur une natte, je voulus visiter le marché; pour y arriver, je traversai plusieurs rues basses, très-étroites, et de la plus grande malpropreté. Ce marché se tient dans une rue couverte par des treilles et de la paille; les marchands occupent de petites boutiques de cinq ou six pieds en carré, élevées d'environ trois pieds au-dessus du sol. Ce sont des hommes qui gardent ces boutiques; ils s'y tiennent assis tout le jour, comme les tailleurs sur leur établi. Personne ne fit attention à moi : j'achetai un petit pain pour trois félusses[1], et un peu de raisin, dont je fis mon dîner; ensuite je rentrai au fandac, où je passai la nuit avec les ânes et les mulets.

Le 13, j'allai avec un nègre de Méquinaz visiter le haut de la ville; ce brave homme mit beaucoup de complaisance à me faire voir ce qu'il y avait de curieux. Nous parcourûmes ensemble plusieurs mosquées; j'en remarquai une sur-tout qui attira mon attention, comme étant la plus belle; les Maures la nomment Mouladrib.

Desirant partir le plus tôt possible, je me hasardai à changer deux pièces anglaises dites couronnes, afin de louer une monture pour aller à Rabat, où j'avais l'espoir de trouver un consul français. Je m'adressai d'abord à un marchand maure, que l'on me dit être très-dévot; il fit peser mes pièces et m'en offrit beaucoup moins que leur valeur : je refusais de les lui laisser, lorsqu'un Juif forgeron passa près de nous; le Maure lui proposa de les acheter. En dépit de la réputation de ses pareils, il se montra moins usurier que le musulman : après avoir pesé les couronnes

---

[1] *Félusse* ou *félous* est un mot générique, qui veut dire argent monnayé. A Fez, on donne aussi ce nom à une pièce de monnaie en cuivre, ressemblant au quedid d'Égypte.

dans des balances qu'il portait toujours sur lui, il m'en offrit un prix bien plus élevé que n'avait fait le zélé sectateur de Mahomet; je traitai donc de suite avec lui : mais il se trouvait sans argent dans ce moment; et pour éviter de me faire attendre, il pria le Maure de me compter le prix convenu. Celui-ci s'empressa de le satisfaire; mais il me donna des pièces du pays que je ne pus faire passer qu'en perdant un quart dessus. Telle est la charité de ces avares tartufes, qui abusent impunément de l'ignorance et de la simplicité d'un étranger malheureux!

Tous les Maures que je rencontrais ne cessaient de me questionner sur le voyage que je venais de faire: ils plaignaient ma misère; mais pas un ne me demanda si j'avais besoin de manger; ils ne me donnaient d'autre consolation qu'en m'assurant que Dieu ne m'abandonnerait pas, qu'il me ferait la grâce de revoir mon pays et mes parens.

Le 14, craignant qu'un long séjour à Fez ne me fût nuisible, je me disposai à partir pour Méquinaz: on me fit remarquer que ce n'était pas là le chemin d'Alger; mais je ne voulais pas m'éloigner de Rabat et de Tanger, et je leur dis que mon intention, en allant à Méquinaz, était de voir l'empereur, à qui je ferais connaître ma position misérable, et qui sans doute, touché de compassion, me fournirait les moyens de me rendre à Alger, d'où je parviendrais plus facilement à Alexandrie. Ayant bien compris toute l'importance de la démarche que je voulais faire auprès du sultan, on ne fit plus d'objection. Je fus heureux de trouver un semblable prétexte pour me rapprocher des bords de la mer; mais intérieurement, je me promettais de mettre autant de soin à éviter l'empereur que je paraissais desirer de le voir.

Fez est la ville la plus belle que j'aie vue en Afrique; je vais tâcher d'en donner un aperçu avec toute l'exactitude que la brièveté de mon séjour me permettra d'y apporter.

## CHAPITRE XXVII.

Description d'el-Fez. — Marchés, monumens, jardins, police — Méquinaz. — Le voyageur ne peut y obtenir l'hospitalité. — Bras de mer appelé Sbo — Arbate ou Rabat, l'ancienne Salé. — Visite à l'agent consulaire. — Le voyageur évite le camp de l'empereur de Maroc. — Il écrit au vice-consul M. Delaporte. — Larache. — Il arrive à Tanger le 7 septembre, presque mourant, exténué par la fatigue, la misère et la fièvre. — Réception généreuse de M. Delaporte. — Anxiété du voyageur. — Il est introduit de nuit et caché dans le consulat. — M. Delaporte obtient du commandant de la station navale de Cadix, un bâtiment pour le transporter en France.

El-Fez, ainsi nommé par ses habitans, est désigné sur les cartes sous le nom de Fez : c'est une grande ville de l'empire de Maroc, dont elle était anciennement la capitale. Elle est située dans une sorte d'entonnoir, formé par de hautes montagnes, bien boisées, d'où descendent plusieurs gros ruisseaux qui arrosent la campagne et fournissent la ville de très-bonne eau; dans toutes les mosquées il y a des jets d'eau, et, dans plusieurs rues, des fontaines destinées à désaltérer les passans. On y remarque plusieurs moulins à eau pour moudre les grains. La ville doit avoir quatre milles de tour, autant que j'ai pu le juger en l'examinant du haut d'une montagne ; elle s'étend de l'E. à l'O. Elle est entourée d'un double mur en brique, bien fait, ayant de distance en distance des pignons qui lui servent d'ornement ; il peut avoir douze à treize pieds d'élevation. On entre par une grande porte, d'une régularité de construction qui m'a étonné ; elle forme un arc de triomphe, sous lequel je vis établis beaucoup de marchands de comestibles.

Dans l'enceinte du premier mur, il y a quelques jardins et de petites maisons basses ; c'est ce qu'on appelle les faubourgs : j'y ai remarqué des fabriques de faïence et de tuiles. Les maisons, à terrasse, comme celles de Temboctou, sont toutes construites avec des briques bien faites et cuites au four ; elles ont en général un étage au-dessus du rez-de-chaussée, et ne reçoivent d'air que par une cour intérieure : la bâtisse n'en est pas très-correcte : de petites fenêtres, carrées et bien grillées, donnent sur la rue ; à l'extérieur, ces maisons, toutes blanchies à la chaux, sont mal entretenues. Les rues sont pavées, mais étroites, tortueuses, sombres, et de la plus grande malpropreté ; j'y ai vu, dans quelques endroits, des chiens et des chats morts depuis long-temps, qui exhalaient une odeur infecte.

Ces rues ne sont que de longues galeries couvertes par des treilles ou de la maçonnerie, ce qui empêche l'air d'y circuler, concentre les mauvaises odeurs, et rend la ville très-malsaine.

On fabrique à Fez des couvertures de laine et de la poudre à canon; il y a des ouvriers qui font les charrues et des pelles de bois pour travailler la terre; on y voit encore des serruriers, couteliers, cordonniers, tailleurs, maçons, armuriers : les forgerons ferrent les chevaux.

Les fusils du pays sont bien loin d'atteindre à la perfection des nôtres. Dans la plupart des quartiers, on trouve des boutiques garnies de toute sorte de denrées sèches et autres, comme pain, viande, beurre, pâtisserie, fruits et légumes : les voyageurs qui n'ont pas de connaissances dans la ville, n'ont d'autre moyen de se nourrir que celui d'acheter à ces boutiques, et d'aller prendre leur repas à la mosquée ou au fandac, car on n'y trouve pas d'auberges. Il se tient tous les jours un marché où un grand concours d'étrangers viennent de très-loin vendre leurs denrées; on y apporte du Tafilet beaucoup de dattes et de cuir tanné; les habitans des montagnes l'approvisionnent de miel et de cire : on fabrique avec cette dernière de la bougie pour la consommation intérieure, et dont il se fait des envois considérables aux villes maritimes.

Pour la sûreté des boutiques, on lâche toutes les nuits des chiens dans les rues du marché; ces animaux, dressés exprès, font leur service avec une telle ardeur, que si des hommes couchés à proximité ne les surveillaient pas, ils dévoreraient les passans que le hasard ou quelque affaire conduirait vers le lieu confié à leur garde.

Il n'y a à Fez aucune espèce de monument curieux qui rappelle l'ancienne splendeur du pays et la magnificence des vainqueurs de l'Espagne. On y compte beaucoup de mosquées, qui toutes sont surmontées d'une tour carrée, d'environ cent pieds d'élévation, sur laquelle on arbore un pavillon blanc au moment de la prière. J'allai, accompagné du bon nègre de Méquinaz, en visiter plusieurs : ce sont de grands bâtimens carrés longs, où il y a plusieurs galeries formées par des arcades assez bien faites. Celle que les Maures nomment Mouladrib (peut-être du nom de son fondateur) m'a paru mériter seule une attention particulière; c'est ce qu'il y a de plus beau dans la ville : l'intérieur en est très-bien soigné; elle est pavée de petits morceaux de faïence de différentes couleurs, bien vernis, taillés et arrangés avec goût pour former des dessins; le pourtour des murs, jusqu'à deux pieds et demi d'élévation, est de même revêtu en morceaux de faïence : les arcades qui soutiennent la voûte sont beaucoup mieux travaillées que celles des autres mosquées; j'en ai remarqué deux soutenues par des piliers de marbre bien sculptés; les autres sont faites en briques enduites de chaux; le toit, en pignon, est couvert de planches peintes en jaune et en rouge : une large bande d'un beau jaune, imitant bien la dorure, décore le pourtour du toit. Au milieu de la mosquée, on voit une espèce de sanctuaire où est dressé un petit autel, recouvert d'un drap brodé à fleurs d'or, et entouré de plusieurs lampions et flambeaux, avec un assez joli lustre suspendu à une coupole dorée : une multitude de lampes aussi suspendues sont disséminées dans le temple, pour éclairer les fidèles.

Une très-belle fontaine, placée dans une jolie cour intérieure, sert à désaltérer les étrangers qui tous les jours viennent dormir là au frais.

On ne trouve à Fez ni auberges ni hôtelleries; il n'y a que des *fandacs* pareils à ceux dont j'ai déjà parlé. Les voyageurs qui ont des bêtes de somme y vont coucher par terre à côté d'elles, et sont obligés de se pourvoir de fourrage et d'orge pour les nourrir. C'est ordinairement à la mosquée qu'ils vont prendre leurs repas; ils y passent la majeure partie du jour, et ils y dormiraient, si on voulait le leur permettre. Les propriétaires de fandacs reçoivent six félusses par tête de bétail ; ce qui représente une valeur de deux sous de France.

Hors de la ville, sur deux montagnes qui la dominent, on voit deux petits forts avec des embrasures; mais il n'y avait pas de canons : l'un est situé à-peu-près au S. E., et l'autre au N. O.; j'ai remarqué que, dans celui du N. O., il y avait des prisonniers.

Les environs de la ville, à deux ou trois milles à la ronde, sont bien cultivés; il y croît beaucoup d'oliviers, de figuiers, des cactus, des vignes, des poiriers et des pommiers; près de ses murs sont des mûriers qui s'élèvent très-haut. J'ai vu des jardiniers-fleuristes qui vendaient au marché plusieurs espèces des mêmes fleurs qui ornent nos parterres en France. A quelque distance de la ville, on voit quantité de petits mausolées où reposent les cendres des chérifs les plus distingués

Quatre magistrats et autant d'adjoints sont chargés de la police; le gouvernement est confié à un bacha; la garnison se compose de cinq mille soldats à la solde du sultan. On compte environ vingt mille habitans, qui sont ou marchands ou ouvriers; ils font un grand commerce d'étoffes d'Europe, qui s'exportent au Tafilet et à Temboctou, ainsi que dans les pays montagneux des environs.

Le 14 août, à sept heures du matin, je sortis du fandac, et je traversai la ville, mon sac de cuir sur le dos. Après avoir monté une longue rue, j'arrivai à la porte de l'O., où je louai une mule pour me conduire à Méquinaz. Après avoir fait quelques petites provisions de route, nous quittâmes la ville, en nous dirigeant à l'O. N. O., sur un sol uni, composé de très-bonne terre, qui cependant est peu cultivée. Je remarquai beaucoup de tentes d'Arabes nomades campés auprès d'une petite rivière formée par les ruisseaux qui arrosent les environs de Fez. Des deux côtés du chemin, on voit des montagnes peu élevées et très-arides; la route est inégale; nous traversâmes plusieurs ponts assez bien construits.

Vers deux heures, nous nous reposâmes sous un pont, où nous étions à l'abri du soleil. Nous avions avec nous deux femmes, qui, n'étant pas surveillées, ne se voilaient qu'à demi; elles étaient très-blanches, et assez jolies : j'en avais une en croupe sur ma mule; je présume que les attentions que j'eus pour elle lui furent agréables, car elle m'offrit une tranche de melon et un morceau de pain, que j'acceptai avec plaisir. Nos jolies voyageuses, apprenant que l'empereur était parti pour Rabat, retournèrent à Fez; et je continuai seul ma route avec mon guide. Nos mules marchaient bon train, et j'estime que nous faisions quatre milles à l'heure.

A cinq heures du soir, nous arrivâmes à Méquinaz; les rues de cette ville sont aussi sales et aussi étroites que celles de Fez. J'allai dans un fandac demander la faveur de coucher dans une écurie, grâce qui me fut refusée assez grossièrement par le maître. Je sortis aussitôt de ce lieu, où l'on exerçait si mal l'hospitalité due aux étrangers malheureux, et j'allai me réfugier à la mosquée, asile des infortunés : j'espérais pouvoir y reposer en paix jusqu'au lendemain; mais, hélas! je me trompais. Vers dix heures du soir, un vieux baouâb (portier) vint auprès de moi, et, me poussant rudement avec le pied, me dit d'une voix rauque de me lever et de sortir; qu'il voulait fermer la porte. Je lui représentai que j'étais étranger, ne sachant où aller; je le priai de me laisser passer la nuit dans cette enceinte : mais, sans avoir égard à ma situation, il me fit sortir de la mosquée. Je ne devais pas m'étonner de cette conduite : dans cette partie de l'Afrique, comme dans d'autres pays plus civilisés, on ne distingue les hommes qu'à leurs habits; et je dois avouer que les miens ne parlaient pas en ma faveur. Mais je pensais qu'il eût été très-imprudent de mettre plus de recherche dans ma mise : avec mes haillons je n'attirais l'attention de personne; ces livrées de la misère étaient un voile dont la prudence me conseillait de demeurer enveloppé.

J'avais quelques pièces d'argent, et quatre boucles en or, venant des mines de Bouré; mais il eût été dangereux de les montrer. Je pris donc mon sac sur mes épaules, et je sortis de la mosquée, ne sachant où aller reposer mon corps malade et exténué de fatigue. Je me promenai un moment dans les rues, réfléchissant à l'abandon dans lequel je me trouvais;

le souvenir des humiliations, des fatigues et des privations que j'avais éprouvées, le sentiment de celles que j'éprouvais encore, m'accablèrent; je ne pus, en songeant à mes maux, m'empêcher de verser quelques larmes...... Qu'on pardonne cette faiblesse à la cruelle position dans laquelle je me trouvais ; c'était au moment où je me croyais arrivé au port, que je courais le plus grand danger de faire naufrage. Le cœur navré par ces réflexions, j'allai me réfugier sous la boutique d'un marchand de légumes, qui d'abord, me prenant pour un Berber, ne voulait pas souffrir mon voisinage : lorsque je lui eus dit que j'étais Arabe, il me laissa tranquille; je me couchai par terre, la tête appuyée sur le sac de cuir où étaient mes notes, et je dormis un instant; mais bientôt le froid me réveilla, et je ne pus retrouver le sommeil pendant le reste de la nuit.

Le 15 août, à six heures du matin, ayant hâte de sortir de cette ville, je me mis en route à pied, avec mon sac sur le dos, pour aller à Rabat, n'ayant que très-peu de provisions pour me soutenir en chemin.

En sortant de la ville, je cotoyai quelques jardins et plusieurs carrés de chanvre assez bien cultivés. Je ne tardai pas à m'apercevoir qu'il me serait impossible de marcher jusqu'à Rabat, car mes jambes ne pouvaient plus me porter, et la douleur que j'éprouvais à la rate augmentait avec la fatigue. Je m'arrêtai un moment auprès d'un mur, pour réfléchir au parti que j'avais à prendre ; ce fut celui de retourner à la ville. Ayant tiré ma bourse de mon sac, je vis avec peine qu'elle avait beaucoup diminué ; j'y pris quelques shillings, que je me proposai de changer à mon retour à Méquinaz, pour me procurer une monture. Par inadvertance, je posai mon couteau et ma boussole de poche à côté de moi, et je les oubliai, ce qui me causa un très-grand chagrin lorsque je m'en aperçus ; de la ville je retournai pour les chercher, mais j'eus la douleur de ne pas les retrouver. Comme je rentrais, je vis une foule de Maures à la suite de plusieurs Espagnols qui avaient fait naufrage sur la côte ; ils étaient escortés par quelques soldats armés de bâtons pour écarter la foule qui cherchait à s'approcher ; on les conduisait à l'empereur : je remarquai avec plaisir qu'on ne les maltraitait pas. Un Juif parlant espagnol leur servait d'interprète. Je les suivis un instant ; mais ne pouvant pénétrer jusqu'à eux, je retournai vers le marché, et m'assis à la porte d'un barbier, qui, me voyant un air souffrant, me demanda ce qui me faisait mal et qui j'étais : je lui débitai mon histoire ; il y ajouta foi, comme tous ses compatriotes. Lui ayant fait part de l'intention où j'étais de louer une monture pour me rendre à Rabat, dans l'espérance de voir l'empereur et de lui demander des secours pour me rendre dans ma patrie, ce bon barbier m'engagea à mettre mon sac dans sa boutique, et me promit de voir les muletiers, et de m'aider auprès d'eux à me procurer ce que je desirais.

Dans le cours de la journée, j'allai visiter les fandacs; j'y rencontrai un homme du Tafilet, qui me proposa de me louer un âne pour me porter à Rabat : je l'emmenai chez le barbier, et nous convînmes ensemble du prix, qui fut fixé à une piastre trois quarts ; je lui remis des arrhes, et j'attendis au lendemain pour partir. Dans la soirée, j'achetai quelques fruits et du pain pour mon guide et pour moi.

Le 16 août, à six heures du matin, je montai sur mon âne, non sans le secours de mon guide, car j'étais si faible que je ne pouvais monter seul; nous fîmes route au N. environ une heure, puis nous tournâmes au N. O. jusque vers neuf heures du matin. La route est entrecoupée de petits monticules, et tourne un peu au S. Vers deux heures, nous fîmes halte à l'ombre d'un *zizyphus lotus*, pour laisser passer la grande chaleur : à trois heures, nous nous remîmes en route au N., jusqu'à quatre heures et demie; puis nous nous dirigeâmes au N. O. En chemin, nous rencontrâmes un cavalier dont le cheval venait de mourir : cet homme était dans le plus grand embarras, car, outre le désagrément de se trouver à pied, il avait encore sa selle à transporter jusque dans un lieu habité : mon guide eut pitié de sa situation, et mit la selle derrière moi ; ce qui me convint beaucoup, car j'étais si faible que j'avais peine à me soutenir, et cette selle me servait de dossier.

A six heures du soir, nous arrivâmes près d'un gros ruisseau qui coule au S. S. O., puis à l'O.; nous nous y arrêtâmes pour nous désaltérer. J'avais eu la fièvre pendant presque toute la journée, qui avait été d'une chaleur accablante ; je me couchai pour me reposer un peu. Pendant cette halte, le Maure, à qui le cheval qu'il venait de perdre n'appartenait pas, fit rédiger un procès-verbal par un chérif : celui-ci m'interrogea comme toutes les autres personnes qui avaient été témoins de l'événement ; et sur notre déclaration, il écrivit l'acte qui devait attester que le cheval avait succombé sans qu'il y eût de la faute du cavalier.

Au coucher du soleil, après avoir mangé quelques figues que nous donnèrent les Berbers, nous continuâmes notre route au N. jusque vers huit heures du soir, que nous trouvâmes un camp où il y avait une tente servant de mosquée, et destinée aussi à recevoir les voyageurs ; nous nous y rendîmes, et les habitans du camp nous apportèrent à souper. Cet endroit est couvert de plantes épineuses.

Le 17, à deux heures du matin, nous quittâmes ce camp hospitalier ; nous eûmes pendant une demi-heure une trentaine de chiens à notre suite, qui ne cessaient d'aboyer, et mordaient même nos montures. A cinq heures, nous tournâmes au N. O.; nous marchions sur un terrain très-uni, et couvert d'une belle végétation. Vers huit heures du matin, on fit halte l'espace d'une heure auprès d'un puits, où nous déjeûnâmes avec du pain frais et des melons d'eau que nous avions trouvés dans les champs. Après ce champêtre repas, nous bûmes d'assez bonne eau que nous puisâmes à la main, car le puits était peu profond. Nous continuâmes notre route au N. O.: à onze heures, la chaleur étant très-forte, nous fîmes encore halte sous une belle touffe de figuiers, où se trouvaient plusieurs voyageurs endormis; nous y restâmes jusque vers midi. Mon guide était assez complaisant; il avait égard à mon état de souffrance. Après avoir pris un peu de repos, nous fîmes route dans la direction du N. O., jusque vers trois heures du soir, que nous prîmes l'O. S. O.; nous marchions sur un sable mouvant. A deux heures et demie, on s'arrêta dans un camp de soldats qui allaient rejoindre l'empereur ; ils avaient dressé leurs tentes près d'un bras de mer, que mon guide me dit se nommer *Sbo*[1]. A mon grand étonnement, il régnait dans le camp un assez bon ordre : des sentinelles étaient placées à quelque distance les unes des autres ; mais elles dormirent toute la nuit ;

---

(1) C'est la rivière appelée sur les cartes *Sebou*, dans laquelle la mer remonte.

les chefs logeaient sous de belles tentes, ayant un factionnaire à la porte, et les soldats en dehors. Les femmes des campagnes voisines leur apportaient du pain.

Le 18, à trois heures du matin, nous nous mîmes en route, en traversant le camp, où tout le monde dormait encore; cependant un soldat qui se réveilla en sursaut, s'écria, *Qui va-là?* Nous continuâmes sans nous arrêter. Un peu plus loin, nous rencontrâmes l'avant-garde, aussi endormie; au bruit que nous fîmes, ceux qui la composaient se réveillèrent, et nous demandèrent où nous allions et qui nous étions : sur notre réponse, ils nous permirent de passer au milieu d'eux ; il n'y avait pas d'autre chemin, et il fallait passer sur un pont. Nous marchâmes au S. O. sur une belle route ; le terrain est composé de sable de couleur grise, et de nature fertile. A huit heures du matin, nous fîmes halte pour prendre un léger repas, composé de pain et de quelques noix achetées à Méquinaz, et nous mangeâmes paisiblement auprès d'un puits. Nous continuâmes notre route au S. O., sur un sol semblable à celui de la veille, et nous arrivâmes auprès d'un bras de mer qu'il nous fallut traverser pour arriver à Rabat; j'y vis plusieurs navires portugais. Les environs de Rabat ont des champs cultivés et beaucoup de vignes.

Dès que nous fûmes entrés dans la ville, j'allai avec

mon guide au fandac, où je me reposai un moment, ensuite je sortis pour me promener dans la ville, et tâcher de découvrir la demeure du consul de France; car je supposais qu'il y en avait un. Je tenais à la main quelques shillings, afin de parvenir, sans me compromettre, à trouver la maison consulaire. Je priai plusieurs Maures de me les changer, bien persuadé qu'ils ne le feraient pas (car ils sont peu complaisans); mais je prévoyais qu'ils m'enverraient auprès d'un chrétien, et que je profiterais de cette petite ruse pour lui parler sans exciter de soupçons. Effectivement, le premier à qui je m'adressai pour le prier de me donner de la monnaie du pays, me renvoya aux chrétiens : j'en profitai pour demander le consul de France, en lui disant que la monnaie était française; n'ayant aucun soupçon sur moi, il m'enseigna sur-le-champ sa demeure. Je frappai à la porte, et je tressaillis de plaisir, en pensant que j'allais voir un Français.

Un Juif, parlant assez bon anglais, vint m'ouvrir; il me dit que le consul était auprès du sultan, mais qu'il reviendrait bientôt. Je m'éloignai un moment, pour revenir : alors le Juif qui m'avait ouvert la porte la première fois, me présenta à M. le consul de France à Rabat. Grand Dieu ! que je me trouvai déconcerté, lorsque je reconnus qu'il était Juif lui-même !. j'étais tellement atterré, que je restai un moment sans ouvrir la bouche; cependant il me parla en assez bon français, et me demanda ce que j'avais à lui dire : un peu revenu de ma stupéfaction, je lui montrai mes shillings, et le priai de me les changer. Un marchand anglais, qui se trouvait avec lui, et à qui je confiai mon secret, me dit que je pouvais, en toute assurance, communiquer au Juif le sujet qui m'amenait auprès de lui. Je dis donc à l'agent consulaire que je desirais l'entretenir un moment en particulier; il me fit entrer dans son magasin, et asseoir par terre, sur une planche. Là, je lui déclarai que j'étais Français, que je venais du Soudan, et qu'ayant le desir de retourner dans mon pays, je réclamais la protection due à un sujet du Roi de France. Le Juif me demanda si j'avais des papiers, et si j'étais expédié par le gouvernement : lorsque j'eus satisfait à toutes ses questions, il ouvrit un livre de géographie en langue française; et sur la carte, il me montra le Sénégal et plusieurs autres pays, sans doute pour faire étalage de son savoir : il me fit voir ensuite une lettre de M. Sourdeau, consul général du Roi de France; cette lettre lui annonçait sa nomination à la dignité d'agent consulaire à Rabat; mais il me donna à entendre qu'il n'était pas payé, et que je ne devais pas espérer grand'chose de lui; puis me congédia, en me recommandant beaucoup de ne pas me faire connaître, si je ne voulais avoir le cou coupé; car, ajouta-t-il, les Maures ne badinent pas en matière de religion. Je retournai donc au fandac, laissant à l'agent consulaire dix shillings, que le Juif ne voulut pas me changer; il me donna pourtant un acompte de trois dragmes (vingt-quatre sous), pour subvenir les jours suivans à mes premiers besoins. Je fis acheter par mon guide un morceau de mouton rôti et deux petits pains que nous mangeâmes ensemble. C'était le dernier repas que j'avais résolu de faire avec cet homme : non qu'il eût cessé d'être complaisant pour moi; mais persuadé que mon plus grand desir était de voir le sultan son maître, il insistait continuellement pour me déterminer à faire cette démarche. J'avais épuisé tous les prétextes pour en reculer l'époque; et cependant je me serais bien gardé de me présenter au monarque africain, qui, peut-être plus soupçonneux que ses sujets, eût vraisemblablement été plus clairvoyant.

Je sortis donc du fandac, et allai passer la journée au coin d'une rue. Ne sachant où me réfugier, je comptais passer la nuit là aussi tranquillement que le jour; je m'y couchai enveloppé de ma grande couverture. J'invoquais le sommeil, ami des malheureux, lorsqu'une douzaine de chiens se mirent à aboyer après moi avec fureur; ils m'auraient infailliblement dévoré, si je n'eusse été promptement secouru par un de ces hommes que l'on poste exprès la nuit dans les rues pour empêcher ces animaux d'attaquer les passans. Cet homme me demanda qui j'étais. « Je suis « Arabe, étranger ici, lui dis-je ; je retourne à « Alexandrie, mon pays natal. » Sur cette réponse, il me fit placer dans un petit enfoncement, auprès duquel il couchait lui-même ; puis il m'arma d'un grand bâton de bambou pour chasser les chiens, s'ils venaient m'importuner ; précaution fort sage, car ces animaux, semblant deviner que j'étais étranger, ne cessèrent toute la nuit de m'assaillir de leurs cris menaçans. Je serais bien allé coucher dans un fandac ; mais il fallait payer trois paras par nuit, et risquer d'être insulté par les muletiers. Consultant mes faibles moyens, ne sachant pas d'ailleurs quand je pourrais avoir des secours du consul de France, je me décidai, pour économiser ma bourse, à coucher à la belle étoile. J'allai chercher le repos dans un cimetière situé à l'ouest de la ville, au bord de la mer : là, paisiblement étendu au pied d'un mausolée, je ne fus tourmenté ni par les hommes ni par les chiens. Dans la journée, je me tenais au coin des rues, quelquefois dans les mosquées pour y prendre mes tristes repas, qui consistaient en un peu de pain et une grappe de raisin ; quelquefois aussi je me permettais d'acheter un morceau de poisson frit. Comme l'eau des puits à Rabat est saumâtre, j'étais obligé, pour boire, d'en demander aux Maures, qui m'en refusaient rarement.

Tel fut le genre de vie que je menai pendant tout le temps de mon séjour à Rabat, en attendant une occasion pour aller à Tanger, auprès du consul. Je voyais de temps en temps le Juif Ismâyl, agent consulaire de France; il me donnait quelques pièces du pays, à compte sur les dix shillings que je lui avais remis. Un jour, en entrant chez lui, je le trouvai à déjeûner; il me fit asseoir sur le plancher, puis partagea avec moi son thé. Je le priai de me louer une monture pour me conduire à Tanger, promettant de le faire rembourser dès que je serais arrivé auprès du consul : mais le Juif, craignant sans doute de ne pas être approuvé par ses chefs, s'y refusa sèchement. Voyant que je ne pouvais rien obtenir de cet homme, pas même la faveur d'être embarqué sur un brig portugais qui allait à Gibraltar, je pris le parti d'écrire à M. Sourdeau, consul général à Maroc : au moment où je m'occupais de ma lettre, Ismâyl en recevait une de Tanger, qui lui apprenait la mort de ce consul général; j'adressai donc la mienne à M. Delaporte, vice-consul gérant le consulat. Mais dans l'intervalle où j'attendais sa réponse, il se présenta une occasion pour aller à Tanger, et je louai un âne pour m'y porter, car je ne pouvais plus me tenir sur mes jambes.

Le 2 septembre, je partis de Rabat avec le propriétaire de ma modeste monture, l'homme le plus méchant que j'eusse vu dans ce pays. La pauvre bête qui devait me recevoir sur son dos, ployait déjà sous le faix d'une lourde charge; marchant sur un sable mouvant, au bord de la mer, elle enfonçait jusqu'au jarret, et j'étais obligé de descendre. A peine pouvais-je me traîner; toutefois, mon indigne conducteur prenait les devans : je fis ainsi la moitié de la route à pied, quoique j'eusse bien payé pour être monté. La fatigue et l'épuisement me donnèrent la fièvre. Arrivé au lieu de halte, je m'arrêtai sous un arbre ; là, enveloppé de ma vieille couverture, j'essuyai un accès violent. Vers sept heures du soir, mon guide m'apporta une poignée de couscous que les Arabes auprès desquels nous étions campés, lui avaient donné en passant.

A Larache, je vis deux bâtimens qui étaient en croisière ; il y avait une corvette et une goëlette : je ne pensais guère que ce serait cette dernière qui me sortirait de cet affreux pays. Les montagnes qui avoisinent Tanger me furent pénibles à gravir; enfin, malade et exténué de fatigue, j'arrivai dans cette ville le 7 septembre à la nuit tombante.

Comme j'entrais à pied, la sentinelle ne me dit rien, ce qui m'évita le désagrément d'avoir une explication avec le gouverneur de la ville ; explication qui eût rendu mon départ bien plus difficile, et peut-être eût causé ma perte. J'allai au fandac déposer mon sac, et, dès le même soir, je courus dans la ville pour tâcher de découvrir le consulat de France. Je vis beaucoup de mâts de pavillon ; mais comme il faisait nuit, je ne pus distinguer celui de ma nation. C'était un moment bien critique pour moi ; je n'osais m'adresser aux musulmans, qui n'auraient pas manqué de me demander quelle affaire j'avais avec les chrétiens : s'ils eussent découvert mon intention, je perdais pour toujours l'espoir de revoir ma patrie. Je couchai au fandac, où je passai une nuit bien agitée. Le lendemain, j'allai me promener dans la rue où j'avais vu les mâts de pavillon : j'aperçus une porte ouverte ; un chrétien était auprès ; je l'abordai en examinant avec soin si je n'étais vu de personne, et lui demandai en anglais la résidence du consul britannique : « Vous y êtes, me répondit-il. » Mais craignant, si je parlais trop long-temps à cette porte, d'attirer l'attention des curieux, je voulus entrer dans la maison pour lui demander la demeure du consul de France ; alors cet homme, qui, je crois, était un domestique, s'y opposa en me repoussant avec horreur, tant j'étais sale et défiguré. Je lui demandai la demeure du consul de France ; il me dit brusquement, « Il est mort ; » mais en même temps il appela un Juif, qui m'enseigna la porte du vice-consul, et, d'un air curieux, me demanda qui j'étais et ce que je voulais à un chrétien : sans lui répondre, je m'éloignai un peu, tremblant toujours d'être découvert. Quand ceux qui me regardaient furent retirés, je retournai devant la porte du consul, et, comme elle était entr'ouverte, j'y entrai : une femme juive appela M. Delaporte, qui me reçut avec empressement, et me fit monter dans un appartement où je ne pouvais être aperçu de personne. Je compris l'étendue des dangers que je courais, aux craintes que M. Delaporte me laissa apercevoir sur les difficultés de me faire sortir de ce pays; mais bientôt, mettant de côté l'inquiétude sur ma position, il ne pensa qu'à faire éclater sa joie de me voir échappé miraculeusement aux dangers d'un aussi pénible voyage; dans son transport, il alla jusqu'à m'embrasser, et à me serrer dans ses bras, sans témoigner la moindre répugnance ni pour ma personne, ni pour les sales lambeaux dont j'étais vêtu. Enfin, je ne saurais trop parler de la bienveillante réception que me fit cet homme généreux. Il eut la complaisance de me faire servir à déjeûner : cependant, quoique à regret, je me vis obligé de sortir de la maison, sans que nous eussions encore rien pu arrêter pour me tirer de l'embarras où je me trouvais. En mettant le pied dans la rue, j'eus le désagrément de rencontrer mon muletier, qui, me voyant sortir d'une maison, me demanda d'où je venais : je fus d'abord un peu embarrassé; mais je me remis bientôt, et je lui dis que, dans cette maison, un bon et charitable marabout m'avait donné à déjeûner. Je rentrai au fandac et ne sortis plus de tout le jour, ne voulant pas appeler sur moi l'attention ; les personnes qui m'avaient vu me demandèrent si j'étais renégat.

Je passai la nuit à songer aux moyens que je pourrais employer pour revoir le vice-consul. Le matin, le maître du fandac vint me demander trois félusses pour prix de la nuit que j'avais passée dans son écurie; puis me poussant par les épaules, il m'envoya à la mosquée rendre grâce à Dieu et au prophète.

A la nuit tombante, je me présentai de nouveau chez M. Delaporte : au moment où j'entrais, la domestique ne me reconnut pas; elle se retira en arrière en jetant un grand cri; aussitôt, le soldat du vice-consul, qui était assis dans la rue, entra précipitamment, et me mettant la main sur l'épaule, me demanda ce que je voulais, et qui j'étais. Je fus singulièrement déconcerté : M. Delaporte, attiré par le bruit, descendit; il me reconnut, mais il feignit de se mettre en colère, et me dit même des duretés pour ne pas donner de soupçons : « Laissez aller ce chien de mendiant ; que veut-il ? Va-t-en. » Le soldat me demandait toujours ce que je voulais : pour me tirer de ce mauvais pas, je dis, en considérant la maison comme un homme qui se trompe : « N'est-ce pas là que demeure Sidi-Mohammed ? je crois que je me trompe, » et je me retirai : le soldat me suivit un instant; mais comme il faisait nuit, il me fut facile de me débarrasser de lui. Revenu au fandac, je me couchai par terre pour me remettre de l'émotion que ce contre-temps m'avait causée : une heure après, je retournai dans la rue où logeait M. Delaporte, espérant qu'il aurait envoyé quelqu'un à ma recherche pour me rassurer ; mais je ne vis personne. Je passai une nuit bien agitée, et dormis peu : lorsqu'il fut jour, je vins me placer devant la maison du vice-consul, pour tâcher d'avoir une entrevue décisive ; car l'incertitude dans laquelle j'étais m'était insupportable. Je m'assis en face de la porte d'un pauvre cordonnier, épiant le moment où je pourrais entrer au consulat sans être vu. La domestique juive qui avait eu si grand peur la veille, me reconnut ; elle alla avertir M. Delaporte, puis me fit signe d'entrer. Le vice-consul me témoigna obligeamment combien il était fâché de la petite scène de la veille ; il ne me dissimulait pas les craintes qu'il avait pour moi, si je restais plus long-temps dans cette position ; cependant il ne savait comment faire pour me sauver, et j'étais encore bien plus embarrassé ; sans ses secours, je ne pouvais jamais quitter ce pays. Me voyant décidé à sortir promptement de cet état de détresse et d'anxiété, M. Delaporte me fixa une heure de la nuit à laquelle je pourrais entrer dans le consulat, n'en plus sortir que pour m'embarquer, et voguer vers l'Europe. Je retournai au fandac, où je passai le reste du jour ; je dis aux gens que ma subite disparition aurait pu occuper, que je voulais me rendre à

Taone sur la route d'Alger : lorsqu'il fit tout-à-fait nuit, je roulai mon sac dans ma couverture pour le soustraire à tous les yeux, et je me rendis à l'endroit convenu ; un moment après, je vis M. Delaporte, et un Juif, qui venaient me chercher pour me conduire dans l'asile qui m'était destiné. J'entrai au consulat par une porte de derrière ; on me donna une bonne chambre. M. Delaporte me fit apporter sur-le-champ des habits européens, et je quittai avec plaisir les haillons sales qui me couvraient : ensuite il me vint trouver dans ma chambre, et me témoigna la plus grande satisfaction de me voir en sûreté. Après avoir rendu grâce à Dieu, je me couchai dans un bon lit, en me félicitant d'avoir pu me soustraire à la société d'hommes abrutis par l'ignorance et le fanatisme. Quoiqu'il ne me manquât rien, il me fut impossible de fermer l'œil de toute la nuit, tant j'étais agité par le souvenir des périls auxquels j'avais échappé. Pendant tout le temps que je demeurai au consulat, M. Delaporte venait me voir plusieurs fois par jour, et causer avec moi ; il me fit traiter comme son propre fils ; enfin, cet excellent homme me prodigua tous les soins d'un tendre père.

Il me serait difficile de rendre les sensations que j'éprouvai, lorsque je me vis débarrassé pour toujours du costume arabe : je repassais dans mon souvenir les privations, les fatigues que j'avais éprouvées, la longueur de la route que je venais de parcourir, dans un pays immense, à travers mille dangers. Je bénissais Dieu d'être arrivé au port; mais je croyais faire un rêve, et je me demandais s'il était bien vrai que je pusse être bientôt rendu à ma patrie, si cet espoir n'était pas une illusion.

M. Delaporte ne négligea rien pour rétablir ma santé délabrée; il me fit donner une nourriture saine, qui apporta une grande amélioration dans tout mon être. Cependant j'étais souvent attaqué de forts accès de fièvre, et je conservais une faiblesse extrême. Pendant mon sjéour au consulat, je m'occupai à mettre à jour mes notes.

Outre les fréquentes et agréables visites du vice-consul, je recevais aussi celles d'un domestique juif, qui était dans la confidence du secret de ma reclusion : cet homme, quoique Français, était imbu des principes de sa secte, et ne voyait rien au-dessus de l'intérêt; il crut sans doute que je pensais de même, et me conseilla de porter en Angleterre les fruits de mon voyage; il me faisait envisager que cette nation avait offert 25,000 liv. sterling de récompense pour le voyage de Temboctou. Loin de prêter l'oreille à une proposition aussi méprisable, je lui répondis que j'étais Français, et j'ajoutai : « Les récompenses de mon gouvernement ne seront sans doute pas aussi considérables; mais je ne balancerai pas un seul instant à faire à mon pays, à mon Roi, l'hommage de mes modestes travaux.

L'excellent M. Delaporte s'empressa d'écrire à M. le commandant de la station française à Cadix; il lui dépeignit sous des couleurs très-vives les dangers auxquels j'étais exposé en séjournant plus long-temps dans cette ville. On vient de voir que ce n'est pas le seul service que m'ait rendu ce fonctionnaire public, qui représente si dignement la France au sein de la barbarie. Je dois à sa prudence éclairée, et sur-tout aux qualités de son cœur, le bonheur d'avoir échappé au fanatisme incroyable des musulmans, dans la ville peut-être la plus fanatique de toute l'Afrique. Il m'a comblé d'attentions et de bontés pendant mon séjour dans le consulat; et comme s'il craignait de n'avoir point assez fait pour moi, il s'empressa, à mon départ, de me recommander à l'amitié de sa famille et à la bienveillance de ses amis : qu'il veuille recevoir ici l'expression publique de toute ma reconnaissance! Le commandant, déterminé par ses pressantes sollicitations, envoya une goëlette du Roi à Tanger, pour me prendre et me transporter à Toulon.

Le 27 septembre 1828, un peu avant le coucher du soleil, on m'envoya des habits de matelot, pour que je pusse, sous ce déguisement, me rendre à bord sans danger. Un Maure s'informa qui j'étais, disant qu'il ne m'avait pas vu débarquer avec les autres; le

Juif qui m'accompagnait lui répondit que j'étais un Français venant de Tétouân, et que je repassais en France ; il ne dit plus rien. J'arrivai à bord de la goëlette *la Légère*, avec la fièvre et très-souffrant. M. le commandant Jolivet me fit donner tout ce qui m'était nécessaire dans ma situation.

Le 28, à heures du matin, nous fîmes voile par un ve. favorable, et, à ma grande satisfaction, nous eûmes bientôt perdu Tanger de vue. Les soins de M. Jolivet eurent une heureuse influence sur ma santé ; la fièvre me quitta, et l'air pur de la mer me rétablit presque entièrement. Nous arrivâmes à Toulon, après dix jours d'une traversée fort heureuse.

Ceux qui ont été long-temps absens de leur pays, et qui ont pu craindre de n'y jamais rentrer, ceux-là seuls peuvent se faire une idée de ce que j'éprouvai en revoyant cette chère patrie ! Pendant que j'étais en quarantaine, j'écrivis à M. Jomard, président de la commission centrale de la Société de géographie, pour lui donner avis de mon voyage. Peu après, je reçus pour première preuve de l'intérêt bienveillant de cette savante société une somme de 500 francs, afin de m'aider à me rendre à Paris. Bientôt j'eus la glorieuse satisfaction de mériter ses suffrages : elle applaudit à mon zèle, et m'accorda la récompense promise au premier voyageur qui serait parvenu dans la ville mystérieuse de Temboctou, et en aurait rapporté des observations positives. Le gouvernement accueillit avec bonté le rapport que cette société fit sur mon voyage, et me donna bientôt des marques distinguées de son honorable protection.

Qu'il me soit permis de témoigner ici ma vive reconnaissance à M. le vicomte Lainé, pair de France, pour son accueil paternel et sa généreuse protection. Je lui dois d'avoir appelé sur moi la sollicitude si bienveillante de M. le vicomte de Martignac, alors ministre de l'intérieur, dont les encouragemens m'ont mis à portée d'acquérir les connaissances qui me manquent encore.

Qu'il me soit permis aussi de dire à la France de quel touchant intérêt a daigné m'honorer M. le baron Hyde de Neuville, dont le passage au ministère de la marine laissera de glorieux souvenirs. A peine étais-je arrivé à Paris, encore inconnu, malade des suites de mes fatigues, que cet homme généreux vint me visiter dans mon humble logement, où il m'apportait lui-même les marques de la faveur et de la munificence royales. Depuis ce jour, je n'ai pas cessé d'éprouver sa bonté; et c'est pour moi un besoin de consigner ici l'expression de ma gratitude pour les bienfaits du ministre, et de mon admiration pour le noble caractère de l'homme privé et du citoyen.

Mais, comme il faut toujours qu'un peu de mal se mêle à beaucoup de bien, des succès si flatteurs me firent quelques envieux : les uns dirent que je n'étais pas allé jusqu'à Temboctou ; d'autres, que j'avais fait naufrage sur la côte de Barbarie, et que, possesseur de quelques vagues renseignemens, je voulais les donner pour le fruit de mes propres observations. Les faits exposés dans cet ouvrage, et la notoriété, donnent un démenti suffisant à ces vaines clameurs de la malignité. Enfin on alla jusqu'à dire que j'avais changé de religion *à chaque étape* : je répondrai à cette perfide imputation que j'ai seulement adopté extérieurement le culte mahométan, comme l'unique moyen de pénétrer dans les contrées que j'ai parcourues ; ce qui eût été sans cela tout-à-fait impossible. Quoi qu'il en soit, j'avouerai que ces injustes attaques me furent plus sensibles que les maux, les fatigues et les privations que j'avais éprouvés dans l'intérieur de l'Afrique.

## FIN.

# APPENDIX.

# REMARQUES

## ET RECHERCHES GÉOGRAPHIQUES

SUR

## LE VOYAGE DE M. CAILLIÉ

DANS L'AFRIQUE CENTRALE,

Par M. JOMARD, membre de l'institut;

COMPRENANT

L'ANALYSE DE LA CARTE ITINÉRAIRE ET DE LA CARTE GÉNÉRALE DU VOYAGE, RÉDIGÉES PAR LE MÊME;

Suivies des Vocabulaires recueillis par M. Caillié, de son Itinéraire jour par jour, de l'Explication des planches du voyage, et de Notes sur plusieurs points d'histoire naturelle et de géographie;

TERMINÉES PAR LES DOCUMENS ET PIÈCES DIVERSES.

# REMARQUES
## ET RECHERCHES GÉOGRAPHIQUES
### SUR
## LE VOYAGE DE M. CAILLIÉ
### DANS L'AFRIQUE CENTRALE.

## CHAPITRE PREMIER.

### § I.

COUP-D'ŒIL GÉNÉRAL SUR LES CONNAISSANCES ANTÉRIEURES AU VOYAGE DE M. CAILLIÉ.

Un puissant intérêt s'attache aux voyages de découvertes dans l'Afrique centrale : toute exploration de cette partie du monde excitera donc de la curiosité, pour peu qu'elle ajoute quelque chose aux connaissances acquises et qu'elle satisfasse à l'un des besoins de la science géographique, c'est-à-dire, qu'elle fournisse des documens certains sur la situation respective des lieux, leur position topographique et leurs distances relatives, ou sur les productions naturelles et la géographie physique du pays; soit sur la population, le commerce, la navigation intérieure, l'industrie et l'agriculture; soit encore sur les mœurs, les coutumes, le culte, les superstitions et le langage des peuples, ou enfin sur la conformation physique des habitans; en un mot, pourvu qu'elle intéresse le géographe ou le naturaliste, l'historien ou l'homme livré au commerce et à l'industrie. C'est en effet dans ces résultats positifs que consistent le mérite et l'utilité d'une relation de voyage. Le lecteur attentif trouvera dans le simple journal qui est sous ses yeux plus d'un résultat de cette espèce, et sur-tout en ce qui regarde la géographie, la nomenclature et la position des lieux, le cours et l'importance des rivières, la situation des montagnes, et en général tout ce qui se rapporte aux accidens du sol. Les peuplades nombreuses que M. Caillié a visitées, au milieu desquelles il a vécu, présentaient aussi trop de sujets d'observation, pour qu'il n'essayât pas au moins d'esquisser leurs portraits. C'est au public instruit qu'il appartient d'apprécier ce qu'il y a de neuf et d'intéressant dans cette peinture, naïve et sans art, de nations ou de tribus à peine connues de nom en Europe : je ne dois pas m'y arrêter ici, et je m'occuperai d'abord uniquement de l'examen et de la discussion de tous les points de géographie auxquels se rattachent les routes de M. Caillié. Toutefois, avant de me livrer à cette discussion, pour laquelle j'aurai besoin de toute l'indulgence du lecteur, qu'il me soit permis de jeter un coup-d'œil sur les explorateurs qui l'ont précédé et sur les connaissances antérieures à son voyage. Malgré l'avantage qu'a M. Caillié sur tous ses prédécesseurs, d'avoir rapporté en Europe une description de la ville de Temboctou écrite sur les lieux, il est plus d'un motif pour rappeler ici les tentatives que l'on a faites avant lui ; chacune de ces entreprises était un pas de plus dans une carrière qu'il a été donné à lui seul de parcourir jusqu'au bout. Après cet examen des découvertes et des relations des précédens voyageurs, je m'occuperai de l'analyse de la carte itinéraire jointe à cet ouvrage : elle a été construite avec les élémens très-détaillés que fournit le journal du voyageur français. Ils forment ainsi la base de la carte générale du voyage. Je traiterai ensuite de la nomenclature des pays qu'il a parcourus, du cours du grand fleuve sur lequel il a navigué comme Mungo-Park, et des acquisitions dont la science lui est redevable, sans négliger les questions qui se rattachent au théâtre de ses découvertes.

Quiconque s'occupe de l'histoire des découvertes dans l'intérieur de l'Afrique, est obligé de remonter au savant cosmographe el-Édricy, que l'on pourrait appeler le prince de la géographie arabe. On ne connaissait jusqu'à présent qu'un extrait de sa description; mais un habile orientaliste[1] vient de découvrir un manuscrit beaucoup plus complet que celui qui fut traduit en latin au commencement du XVI.ᵉ siècle et que le savant Hartmann a commenté. En attendant qu'on jouisse de la traduction que prépare M. Amédée Jaubert, je rapporterai, d'après la version latine[2], l'analyse de la description des pays que M. Caillié a visités, ce qui n'est au reste qu'une très-petite partie du théâtre de ses excursions. Selon el-Édricy, Segelmassa ou Sidjilmessa, ville du pays du Tafilet, est à quarante journées de marche du Soudan, c'est-à-dire, des lieux peuplés et du sol fertile de cette immense contrée; on compte également quarante journées à Tocrur ou Takrour, à Salla ou Sala, et à Oulil. Sala est sur la rive septentrionale et Takrour sur la rive méridionale d'une rivière qui s'appelle *Nil;* Sala est à deux journées de Takrour, soit par eau, soit par terre.

---

[1] M. Amédée Jaubert a déjà présenté à la Société de géographie la traduction du *premier climat* de la Géographie d'el-Édricy, d'après le manuscrit qu'il a découvert : l'ouvrage entier sera imprimé dans le recueil des mémoires de cette Société. Le révérend M. Renouard prépare de son côté, à Londres, la traduction d'un manuscrit aussi inédit du même géographe.

[2] Voy. *Geogr. Nubiens.* à Gabriel. Sionit., p. 7, 9, Paris. 1619, in-4.º, et Hartmann, *Edrisii Africa*, p. 28 à 55 et pass. Gotting. 1795, in-8.º

Le lieu appelé *Oulil*, donné pour une île proprement dite, est le *grand entrepôt de sel* de ces contrées, et situé à seize jours de Sala. Au levant de Takrour sont plusieurs grandes villes; Ghana à vingt-quatre jours, et Bérissa à douze jours : Aoudeghest[1] est à douze jours vers le nord de ce dernier endroit; le pays de Lamlem est à dix journées au midi; il contient Ouangara, Malel et Dau, éloignés de quatre jours ; à l'occident est Meczara ; au levant, Vancara; au nord, Ghana; au midi, un désert.

Plusieurs de ces notions sont assez d'accord avec les marches de M. Caillié à travers le désert; je ne puis ici qu'indiquer en passant cette conformité, parce qu'il faudrait entrer dans quelques détails sur l'appréciation de la journée de marche et des différentes espèces de journées, question importante qui sera traitée ailleurs. Takrour correspond peut-être à la localité qui, depuis, devint le siége de Temboctou[2]. L'importance de cette ancienne ville est prouvée par ce même nom de Takrour, donné alors au Soudan

---

(1) Agadez, selon M. Walckenaer. Voyez ses savantes *Recherches géographiques sur l'intérieur de l'Afrique septentr.* p. 11, ouvrage où sont cités ou rassemblés presque tous les matériaux que doivent consulter ceux qui s'occupent de l'histoire des découvertes.

(2) M. Walckenaer a déjà remarqué que, sur l'ancienne carte en bois de la bibliothèque du Roi (du milieu du xive siècle), Temboctou est indiqué sous le nom de *Tenbuch*. Sa fondation datait alors d'un siècle et demi environ. *Rech. sur l'Afr. septentr.* etc., pag. 14.

tout entier, et que les indigènes lui conservent encore de nos jours. Sala est un point dont M. Caillié a eu connaissance, mais à droite de la route de Temboctou au Tafilet, et non pas à l'O. de Temboctou; et il ne faut pas d'ailleurs le confondre avec Ain-Salah de l'oasis d'Agably.

Le lieu d'Oulil d'el-Édricy, si long-temps cherché, ne serait-il pas une île dans le sens qu'on donne au mot *oasis*, comme étant entouré de toute part d'un océan de sables? Ce lieu correspondrait bien à Tychyt, célèbre par ses mines de sel; il est vrai que le géographe arabe semble placer Oulil sur la mer même[1].

Quant à Ghana, que l'on croit répondre au Kano visité par les derniers voyageurs anglais, sa position paraît beaucoup trop occidentale dans el-Édricy; à moins que ces voyageurs (comme on l'a déjà soupçonné) n'aient porté trop à l'orient Kano et les autres lieux du Soudan situés entre le Bornou et Saccatou.

Plus de deux siècles avant el-Édricy, un autre écrivain arabe non moins estimé, Ebn-Haukal, avait fixé les positions relatives de Sidjilmessa, Oulil, Ghana; elles s'accordent également avec l'itinéraire de notre voyageur. Tout lecteur instruit demandera si le même accord existe avec les marches du célèbre Ben-Batouta.

---

(1) *Insula verò Ulil in mare sita est* etc. Geograph. Nubiens. page 7. Mais *bahr* signifie également *fleuve* et *mer*.

Ses voyages sont connus par les fragmens que MM. Kosegarten et Burckhardt ont traduits, d'après l'extrait composé par el-Bilouni[1]. On sait qu'en 1352, Ben-Batouta partit de Sidjilmessa pour Temboctou et l'Afrique centrale : en vingt-cinq jours, il atteignit les mines de sel de Teghazza[2]; dix jours après, Tas-hal; puis, à dix ou douze jours plus loin, Aboulaten (Ejulat ou Eiwelaten[3]); au-delà, Maly, à vingt-quatre jours de distance; de Maly à Zaghary (ou Sagher), dix jours; et de là à Karsendjou (ou Karseckou).

Ce lieu est baigné par la grande rivière, *qui est le Nil*, et coule à Kâbera et Zâghah (ou Sâgha); de Zâghah, le Nil coule vers Temboctou, Koukou (Kok), Mouly, dernier lieu du pays de Mâly, et Bowy (ou Youy), une des plus grandes villes du Soudan. De là le Nil descend au pays de Nouba et passe par Dongolah. De Karsendjou, Ben-Batouta se rendit à la rivière de Sansarah, à dix milles de Mâly, qu'il quitta après deux mois de séjour; quelques jours après, il atteignit

---

(1) On vient de publier ce même extrait, plus complet, traduit en anglais par M. S. Lee, sous le titre de *the Travels of Ibn Batuta,* etc. Lond. 1829. Voy. p. 231 et suiv. J'ai entendu parler, pendant mon séjour au Kaire, d'un manuscrit complet de l'ouvrage de Ben-Batouta, déposé dans la bibliothèque de la mosquée el-Azhar.

(2) Peut-être تغازي, et non تغاري Teghary, comme a lu Burckhardt, ou Tegherry, ce qui conduirait au midi du Fezzan : M. Kosegarten a lu تغاز!; M. Lee, تغازي dans un des manuscrits.

(3) Oualet, selon M. Walckenaer.

Temboctou sur *le Nil*, Koukou, Berdammah et Takadda (ou Nekda). A son retour à Sidjilmessa, il visita Touât, Kahor, Dekha et Bouda; voyage de plus de cent vingt-huit jours ou stations.

On ne peut dissimuler l'obscurité que présente ce récit : elle vient principalement de la manière différente dont on peut lire les noms propres, en suppléant les signes orthographiques qui manquent souvent dans les manuscrits. Ainsi Burckhardt a lu تغارى Tegherry le nom que Kosegarten avait lu تغازا Taghazza, ce qui porterait dans le Fezzan bien loin du Sahara. Tas-hala, ville de commerce, est peut-être le lieu de Tychyt : Aboulaten ابولاتن est confondu avec Eyoulaten ايولاتن ou bien Oualet. Mâly ou Mala مالى est peut-être Sala سالى, Nekda نكدا pour Taqada تكدا etc.

Les lieux voisins de Temboctou, selon Ben-Batouta, sont Kâbera et Zaghah. On connaît aujourd'hui Cabra, et le second de ces noms rappelle celui de Meczara d'el-Édricy, et de Mar-Zaghah ou Marzarah de certaines relations. Ainsi, les distances des lieux dont M. Caillié a eu connaissance, et que j'ai en conséquence placés sur la carte générale du voyage, Tychyt, Oualet, Sala, Cabra, Temboctou, seraient assez conformes à la description de Ben-Batouta : ici je passe sous silence ce qui regarde la direction des rivières.

On trouve peu de distances itinéraires dans les relations rédigées d'après les découvertes des Portugais de ce côté de l'Afrique. Ils ont caché avec soin les documens positifs qu'ils ont pu recueillir, de peur de livrer le commerce aux autres nations de l'Europe. Nous lisons dans les Décades de Barros qu'ils étaient en grande relation avec les deux royaumes de Toucourof et Temboctou. Il n'est pas démontré que le premier de ces noms soit identique avec Takrour[1], et par conséquent ce passage ne prouverait point que les pays de Takrour et de Temboctou soient distincts.

Au temps de Léon l'Africain, qui voyageait dans la première partie du XVI.ᵉ siècle, Temboctou avait déchu de sa prospérité au profit de la ville de Djenné, qui est encore aujourd'hui, au rapport de M. Caillié, plus considérable et plus commerçante que la première ville. Selon Léon, le fleuve passant à Temboctou coule à l'O. « Nous naviguâmes, dit-il, en venant du royaume de *Tombuto au levant*, et suivant le cours de l'eau, vers le royaume de Ghinea, et jusqu'au royaume de Melli, lesquels sont tous deux vers le couchant de Tombuto[2]. » Cette assertion n'est point confirmée par le voyageur français. Quand même on supposerait que l'un des deux bras qu'il a vus avant cette ville est un affluent, et non pas une branche,

---

(1) C'est l'opinion qu'a adoptée M. Walckenaer (*Recherches sur l'Afrique sept.* etc. page 32).

(2) *Ibidem*, page 83.

une dérivation du fleuve, et qu'il ne s'en fût pas aperçu (ce qui serait bien extraordinaire), cette hypothèse serait contredite par ce qui lui fut rapporté par les habitans, que ce bras allait rejoindre la grande branche à quelque distance de là.

Si l'on excepte Léon (qui était un Maure né à Grenade), et les Portugais, sur lesquels nous n'avons que des notions incertaines, transmises par Marmol et Barros, le premier Européen qui soit parvenu à Temboctou, est le Français Paul Imbert, né aux Sables-d'Olonne, c'est-à-dire, dans la même province que René Caillié; son voyage est antérieur à l'an 1670. Il accompagnait son maître, un Portugais renégat, envoyé à Temboctou par le gouverneur du Tafilet. Il résulte du peu que l'on sait de ce voyage, que la distance de Maroc à Temboctou est de quatre cents lieues, et que l'on mettait deux mois à la parcourir. Cette route fut à-peu-près la même que celle que M. Caillié a suivie, au moins jusqu'au Tafilet : le temps est aussi le même. Enfin l'estime de quatre cents lieues concorde encore très-bien avec celle de M. Caillié.

Trois autres voies ont été tentées par les Européens, pour parvenir au centre de l'Afrique septentrionale : celle de la Sénégambie, celle de Tripoli, enfin celle de l'Égypte et du Nil supérieur. La première est certainement la plus courte; la seconde est pleine d'obstacles; la dernière, quoique la plus longue, sera peut-être un jour préférée par les explorateurs, comme la plus instructive, la plus féconde en découvertes, et pour d'autres motifs encore. Je ne parle pas d'une quatrième voie, celle du golfe de Benin, qui fixe aujourd'hui les yeux de l'Angleterre, mais qui semble offrir peu de chances de succès, malgré les rivières qui aboutissent à ces parages. Entrer dans l'intérieur par les rivières du Sénégal, de la Gambie ou de Sierra-Léone, était l'entreprise la plus naturelle de toutes, non-seulement à cause de la proximité, mais encore si l'on envisage la nécessité de découvrir les sources du grand fleuve qui coule vers Temboctou : question qui n'a pas moins d'importance que le problème des sources du Nil, et qui est devenue, chez les modernes, presque aussi célèbre que l'autre le fut pour les anciens. Aussi, sur environ quarante-deux voyageurs européens, on en compte vingt-trois qui ont suivi cette voie, sans parler de six Européens naufragés sur les mêmes côtes, emmenés dans l'intérieur par les Maures, et qui ont recueilli des renseignemens, soit sur Temboctou, soit sur d'autres contrées centrales. La plupart de ces voyageurs n'ayant point frayé la route de M. Caillié, et l'histoire abrégée de toutes ces explorations ayant été déjà faite par M. Walckenaer et par d'autres savans géographes, je regarde comme complètement superflu de les passer en revue ; le lecteur me saura doublement gré d'abréger ces remarques, et de lui indiquer de si bonnes sources. Je ferai connaître seulement, d'après ces différentes autorités, l'époque et le terme des principaux voyages, et j'analyserai succinctement ceux qui présentent des lignes de route coupées par celles de M. Caillié, ou qui ont avec elles quelque chose de commun. Le lecteur aura ainsi sous les yeux un tableau frappant des efforts tentés depuis deux siècles et demi par les Européens avec une admirable persévérance.

| Année | Voyageur | Terme | Par |
|---|---|---|---|
| En 1588, | Thompson | a atteint le Tenda | par la Gambie. |
| 1620, | Robert Jobson | idem. | idem. |
| 1670, | Paul Imbert | Temboctou | Maroc. |
| 1698, | De Brué | Galam | Saint-Louis. |
| 1715, | Compagnon | le Bambouk | idem. |
| 1723, | Stibbs | " | la Gambie. |
| 1731, | Moore | " | idem. |
| 1742, | De Flandre | " | Saint-Louis. |
| 1749, | Adanson | " | idem. |
| 1784, | Follier | " | côtes de Nun. |
| 1785, | Sanguier | " | idem. |
| 1785, | Brisson | " | idem. |
| 1786, | Rubaud | Galam | Saint-Louis. |
| 1787, | Picard | Fouta-Toro | idem. |
| 1791, | Houghton | L'Oud-Amar | la Gambie. |
| 1792, | Browne | le Darfour | l'Égypte. |
| 1794, | Watt / Winterbottom | Timbo | le Rio-Nunez. |
| 1795, | Mungo-Park | Silla sur le Dhiolibá | la Gambie. |

| Année | Explorateur | Lieu atteint | Par |
|---|---|---|---|
| En 1798, | Hornemann.... a atteint | Nyffé...... | par l'Égypte. |
| 1805, | Mungo-Park... ——— | Boussa.... | — la Gambie. |
| 1809, | Roentgen..... ——— | " | — Mogador. |
| 1810, | Robert Adams.. ——— | Temboctou. | — la côte occident. de l'Afrique. |
| 1815, | Riley......... ——— | " | — idem. |
| 1817, | Peddie....... ——— | Kakondy... | — Rio Nunez. |
| Idem, | Campbell..... ——— | Pandjicotte. | — idem. |
| Idem, | Badia........ ——— | " | — l'Égypte. |
| 1818, | Mollien....... ——— | Timbo..... | — Saint-Louis. |
| 1818 et 1819, | Gray......... ——— | le Fouladou. | — la Gambie. |
| Idem, | Dochard...... ——— | Yamina.... | — idem. |
| Idem, | Bowdich...... ——— | Coumassie.. | — la Côte d'Or. |
| Idem, | Ritchie....... ——— | le Fezzan.. | — Tripoli. |
| Idem, | Lyon......... ——— | " | — idem. |
| 1820, | Cochelet...... ——— | Ouâd-Noun. | — la côte occident. de l'Afrique. |
| 1822, | Laing........ ——— | Falaba..... | — Sierra-Leone. |
| 1823, | Oudney....... Denham...... Clapperton.... | Mandara... Saccatou... | — Tripoli. |
| 1827, | Clapperton.... Lander....... | Saccatou... | — golfe de Benin. |
| 1827, | Laing ........ ——— | Temboctou. | — Tripoli. |
| 1827 et 1828, | René Caillié... ——— | Timé..... Djenné.... Temboctou. | — Sénégambie. |

A cette liste on peut joindre encore Ledyard et Lucas en 1788, Nicholls en 1805, Seetzen et Tuckey en 1816, P. Rouzée en 1817, qui ont suivi diverses routes, sans réussir à pénétrer dans l'intérieur.

On voit figurer dans ce tableau vingt-cinq Anglais, quatorze Français, deux Américains et un Allemand : il n'en est, hélas! qu'un bien petit nombre, depuis le major Houghton, qui n'aient pas succombé au milieu de leur carrière, victimes d'un héroïque dévouement.

Avant de partir pour son grand voyage, M. Caillié avait visité l'intérieur de déserts fréquentés par les Maures Braknas et les Maures Dowichs; il avait aussi accompagné M. Adrien Partarrieu, attaché à l'expédition du major Gray. Il a donc suivi ou traversé la route du major Houghton allant au Ludamar de Mungo-Park (ou plutôt le pays d'Éli-Oud-Amar[1]), et celles du major Gray et du chirurgien Dochard, allant l'un à la Falémé, l'autre à Yamina. Mais comme ses marches dans cette partie de l'Afrique n'ont pas été notées d'une manière suivie, il m'est impossible d'en faire la comparaison avec celles de ces trois voyageurs. Il n'en est pas de même des routes de Watt et de Winterbottom, qui en 1794 se rendirent par le Rio-Nunez à Timbo et à Labé : là, ils apprirent qu'il y avait quatre mois de chemin jusqu'à Temboctou, qu'on trouvait sa route et sur Belia,

---

(1) D'après le voyageur Adrien Partarrieu, homme de couleur résidant au Sénégal, personne très-instruite dans les langues du pays et les langues européennes, et en état de faire de bonnes observations géographiques.

Bouria, Manda, Ségo, Sousundou et Genah[1]. Si l'on examine la carte générale du voyage de M. Caillié, on trouvera en effet, sur une ligne, mais non directe, allant de Labé à Temboctou, Baléya, Bouré, Amana, Ségo, Sansanding, Djenné, noms qui diffèrent peu des premiers. Quant à la distance de quatre mois, il est à remarquer que M. Caillié a mis cent sept jours pour se rendre de Téléouel ( lieu en face de Labé ) à Temboctou, en suivant une ligne un peu plus orientale. Plusieurs autres récits des deux voyageurs anglais concordent avec les observations de M. Caillié, tels que le commerce du sel et son transport à dos d'homme, la position de Labé et de Timbo par rapport à Kakondy[2], l'état de la culture, et les mœurs des Foulahs.

Le premier voyage de Mungo-Park en 1795 le conduisit à Ségo sur le Dhiolibâ, et de là à Silla : ces deux points restent à l'occident de la route de M. Caillié, comme on peut le voir sur la carte générale. Le seul rapprochement auquel donne lieu la ligne qui les joint, c'est la différence considérable qui existe pour la distance de cette ligne à l'Océan : mais cette question est très-étendue, et embrasse trop de points dif-

---

[1] Voyez *Histoire complète des voyages et découvertes en Afrique*, par le docteur Leyden et H. Murray, traduction française, tome III, pag. 173 et suiv.

[2] La position de Timbo doit d'abord être rectifiée d'après les observations du major Laing.

férens, pour être examinées ici. Remarquons toutefois que la population qu'il donne à Ségo ( trente mille habitans ) paraîtra peut-être un peu forte, d'après l'exemple de Djenné, de Temboctou et des autres villes visitées par M. Caillié.

Dans son deuxième voyage, en 1805, Mungo-Park atteignit le fleuve à Bamakou; à Sansanding, il s'y embarqua sur un navire construit par ses soins, et il le suivit jusqu'à Cabra, Houssa et Boussa. Ainsi, depuis le confluent au-dessous de Djenné jusqu'à Cabra, les deux voyageurs ont suivi la même ligne; ils ont navigué sur le même fleuve. Malheureusement la relation de Park s'arrête à Sansanding, lieu où il était le 16 novembre, et au moment de quitter cette ville. Cependant il y a encore ici une dernière information authentique du 19 novembre; c'est un billet adressé par Mungo-Park à sa femme. On sait que le navire qu'il confectionna pour descendre le fleuve était une sorte de radeau ou bateau plat, formé de deux vieux canots.

On peut difficilement admettre que le voyageur ait parcouru sur la rivière six à sept milles à l'heure, comme il est dit dans son journal : on a vu que le chemin direct de M. Caillié sur le Dhioliba n'était guère que de deux milles à l'heure; il est vrai, dans une saison différente, et au moment où les eaux sont basses. Mungo-Park, selon son guide, périt à Boussa, quatre mois après son départ de Sansanding, ce qui annoncerait un séjour à Temboctou, à Houssa, ou bien à Yaour, si toutefois il n'existe point d'erreur dans ce rapport[1]. Il n'y a pas de possibilité de faire ici aucune comparaison entre les deux relations, et je crois superflu de chercher d'autres rapprochemens; je me borne donc à remarquer que la carte du deuxième voyage de Park renchérit encore sur le défaut de la première carte, en éloignant trop à l'orient le cours du Dhiolibâ et la ville de Temboctou[2]. Il n'est pas de mon sujet d'entrer dans d'autres détails sur cette malheureuse expédition, dont il n'est personne qui ne sache le commencement et l'issue, et dont tout le monde ignore ce qu'il y a de plus important à savoir, c'est-à-dire, la navigation sur le fleuve, au-dessus et au-dessous de Temboctou, et toutes les observations que fit et qu'écrivit sans doute le célèbre voyageur, sur des feuilles qu'on espère encore de découvrir.

L'ordre des temps me force de passer d'un homme tel que Mungo-Park au matelot américain Robert

---

[1] On a déjà remarqué (s'il est permis à un auteur de se citer lui-même), dans les *Réflexions sur l'état des connaissances relatives au cours du Dhiolibâ* (page 23), que la catastrophe paraît avoir eu lieu vers le 4 janvier 1806. Il est parti de Sansanding vers le 19 novembre; sa course n'aurait donc été que de quarante-sept jours.

[2] Comparez la carte du deuxième voyage de Park, dans *the Journal of a mission to the interior of Africa*, etc. London, 1815.

Adams[1]. Malgré les efforts de M. Dupuis, l'éditeur de la relation d'Adams, et le mérite qu'il y a dans les notes que ce savant y a jointes, l'opinion des géographes est généralement contraire à l'authenticité de ce voyage; et ce qu'il y a de remarquable, c'est que c'est dans son pays même qu'on y croit le moins. Il a paru à ce sujet, dans le *North American Review*, des observations critiques, d'où il faudrait conclure que la première déclaration faite à Cadix par Adams, devant le consul américain, diffère totalement du récit qu'il a fait, à Londres, à M. Dupuis. Il s'en faut que je croie à la réalité du voyage d'Adams dans toutes ses circonstances, telles qu'on les a décrites; mais il est de mon sujet de le comparer avec les marches de M. Caillié. Robert Adams fit naufrage sur les côtes du Cap Blanc, et fut emmené à Temboctou, où, dit-il, il demeura cinq mois[2]. Il revint ensuite par Toudeyni, Oulad-Deleym, el-Kabla, Ouâd-Noun, Mogador, Fez, Méquinaz et Tanger. On trouve, dans sa description même de Temboctou, une contradiction frappante. « La ville, dit-il, est dans une plaine très-« unie; » et cependant, à deux milles au-delà de la ville, passe la rivière de Mar-Zarah, *entre deux montagnes*

---

[1] Autrement Benjamin Rose.
[2] *Nouveau Voyage dans l'intérieur de l'Afrique, fait en 1820*, etc., traduit de l'anglais par le chevalier de Frasans. Paris, 1817.

*assez élevées.* Cette rivière coule au S. O. ; elle a trois quarts de mille de large. Il répète ailleurs qu'il y a des montagnes au S. de Temboctou, et dit qu'on y trouve du soufre. Aucune de ces circonstances n'a été remarquée par M. Caillié, qui a marché de Cabra à Temboctou, et qui en treize jours a eu tout le temps de les observer.

La ville lui a paru aussi étendue sans être aussi peuplée que Lisbonne ; mais de deux cent soixante mille habitans à dix ou douze mille, la différence est grande. Point de mosquées, dit-il, dans Temboctou ; M. Caillié en a vu trois grandes et plusieurs autres plus petites[1].

Adams dit avoir vu un palais bâti en terre d'argile mêlée d'herbage, et d'autres maisons en bois ou en terre : la plupart des maisons, selon M. Caillié, sont en briques, et le palais du roi[2] n'est qu'une petite maison extrêmement simple.

Il prétend que *les hommes sont tatoués;* M. Caillié ne dit pas que cet usage existe à Temboctou : que *pas un homme n'est en état d'écrire;* la nouvelle relation dit fréquemment le contraire : *qu'on voit beaucoup d'éléphans;* à peine M. Caillié en a-t-il vu des traces dans tout

---

(1) Ce n'est pas en dix-huit ans qu'un pareil changement peut avoir eu lieu.

(2) Voir dans ce volume la planche 6 et l'explication.

le cours de son voyage. Toutefois ces différences, dont on peut attribuer une partie à son ignorance autant qu'à un défaut de mémoire, ne seraient pas un motif pour nier absolument le voyage d'Adams, ou rejeter tous les renseignemens qu'il s'est procurés. On peut en dire autant des mots de la langue parlée à Temboctou, que Robert Adams a rapportés au nombre de seize, et dont huit sont communs au vocabulaire kissour dû à M. Caillié[1], mais en diffèrent tout-à-fait. Dans des pays où il y a tant de langages et de dialectes différens, était-il facile d'avoir connaissance des véritables mots de l'idiome de Temboctou? Les mots publiés par des voyageurs instruits, tels que Lyon, Bowdich et d'autres, n'ont pas plus de conformité avec ceux que M. Caillié a recueillis. Si Adams est allé à Temboctou, il est possible qu'il ait interrogé des étrangers au lieu de gens de la ville[2]. Le major Denham avait, seul jusqu'à ce jour, connu les vrais mots de cette langue. D'autres traits encore de la description d'Adams sont confirmés par certains voyageurs ou par les géographes arabes, même ce qu'il dit de la rivière coulant au voisinage de Temboctou. Néanmoins, en supposant qu'il ait vu la rivière qui

---

(1) Voyez ci-dessous, chapitre II, et *Nouveau Voyage*, etc. p. 79.

(2) On a déjà remrrqué qu'il avait donné cinq mots arabes comme mots de la langue de Temboctou. *Nouveau Voyage*, page 175.

est au midi, n'a-t-il pas pu se tromper sur la direction du courant ? Ne serait-ce pas la seconde branche du fleuve, que M. Caillié a vue à Cabra et qui se porte d'abord au N. E. ? Mais ce n'est pas à deux milles au midi de Temboctou qu'elle passe ; c'est à cinq milles. On donne, dit-il, à la rivière le nom de Marzarah : ce nom, qui n'a pas été connu de M. Caillié, existe cependant ; et c'est aussi le nom d'un pays que nous avons cité plus haut, d'après el-Édricy[1].

Robert Adams n'est point en défaut dans ses marches depuis Temboctou : 1.° de cette ville vers l'E. N. E., jusqu'à un point de la rivière ci-dessus mentionnée, où il arrive après dix jours de chemin; 2.° de ce point à Toudeyni, vers le N. N. O., après douze ou treize jours de chemin. Ces distances et directions sont assez conformes à la marche de M. Caillié de Temboctou à Télig.

L'Américain Riley, aussi naufragé sur la côte occidentale d'Afrique, et devenu l'esclave du chef maure Sidi-Hamet, recueillit de celui-ci des notions justes sur la ville de Temboctou. Selon lui, une *petite rivière* (alors elle était à sec) passe près des murs de Temboctou, et une grande rivière coule à l'E. à une heure de chemin de *cheval*. C'est sans doute la même que celle

---

(1) Le changement de Marzarah en *Bahr zaharah* (rivière du désert), proposé par M. Dupuis, paraît peu probable. Voy. *Rel. d'Adams*, p. 136.

dont il parle ailleurs, le *Zolibib*, qui est à deux heures de marche au S. La ville est cinq fois grande comme Soueyrah, située dans une vaste plaine, et bâtie en pierre, en terre et en roseaux. En quittant Temboctou, Sidi-Hamet marcha cinquante-cinq jours au N. E. et dix-huit jours au N. avant d'arriver à Touat, et ensuite il se rendit à Fez. M. Caillié n'a point aperçu la petite rivière touchant aux murs de Temboctou; mais ce que dit Riley nous apprend qu'elle pouvait être à sec. La grande rivière, à deux heures au S., est évidemment la branche de Cabra, coulant entre l'E. et le N. Le mot *Zolibib* est sans doute pour Dhiolibâ. La position de l'oasis d'Agably (ou de Touât) n'est pas conforme à la donnée dont j'ai fait usage dans la construction de la carte générale, savoir, l'observation astronomique faite par le major Laing à Aïn-salah[1].

On a vu plus haut que le major Peddie et le capitaine Campbell avaient pris la voie du Rio-Nunez, pour pénétrer dans l'intérieur : le second seul put s'avancer assez près de Timbo; mais il lui fut impossible d'y arriver. Tous deux grossirent la liste des victimes du climat et des martyrs de la science. Le capitaine Campbell et M. Caillié, ainsi que Watt et Winterbottom, ont suivi des lignes à-peu-près

---

(1) Voyez ci-dessous, page 217, l'analyse de la carte générale, § II, art 3.

parallèles : leurs renseignemens, loin de se contredire, se confirment réciproquement; mais les marches du voyageur français présentent une multitude de détails instructifs, de circonstances locales que les premiers n'ont pu observer. On distingue les rivières et les ruisseaux traversés par ces voyageurs, et qui ont leur cours les uns au N. et tombent dans le Rio-Nunez, les autres au S. vers le pays de Sousou. En combinant les observations de tous quatre, on peut avoir une idée à-peu-près complète de l'espace qui sépare Kakondy du Fouta-Dhialon et des montagnes de Timbo [1].

On doit à l'excursion de M. Mollien des notions intéressantes sur des parties inconnues de la Sénégambie et sur le plateau du Fouta-Dhialon. Il n'a manqué à ce voyage de découvertes que des observations de géographie mathématique, mais qu'il serait injuste d'exiger de celui qui traverse pour la première fois des pays ignorés et habités par une population fanatique. La géographie gagne déjà beaucoup, quand elle peut acquérir une connaissance positive, ou des lignes parcourues et de leurs directions, ou de la situation respective des lieux et de leur nomenclature, ou même un aperçu de l'importance et de la popula-

---

[1] Voyez ci-dessous, p. 205, pour ce qui regarde les bassins des différentes rivières.

tion du pays, de l'état de l'agriculture, du commerce et de l'industrie. Un savant géographe, M. Eyriès, a exposé le mérite du voyage de M. Mollien et les acquisitions que la science lui doit, et je n'ai à m'occuper ici que de la partie du voyage qui coïncide avec celui de M. Caillié. Tous deux ont traversé le Fouta-Dhialon, mais dans des sens différens. Le premier allait de Labé à Timbo; le second a passé entre ces deux villes. Leurs lignes de route se coupent en un point qui est plus près de Timbo que de Labé : au point de concours, il n'y a pas de village ; du moins la liste que M. Mollien a donnée ne présente pas, au point qui résulte de la construction des deux routes, de nom commun à la liste, beaucoup plus étendue, de M. Caillié. Mais celui-ci, en donnant la position de Labé par rapport à Téléouel, et celle de Timbo par rapport à Dité, se trouve d'accord avec l'itinéraire de M. Mollien. On voit bien, dans la liste de celui-ci, Cambaya et Bandéia ; mais Bandéia, placé loin au N. de Labé, est un lieu tout différent de Pandéya, qui est au S. O. On doit en dire autant de Cambaya au N. et près de Labé, tandis que le Cambaya de M. Caillié est au S. E., à une assez grande distance. La description des montagnes, les cataractes ou chutes des rivières, l'aspect physique des lieux dans ces hautes sommités ( que l'on pourrait appeler à quelques égards les *Alpes centrales* de l'Afrique du Nord), sont des traits communs aux deux récits[1]. Ce lieu est, comme on le verra plus loin, une ligne de partage entre de grands cours d'eau qui prennent leurs directions dans tous les sens. Il n'existe pas moins d'analogie entre les observations des deux voyageurs sur les Foulahs, les Mandingues et les diverses peuplades qui habitent ces contrées[2].

J'arrive à un voyageur dont toute l'Europe regrette la perte récente, l'infortuné major Laing. Un premier voyage l'a fait connaître avec avantage des amis des sciences ; un second voyage l'a illustré ; et tous deux ont, avec celui de M. Caillié, un rapport encore plus étendu que toutes les excursions que je viens de passer en revue. Il est heureux pour le voyageur français d'avoir ces points de contact avec le major Laing, sur-tout parce que la comparaison de leurs découvertes offre un parfait accord. Il n'est personne qui ne sache qu'en 1822, M. Laing, après avoir exploré le Timannie, le Kouranko, le Soulimana, déterminé la position de Timbo, de Falaba, les sources du Mongo et de la Rokelle, parvint à proximité des

---

[1] De cette arête culminante, coulent à l'Ouest et au S. O. le Rio-Grande et les rivières du Timannie ; au Nord, la Gambie, la Falémé, le Bâfing ou Sénégal ; et à l'Est, le Dhioliba et ses affluens. Elle se rattache probablement aux montagnes dites vulgairement *kong*, mot qui signifie proprement *montagne*.

[2] Il resterait cependant à éclaircir plusieurs points de leurs narrations, dont il ne m'est pas permis de faire ici le rapprochement.

sources du Dhiolibâ, ou du moins à une distance assez rapprochée de ce point, cherché si long-temps. Il assigna la position et la hauteur au-dessus de la mer du mont Loma, d'où ce grand fleuve prend sa course; et il traça sur sa carte la première partie de son cours vers le N., dans une étendue d'environ vingt-cinq lieues. Dans le nombre de ses observations, il en est deux qui servent de vérification à celle du voyageur français : la position de Timbo et celle du Dhiolibâ. Or, la confirmation ne laisse rien à desirer; c'est ce qu'apprendra un simple coup-d'œil sur la carte générale du voyage. J'y ai placé Timbo d'après les documens du major, et la route de M. Caillié s'y est parfaitement rattachée. C'est à Couroussa que le voyageur français rencontra pour la première fois le Dhiolibâ et observa sa direction. Ce point, cette direction, par la seule construction du nouvel itinéraire, se sont trouvés faire suite au tracé du voyageur anglais. Il paraît qu'au point de raccordement, l'intervalle était très-petit; je n'ai donc éprouvé aucune difficulté à combler cette lacune. On pourra dès-lors regarder comme bien établie la connaissance des trente-cinq à quarante premières lieues du cours de ce grand fleuve.

La seconde excursion du major Laing, comme tout le monde sait, avait pour but la ville de Temboctou, qu'il cherchait à atteindre par la voie de Tripoli, non à travers le Bornou, comme ses prédécesseurs immédiats, mais par la route directe de l'oasis d'Agably. On connaît par l'ouvrage que j'ai souvent occasion de citer dans le cours de cet écrit, l'*Itinéraire de Tripoli de Barbarie à la ville de Temboctou*, par le cheykh Hagg-Cassem, rédigé par M. Delaporte, vice-consul de France, itinéraire que je m'applaudis d'avoir soumis en 1818 à l'Institut, puisque mon savant confrère M. Walckenaer assure que ce fut pour lui l'occasion déterminante de mettre au jour ses *Recherches géographiques sur l'intérieur de l'Afrique septentrionale*. Ce document place Temboctou à quatre-vingt-une journées de Tripoli, et l'oasis d'Ain-Salah et Agably à trente-trois journées ou aux trois septièmes du chemin. Nous ignorons encore quelles observations a faites sur cette route le major Laing; nous savons seulement qu'il a passé par Ghadamès et Ain-Salah, et nous possédons son observation faite dans ce dernier lieu. Cette observation porte beaucoup à l'O. la position admise sur les cartes, mais que j'ai cru devoir employer par plusieurs motifs : 1.° le major Laing a fait ses preuves comme observateur, dans son voyage au Timannie; 2.° la position de Temboctou, étant plus occidentale qu'on ne l'a pensé jusqu'à présent, doit entraîner avec elle celle de l'oasis de Touât, qui est sur la ligne directe; 3.° rien ne s'oppose, dans l'itinéraire du cheykh Hagg-Cassem, à ce que la ligne de route tende un peu plus vers l'O.; 4.° enfin, l'estime de la journée me paraît trop faible, étant réduite à quinze milles géographiques. On verra ailleurs les motifs qui me la font évaluer à dix-huit milles quatre dixièmes : il suivra de là que l'oasis de Touât doit se rapprocher de l'Océan. Ce résultat concorde encore avec la position plus occidentale que prend la route de Temboctou au Tafilet, d'après les marches de M. Caillié. Jusqu'à ce qu'on découvre quelques-uns des papiers du major Laing (et cet espoir n'est pas perdu, puisque M. Caillié lui-même, dans la traversée du grand désert, a vu une boussole et a entendu parler d'un sextant qui lui ont appartenu), il n'est pas possible de faire d'autres comparaisons entre le voyage de l'explorateur français et la seconde excursion du major, quoiqu'ils aient tous deux habité la ville de Temboctou, presque la même maison, et que le second soit allé près d'el-Araouân.

§ II.

ANALYSE DE LA CARTE ITINÉRAIRE ET DE LA CARTE GÉNÉRALE DU VOYAGE.

En construisant les cartes qui sont sous les yeux du lecteur, je n'ai pu faire usage des renseignemens que s'est procurés notre voyageur dans ses précédens voyages, tant dans le Bondou et chez les Maures

Braknas, que chez les peuples voisins de Kakondy, les Nalous, les Bagos et les Landamas: ces excursions ne présentent point de marches suivies, susceptibles d'être tracées sur une carte; il ne peut donc être question ici que de la quatrième excursion, c'est-à-dire, du grand voyage du Rio-Nunez à Tanger, commencé le 19 avril 1827 et achevé le 7 septembre 1828; je me bornerai par conséquent à un coup d'œil sur les premiers voyages. L'examen de cette route sera divisé en trois parties :

1° Marche de Kakondy à Timé, au-delà du Dhiolibâ;

2° Marche jusqu'à Djenné, et de là sur le fleuve jusqu'à Temboctou;

3° Marche de Temboctou à Arbate, et de là à Tanger.

Ensuite, je m'occuperai particulièrement de la carte générale du voyage.

ART. I.

PREMIERS VOYAGES DE M. CAILLIÉ.

C'est en 1819 que M. Caillié se livra à sa première excursion. De Saint-Louis, il se rendit à Gorée par le chemin battu, c'est-à-dire qu'il partit de Gandiolle et suivit le bord de la mer, sans avoir occasion de faire aucune observation neuve. Toute cette côte est parfaitement connue par les relevés des officiers de la marine royale.

En 1819, il s'associa à M. Adrien Partarrieu, qui rejoignait l'expédition du major Gray : celui-ci était alors dans le Bondou, réduit à de fâcheuses extrémités, et il appelait M. Partarrieu près de lui, pour lui porter des secours, dont l'expédition avait le plus grand besoin[1]. Il est à regretter que M. Caillié n'ait pas pris note de ses marches pendant ce voyage ; la ligne de route coupait celle de M. Mollien, ainsi que celle qu'a suivie plus tard le capitaine de Beaufort. La caravane passa par Boulibaba, ville habitée par des Foulahs, et dont la position n'est pas connue. Toute cette route mériterait d'être déterminée et tracée sur les cartes : M. Caillié est suffisamment justifié de ne pas l'avoir décrite avec détail, sachant que M. Partarricu possédait des matériaux plus exacts ; ce qu'a transmis ce dernier voyageur, en relations ou en observations géographiques, étant d'ailleurs très-digne d'attention. Il faudrait des renseignemens sur l'espace désert qui sépare de ce côté Cayor du Ghiolof, sur

---

(1) Voyez le *Voyage dans l'Afrique occidentale*, de 1818 à 1821, par le major William Gray et feu Dochard, Paris, 1826, traduit par M.me Ch.e Huguet. Tout le monde connaît l'issue fâcheuse de cette mission, pendant laquelle cependant il a été fait des observations intéressantes, qui méritent l'attention des géographes comme celle des amis de l'humanité.

Potaco dans le pays de Bondou, et sur toute la ligne transversale de Gandiolle à Boulébané, capitale de cet état. M. Caillié partit de Boulibaba pour Bakel, et retourna avec ses compagnons de voyage à Saint-Louis, par le fleuve, sans avoir d'observation nouvelle à faire sur le chemin.

Le troisième voyage de M. Caillié est plus important, non-seulement par son but, qui était de l'initier aux mœurs et aux usages des Africains, et de se préparer à un voyage dans l'intérieur et à toutes les privations qui l'accompagnent, mais encore par les descriptions curieuses qu'il a faites des marches des Maures dans le désert, de leurs stations encore peu connues ou totalement ignorées, des eaux courantes ou stagnantes qu'on y trouve. Il eût été à souhaiter de pouvoir tracer ces positions sur la carte; mais je n'ai pas eu le moyen de les fixer avec exactitude. On remarquera, en lisant la relation, que la résidence du roi des Braknas est continuellement variable: souvent il se tient à portée du fleuve du Sénégal et de l'escale dite des Braknas; mais pendant la saison humide, il pénètre plus avant dans le désert; quand il lève son camp, la population entière marche avec lui. L'étendue de l'espace assujetti à cette tribu puissante n'est connue que de l'Est à l'Ouest; mais on apprend par la relation combien il s'étend au Nord. Les géographes desireraient connaître la position précise du lac Aleg, celle de la montagne dite Ziré (mot qui est d'ailleurs un terme générique), enfin les limites de la grande tribu des Abou-sebas ou el-Abou-sebah, dont le nom est écrit très-diversement et incorrectement sur des cartes récentes : ceux qui ont cru que l'article faisait corps avec le mot, et qu'on pourrait retrancher la finale, en ont fait le mot *Labos*. On a fait usage de deux finales, *Sebas* et *Sebah*; la dernière seule est exacte.

Je me bornerai à une remarque sur la position relative d'Adrar et du lac Aleg. Suivant le voyageur, il y a sept journées de l'une à l'autre : comment concilier l'emplacement assigné à Adrar, non loin de Ouâd-Noun, qui est à plus de trente journées du territoire attribué, en général, aux Braknas? Il faudrait que ce territoire s'étendît au nord jusqu'aux extrémités du Sahara, ce qui est contraire aux idées reçues, mais non peut-être à la réalité.

M. Caillié, revenu en mai 1824 à Saint-Louis, et désespérant d'obtenir les moyens nécessaires pour accomplir son projet, se décida à passer à Albréda sur la Gambie, et de là à Sierra-Léone, où il vint à bout de réunir quelques ressources, en tirant parti de ses connaissances acquises. Le 22 mai 1827, il s'embarqua à Sierra Léone pour Rio-Nunez, et y arriva le 31. Dès le 5 août, il était établi à Rebecca (ou Rabougga) : là il s'occupa à-la-fois à compléter les observations et les renseignemens existant sur les peuples voisins, les Nalous, les Bagos et les Landamas[1], et à faire les préparatifs de son grand voyage. Bientôt il part pour Kakondy : son activité, sa persévérance, une intelligence peu commune, enfin des circonstances heureuses qu'il sut mettre habilement à profit, lui permirent de partir le 19 du même mois avec une petite caravane destinée pour Kan-kan. Dans l'ignorance où tout le monde était de la vraie situation de cette ville, il semble qu'une heureuse prévision le dirigeait dans le choix de cette direction, puisqu'en la suivant, il traversa les rivières les plus importantes à connaître, de manière qu'on pût en assigner assez bien la position et la distance à l'Océan.

### ART. 2.

#### CARTE ITINÉRAIRE DU VOYAGE.

*Observations générales.*

Avant d'entrer dans le détail un peu minutieux de l'examen des routes de M. Caillié, je dois faire une observation préalable, pour prémunir le lecteur contre les différences apparentes qu'il pourrait apercevoir entre le journal du voyage et la carte itinéraire. Pour

---

[1] **Voyez**, au sujet de ces peuples, la *nouvelle Histoire générale des voyages*, etc. publiée par M. Walckenaer.

rendre ce journal lisible et ne pas interrompre à tout moment la description des lieux et des peuples, on a été forcé de retrancher un très-grand nombre de distances et d'orientations, tellement que celui qui voudrait construire la route à l'aide de la relation seule, tomberait dans de graves erreurs : au reste, le lecteur a déjà été averti à cet égard dans une note mise au premier volume. La construction des lignes de route, sur la carte que j'ai rédigée, résulte de toutes les indications données par le voyageur, et que j'ai rassemblées pour la plus grande partie dans ce troisième volume, sous forme de tableau. Il faut aussi consulter l'article suivant, relativement à l'usage que j'ai fait de ces matériaux, pour les coordonner avec les connaissances antérieures, et les positions déjà admises comme incontestables.

Le voyage entier de M. Caillié, depuis Kakondy jusqu'à l'arrivée à Tanger, a duré cinq cent huit jours: il faut en défalquer, afin d'avoir les journées de marche effectives, trois cent un jours pour les séjours qu'il a faits en dix-huit endroits différens; restent deux cent sept journées effectives de marche. Je donnerai ici la liste de ces lieux de séjour : il ne faudrait pas en conclure que le voyageur n'a pu faire commodément des observations dans les autres endroits, attendu que lorsqu'il arrivait de bonne heure dans des lieux importans, on y demeurait le reste de la journée.

| LIEUX DE SÉJOUR. | JOURS de séjour. | LIEUX DE SÉJOUR. | JOURS de séjour. |
|---|---|---|---|
| Kakondy............ | " | Djenné............ | 13. |
| L-Antégué.......... | 1 | Isaca.............. | 1. |
| Pandéya........... | 1. | Tircy............. | 2. |
| Popoco............ | 2. | Temboctou........ | 13. |
| Cambaya.......... | 19 | L-A'raouân........ | 9. |
| Boharaya.......... | 1. | Trarzah (ou Teghazza) | 1. |
| Saraya............ | 1. | Amoul-Gragim..... | 1. |
| Courouman-Cambaya.. | 2. | L-Ekseif........... | 1. |
| Couroussa.......... | 1. | El-Harib........... | 13. |
| Kan-kan........... | 28. | Ghourland......... | 5. |
| Youmosso.......... | 1. | Boheim............ | 4. |
| Sambatikila........ | 5. | Fez............... | 1. |
| Timé.............. | 158. | Mequinaz.......... | 1. |
| Douasso........... | 1. | Arbate............ | 15. |
|  |  | Séjours.......... | 301. |
|  |  | Temps total.... | 508. |

Quand on se propose de mettre une carte quelconque sous les yeux du public, le premier devoir est de lui soumettre les élémens qui en font la base, et de ne pas donner au travail qui en est le résultat plus de valeur que n'en ont les matériaux ; et eux-mêmes n'ont que celle qui appartient, soit aux instrumens ou aux procédés dont le voyageur a fait usage, soit à la manière dont il a recueilli les observations et les renseignemens qui sont le fondement de sa description. M. Caillié n'était point pourvu d'instrumens d'astronomie ; il n'avait pas de montre et il estimait l'heure par la hauteur du soleil ; mais il possédait deux boussoles qui lui ont été d'un grand secours. Toutes ses *directions* ont été soigneusement notées, à l'aide de cet instrument pendant le jour, ou des étoiles pendant la nuit. Quant aux *distances*, elles ont été estimées d'après plusieurs expériences faites par lui-même à Sierra-Léone, pendant qu'il se préparait à son entreprise. Il avait coutume de parcourir un espace mesuré exactement en milles anglais, et d'observer le temps qu'il mettait à faire ce chemin. C'est ainsi qu'il a évalué le nombre de milles de chacune de ses marches, depuis Kakondy jusqu'à Djenné ; ce nombre est de trois milles anglais à l'heure ou deux milles géographiques six dixièmes : cependant jusqu'à Timbo, c'est-à-dire, pendant les premières journées du voyage, le nombre doit être un peu augmenté ; c'est ce qui résulte de la position de Timbo, déterminée par le major Laing ; et, pour le dire en passant, cette partie de la marche de M. Caillié prouve que l'aucienne position de Timbo, d'après Watt et Winterbottom, est tout-à-fait inadmissible. Cette vîtesse de deux milles géographiques six dixièmes par heure, ou plus exactement de deux milles quatre dixièmes à deux milles six dixièmes, appartient en général aux marches isolées, aux caravanes peu chargées. Pour les caravanes chargées légèrement, les heures de marche ne dépassent guère deux milles géographiques trois dixièmes, et, pour les caravanes très-nombreuses et pesamment chargées, un mille géographique et demi à trois quarts en sus[1].

A partir de Djenné, M. Caillié a voyagé par eau. Le cours du fleuve était assez lent; les obstacles résultant de la mauvaise construction du navire, de l'ignorance et de la maladresse du pilote, et des îles ou bancs de sable, font réduire l'heure de navigation directe à deux milles anglais par heure. Des motifs différens, mais dont le résultat est semblable, déterminent cette même valeur pour l'heure de marche dans le désert, depuis Temboctou jusqu'à Fez. Ce nombre de deux milles, pris comme terme moyen pour une si longue marche[2], admet presque toutes les différences possibles, entre les vîtesses de la caravane dans chaque

---

[1] Voyez ci-dessous, art. 3, les remarques sur les heures et les journées de marche dans l'Afrique septentrionale.

[2] Quatre-vingt-seize journées, sauf les séjours

moment : enfin, ce même nombre de deux milles anglais est intermédiaire entre la marche des caravanes pesamment chargées et celle des caravanes moyennes, ce qui était le cas des caravanes que M. Caillié suivit depuis Temboctou, comme on le voit dans sa relation.

C'est ce même motif du défaut d'espace qui, avec la différence d'orientation, est cause des fréquentes coupures que j'ai été obligé de faire de la route sur la carte itinéraire. L'échelle adoptée pour la carte itinéraire, un millionième, est peut-être un peu petite pour l'expression des détails et de tous les angles de la route; aussi je l'avais construite d'abord à une échelle double; mais ce développement aurait exigé trop d'espace.

### PREMIÈRE PARTIE DU VOYAGE.

La ligne de route, dans la première partie du voyage, s'appuie essentiellement sur Timbo. Ce lieu est très-digne d'attention sous le rapport de la géographie physique, autant que sous le point de vue des relations des Européens avec l'Afrique. Les Anglais l'ont toujours considéré comme une position importante pour le commerce; mais il ne mérite pas moins d'être étudié comme le point culminant de cette partie du continent. Il est heureux que plusieurs voyageurs aient fait des efforts pour déterminer sa situation géographique. Le major Laing lui a assigné définitivement la latitude de 10° 25' N. et la longitude de 12° 54' O. de Paris; il reste à connaître sa hauteur absolue au-dessus de la mer. Je ne pouvais établir la route de M. Caillié sur une meilleure base ; et c'est aussi ce que j'ai fait, au moyen d'une direction que le voyageur a connue, étant au village de Dité. Là, les habitans lui ont dit que Timbo était à deux journées dans une certaine direction, sur laquelle il a ensuite appliqué la boussole, et il a reconnu cette direction pour être le S. E. 1/4 S. Or, ainsi que nous le verrons ( et c'est une remarque générale dans l'intérieur de l'Afrique ), les habitans ne se trompent pour ainsi dire jamais sur la direction des lieux; leur exactitude sous ce rapport est surprenante; c'est l'effet d'une habitude et d'un tact particuliers.

Secondairement, j'ai assujetti la ligne de route à la position de la ville de Labé, que l'on connaît assez bien, mais avec moins de certitude que Timbo. Or, étant près de Téléouel, le voyageur apprit que Labé restait au N. E. 1/4 E. à deux journées. Une autre confirmation résulte de la position de Cambaya, par rapport à Timbo, qui, d'après les indigènes, reste à l'O. S. O. à deux journées de ce bourg. Ainsi voilà cinq points bien liés entre eux, savoir, Téléouel, Labé, Dité, Timbo et Cambaya, formant un ensemble dont Timbo est le point d'appui[1]. D'après la nature de ces données, je n'ai pas hésité à y assujettir la route depuis Kakondy ; et il en résulte que l'heure de marche a été d'un peu plus de trois milles anglais ; ce qui, pour le commencement du voyage, n'a rien de surprenant.

Quoi qu'il en soit, la construction de la route n'a subi, sur la carte itinéraire, aucune réduction ni modification, et je me suis borné à dessiner, aussi exactement que l'échelle l'a permis, tous les angles de cette ligne, les rivières qu'on a traversées ou aperçues, les différentes élévations du sol, avec l'estime qu'en a faite le voyageur; enfin, tous les accidens du terrain, qu'il a notés avec attention.

A trente-deux milles de Kakondy, est une belle rivière du nom de *Tankilita*, qui a beaucoup de rapport avec le nom de *Tingalinta*, écrit sur plusieurs cartes à la même distance[2] ; mot qui se prononce peut-être Tenkalita : c'est le même que le Rio-Nunez, selon les habitans ; ce ruisseau, qui coule au nord, ne serait, dans ce cas, que l'origine ou le principal affluent du Rio-Nunez.

---

[1] Les deux journées de distance en pays de montagne sont évaluées nécessairement chacune à moins de dix-huit milles géographiques.

[2] Voyez entre autres *la Sénégambie, pour servir à la nouvelle Histoire générale des voyages de M. Walckenaer* etc., par M. Dufour, 1828.

D'autres ruisseaux ou rivières, tels que le Bangala, le Doulinca et le Kakiriman, large rivière voisine des hautes montagnes d'Antégué, coulent au contraire vers le sud. Le sol est granitique dans cet espace et au-delà : les montagnes sont très-hautes et escarpées ou à pic ; des chaînes, toujours plus élevées, se succèdent ; il y a de ces montagnes qui ont deux mille pieds. Tout ce pays, voisin du Fouta-Dhialon, est comme hérissé d'obstacles et très-difficile à franchir ; et cependant des hommes et des femmes, chargés pesamment sur la tête, le traversent avec facilité. Une de ces montagnes, le Touma, fait la limite entre l'Irnanké et le Fouta ; au-delà est le Cocoulo, large rivière très-rapide, dont le lit s'écoule sur des cataractes. On arrive ainsi au *Bâfing*, le bras principal du Sénégal : il paraît que sa source est à l'O. de Timbo, et qu'il prend son cours à l'O. et au N. (et non pas à l'E.) ; du moins c'est ce qui me semble résulter du nouvel itinéraire. D'ailleurs le cours au N. E. du Tankisso, qui appartient au bassin du Dhiolibâ, confirme cette opinion[1].

Ensuite on descend dans de vastes plaines très-fertiles, qu'arrose le Tankisso, large rivière s'écoulant sur un lit escarpé, avec le Bandiégué et d'autres

---

(1) Dans le travail très-estimable de M. Dufour sur la Sénégambie, il me semble que l'auteur s'est astreint trop scrupuleusement aux détails de la route de M. Mollien, précieuse d'ailleurs pour l'ensemble.

moins considérables, jusqu'à ce qu'on arrive au grand fleuve de cette partie de l'Afrique, le *Dhiolibá*.

En sortant du Soulimana[1], le fleuve se dirige au N., ainsi que je l'ai dit plus haut d'après le major Laing; mais ensuite il se porte à l'E. Ce coude est précisément donné par une distance du nouvel itinéraire. On y voit que le fleuve passe à une journée au S. de Saraya. Cette direction concorde parfaitement avec la carte du voyage de Laing au Soulimana, ce qui confirmerait au besoin la position de Saraya et le tracé que j'ai fait de la route. On sait que la hauteur absolue de sa source au-dessus de la mer, est, selon le major Laing, d'environ seize cents pieds, ou cent trente de plus que la source de la Rokelle.

C'est à Couroussa, dans le petit pays d'Amana, que le voyageur l'a traversé. Il avait déjà, encore si près de sa source, une largeur de neuf cents pieds, et une vîtesse médiocre de deux milles et demi. L'Yendan, large rivière, s'y jette à peu de distance de ce point, et il reçoit plus loin le Milo, venant de la ville de Kan-kan, et le Sarano, qui arrose les riches plaines du Ouassoulo. En continuant de laisser le Dhiolibâ à sa gauche, et de s'avancer vers l'E., le voyageur arrive à Timé.

[1] Les Mandingues placent le Couranco là où le major Laing place le Soulimana, c'est-à-dire qu'ils prolongent le Couranco au N O., vers les sources du Dhiolibâ. Voyez plus bas.

La détermination du point de Timé résulte de deux données : l'une, que la marche a été la même dans tout le trajet, depuis Kakondy; la caravane était de la même force; et si le pays est moins montagneux, les voyageurs étaient plus fatigués, ce qui établit une compensation : l'autre condition est fournie par la hauteur méridienne du soleil, observée deux fois à Timé, au moyen de la longueur de l'ombre. Quelque imparfaite que soit cette observation, il est permis d'y avoir égard, quand elle coïncide avec les données de l'itinéraire ; je reviendrai bientôt sur ce point.

En terminant l'examen de cette première partie de l'itinéraire, je ferai quelques remarques sur la situation du pays, qui paraît être le lieu du partage des eaux dans cette partie du continent africain. La première grande ligne de partage est celle qui sépare les eaux de la Sénégambie de celles du Soudan. Les montagnes qui la forment, autant qu'on peut les connaître, ont leur nœud à Timbo, et leur distinction est nettement tranchée. Les unes versent au N., les autres à l'E., et il est remarquable que les divisions de pays ou d'états correspondent aux régions physiques. Ainsi le pays appelé *Fouta-Dhialon*, Timbo et ses montagnes sont l'origine du Rio-Grande, de la Gambie, de la Falémé, du Sénégal, etc. Le Soulimana et ses montagnes sont la source du Dhiolibâ, d'un côté, et celles de la Rokelle et du Mungo, de l'autre.

Du revers des montagnes du Fouta-Dhialon sortent des affluens du Dhiolibâ, tels que le Tankisso (car ce ne peut être un bras du Sénégal, comme on l'a dit à M. Caillié): le lieu d'où il sort n'est pas éloigné de Timbo, et du vrai point de partage entre les bassins du N. et de l'E. Ainsi, nous avons une connaissance approximative du relief du pays, laquelle présente un ensemble satisfaisant, où tout paraît s'enchaîner d'une manière naturelle. Les observations de M. Caillié y auront contribué pour beaucoup.

Outre la ligne de partage dont je viens de parler, il y en a une autre qui sépare les eaux de la Sénégambie de celles du Timannie; elle résulte de l'examen attentif des marches de M. Caillié. Il a traversé en effet deux rivières notables: l'une, le Kakiriman, qui a soixante-dix à quatre-vingts pas de large; l'autre, le Cocoulo, qui en a quarante-cinq; toutes deux très-rapides. Il les a vues versant à sa droite, c'est-à-dire au S., dans le bassin du Timannie[1]. Au-delà, c'est-à-dire après Popoco, toutes les rivières qu'il a franchies versaient à gauche et vers le N., dans la Sénégambie. Ainsi, entre la route de M. Mollien et celle

(1) Toutefois les ruisseaux les plus rapprochés de Kakondy versent au N. dans le Rio-Nunez; mais leur cours est très-petit; peut-être aussi quelques-uns des suivans coulent-ils vers le Rio-Grande.

de M. Caillié, il doit y avoir une crête très-élevée, dirigée à-peu-près du N. O. au S. E. et passant près de l'intersection des deux routes.

Les noms des pays traversés par M. Caillié dans la première partie de son voyage, mériteraient un examen particulier. D'après la description circonstanciée du *Baléya*, il me paraît que le major Laing a placé sur sa carte un village de Beilia là où il aurait dû indiquer et où est en effet le pays de Baléya. Le Firia des cartes est le même que le Fryia ou le Firya de M. Caillié; le Sangaran est à-peu-près où on l'a placé dans les cartes récentes, mais sur les deux rives du fleuve. Quant au Couranco, si l'on a bien informé M. Caillié, il se prolonge beaucoup au N. O., tandis que le major Laing le restreint à l'intervalle des rivières de la Rokelle et de la Camaranca dans le S. Ce pays toucherait, à ce qu'il paraît, au Baléya et au Soulimana. C'est dans le Kissi qu'est la source proprement dite du Dhiolibâ, au midi de Couranco, selon M. Caillié ( ou du Soulimana, selon le major Laing ). Ainsi toute la dissidence des deux voyageurs se réduit à la prolongation du pays de Couranco; mais les limites de ces petits royaumes sont-elles bien déterminées, et les indigènes sont-ils eux-mêmes bien d'accord sur des frontières que la violence déplace à chaque moment? On voit sur plusieurs cartes les noms de Sangala et de Couronia non loin de Couranco et Sangara. Je pense qu'il y a ici double emploi, comme il y en a tant d'autres exemples en géographie, soit par la diversité des orthographes, soit par la négligence des transcriptions. Couronia ne vient-il pas de Couronca (Couranco)? Sangala, par la fréquente mutation de l'*r* en *l*, ne vient-il pas de Sangara? Le Ouasselon, ou bien Ouassoulo, doit être beaucoup rapproché de l'Océan : cela résulte incontestablement des marches de M. Caillié ; et déjà, cet exemple fait pressentir ce qui a lieu par rapport au cours du Dhiolibâ et à tous les pays qu'il traverse. Ce fleuve ayant aussi été supposé trop à l'E. de trois à quatre degrés, il en est résulté qu'il a fallu alonger toutes les distances pour couvrir l'espace entre lui et Timbo, et les constructeurs de cartes ont, pour ainsi parler, délayé dans cet espace les noms de pays et de lieux, écarté l'une de l'autre toutes les positions, puis transformé des hameaux en villes et des villes en royaumes. Ils ont trop négligé de remarquer l'habitude commune à presque tous les voyageurs, savoir, de prolonger les distances par une estimation exagérée, et de faire abstraction des coudes fréquens, des inflexions continuelles des lignes de route : double motif qui a trop fait reculer dans l'intérieur des terres une multitude de pays bien plus près de la mer qu'on ne le croît. Ce manque de critique dans la rédaction des itinéraires ou dans la construction de ces itinéraires sur des cartes, n'est pas une nouveauté en géographie : les anciens en ont donné maint exemple, et les cartes dressées d'après les positions de Ptolémée sont presque toutes entachées de ce défaut; je ne citerai pour exemple que l'Arabie. Mais je termine cette courte digression, dont le sujet ferait presque la matière d'un livre aussi utile qu'instructif. Je passe aussi sur plusieurs noms de pays que M. Caillié nous apprend à connaître, et qui figureront dans la carte d'Afrique pour la première fois, et, à plus forte raison, sur les noms déjà connus, dont un témoignage authentique vient confirmer l'existence.

### DEUXIÈME PARTIE DU VOYAGE.

La plus grande partie de l'espace de Kakondy à Timé peut être regardée comme une acquisition toute neuve pour la géographie; il en est de même de celui que nous allons parcourir avec le voyageur. Il ne faut pas regretter qu'il ait abandonné les rives du Dhioliba, et que cette circonstance nous ait privés de renseignemens sur les rives du fleuve, depuis Couroussa jusqu'à Djenné; nous en sommes dédommagés par ses découvertes sur des pays jusque-là complètement ignorés. De plus, s'il eût passé par Bamakou, Ségo, Sansanding, il n'aurait pas eu le temps d'y séjourner autant que Mungo Park, et peut-être il aurait été découvert à Ségo et retenu comme Dochard. Passant assez loin à l'E. du fleuve, il a connu les affluens qui traversent l'espace triangulaire compris entre Couroussa, Timé et Djenné, et toutes les positions de ce vaste espace, et il a pris connaissance également des positions riveraines, et de toutes les villes de quelque importance, par l'attention qu'il a eue d'en demander la distance et la direction, aux différens points de sa route.

J'ai déjà fait observer que la route de Timé à Djenné ayant été faite dans les mêmes circonstances que la précédente, l'estimation de 3 milles anglais par heure de chemin s'applique à cette ligne; je l'ai donc aussi admise avec M. Caillié, et j'ai eu la satisfaction de voir qu'en construisant cette ligne sans altération, telle que la donnent les distances et les orientations, la latitude de Ségo restait à-peu-près la même que celle qui résulte de l'observation de Mungo-Park, faite dans le voisinage[1]. Mais ce point sera examiné plus tard, quand je discuterai la position de Temboctou. Ainsi le tracé de cette portion de l'itinéraire n'a pas présenté de grandes difficultés. Quelques circonstances topographiques de cet espace méritent d'être remarquées.

---

[1] Sami, à l'O. de Ségo, 13° 17' N., deuxième voyage de Mungo-Park, *the Journal of a mission*, etc. London, 1815, pag. 149 et 150.

Au-delà de Timé, le voyageur marche encore deux jours à l'orient; après quoi il tourne au N. (magnétique), et s'en tient toujours assez près, ce qu'il faut bien remarquer. Il y a à Timé de hautes montagnes granitiques, et encore à quatre journées plus loin, après quoi le sol s'abaisse et s'aplanit. Aux sables succède une terre fertile, sillonnée par de fréquens cours d'eau, dirigés à l'O. vers le Dhiolibâ, entre autres le Bagoë, rivière navigable, et le Couara-ba. Tangrera, vers le commencement de cette ligne, paraît une grande ville très-commerçante; ce point se trouve placé, d'après le journal, à l'E. N. E. de Timé (orient de la boussole), mais non pas à dix jours à l'E., comme on le voit dans le journal[1]. A Tiara, une partie de la caravane se dirigea sur Sansanding, et au N. O., suivant M. Caillié (le tracé de la carte donne le N. N. O. vrai); selon les renseignemens qu'on lui a donnés à Badiarana, Cayaye est à neuf jours au N., et Ségo à neuf jours plus loin : or, Ségo (tel qu'il est placé sur la carte, d'après ce que j'ai dit ailleurs[2]), se trouve parfaitement orienté au N. de la boussole, par rapport à Badiarana; mais les dix-huit journées, si elles existent, sont bien petites, ce qui résulte peut-être des eaux stagnantes et autres obstacles qui obligent

---

(1) C'est le N. E. vrai à-peu-près. Voyez tome II, pag. 26 et 37.
(2) Voyez ci-après le tracé du cours du fleuve.

à des détours. Cayaye se trouve déterminé particulièrement par l'orientation sur Couara, à cinq jours au N. N. O., ce qui le place, comme il convient, à moitié chemin de Badiarana à Ségo. Ce lieu de Couara mérite doublement de nous arrêter : j'ai eu occasion, dans un autre écrit, de faire remarquer que c'est un mot générique dont le sens est analogue à celui de rivière. Ici, on voit, à côté du village de ce nom, une rivière assez considérable dont le nom est *Couara-ba*, c'est-à-dire *Rivière-Rivière;* nous avons quelques exemples d'une dénomination semblable dans *Ba-ba* et autres noms du même genre : nouvelle raison à ajouter à toutes les autres, pour que l'on n'identifie pas des rivières et des courans à cause de la similitude de leurs noms, parce qu'il faudrait savoir avant tout si ces noms sont des termes génériques ou des appellations propres.

En second lieu, le Couaraba s'écoule à travers un pays où la carte de Mungo-Park fait passer une rivière appelée *Banimma*, parallèle au Dhiolibâ ; ce qui paraît impossible, puisque le Couaraba va tomber dans le fleuve même, d'après le récit des habitans.

Cette portion de l'itinéraire fournit une donnée pour l'emplacement d'un pays et même d'une ville de *Kong*, fort reculée dans toutes les cartes. L'orientation d'une ligne qui s'y dirige, en partant de Douasso, est entre le S. S. E. et l'E. 1/4 S. E. de la boussole, ce qui est juste le S. vrai ; voilà pour la longitude : mais une distance telle que quarante-cinq jours de marche porterait bien trop loin au midi ; sans doute le sol est très-montagneux sur presque tout le chemin, et les journées bien courtes. En s'arrêtant au septième parallèle nord, on n'aurait que des journées de sept à huit milles géographiques, y compris les détours de la route.

En continuant toujours vers le nord, le voyageur traverse de grandes plaines découvertes, de riches campagnes, et il trouve à sa gauche des marais, des lacs ou des étangs, qui indiquent le voisinage du grand fleuve. Enfin, il en atteint les bords à Galia, à dix milles en face de Djenné. Avant d'entrer dans cette capitale, examinons plusieurs positions géographiques assez importantes. Rien n'était plus obscur que la situation de Bouré ; on ignorait s'il y avait une ville de ce nom, et même quel était l'emplacement du pays de Bouré : on verra sur les cartes des différences de plusieurs degrés. M. Caillié n'est point allé à Bouré ; mais en réunissant tous les renseignemens qu'il a pris, je trouve des données suffisantes pour déterminer cette ville ; car il y a une ville, et qui est très-importante par le voisinage de ses riches mines d'or et par le commerce dont elle est le centre. Bouré est sur la rive gauche du Tankisso, grand affluent du Dhiolibâ, comme je l'ai dit, et à trois quarts de jour de ce dernier en ligne directe, ou à une journée au-dessus du confluent. Ces renseignemens, qui concordent très-bien, ont été fournis par des hommes et en des lieux différens. De plus, la position de Bouré est donnée par la distance de Kan-kan; et son orientation, savoir, quatre à cinq jours au N. 1/4 N. E., en descendant le cours du Milo. Enfin, un quatrième témoignage lui a appris que Bouré était à cinq journées de Couroussa, en descendant le Dhiolibâ en pirogue, et *remontant ensuite le Tankisso*.

Bamakou nous est connu par la deuxième relation de Mungo-Park; mais sa position absolue doit être rapprochée vers l'O. notablement : les renseignemens de M. Caillié, et la construction de la carte, portent cette ville vers le dixième degré de longitude O. de Paris, et le onzième degré quarante-cinq minutes de latitude. L'idée d'y former un établissement est fondée sur la vraie connaissance des lieux; déjà même elle a été suggérée, il y a long-temps, dans des mémoires soumis au gouvernement, et l'on en a fait voir les avantages. Aujourd'hui les documens de M. Caillié viennent en confirmer la possibilité; il pense qu'il y aurait de ce point huit à dix jours de marche jusqu'au point le plus rapproché du Sénégal. Or, il résulte de la construction de la carte qu'en remontant le Bâfing jusqu'à trente lieues au-dessus de la première cataracte de Félou, on serait à soixante-dix lieues en ligne directe de Bamakou, ce qui est assez d'accord avec ce qui précède ; mais ce n'est pas le lieu d'examiner cette question.

### OBSERVATIONS SUR LE TRACÉ DU COURS DU DHIOLIBA, DE COUROUSSA A SÉGO ET DJENNÉ.

Le tracé que je donne du cours du fleuve, de Couroussa à Ségo, s'écarte des idées reçues jusqu'à présent[1]; et je dois justifier un changement aussi notable, en le soumettant au jugement des géographes. En construisant les routes de M. Caillié, je ne m'attendais pas à un tel résultat, ou plutôt je craignais de voir d'anciennes conjectures sur la position beaucoup plus occidentale du fleuve et des villes qu'il arrose, détruites par des observations positives, comme une illusion qui se dissipe au grand jour de la vérité. Il en a été autrement, et cette opinion était loin d'être une témérité. En effet, le fleuve se porte d'abord droit au N. E. après Couroussa, puis à l'E., et ensuite très-long-temps au N., au lieu de se diriger à l'orient constamment, comme on le voit sur les cartes. Mais cette dernière direction, sur quoi est-elle appuyée ? sur quels fondemens repose-t-elle ? Elle n'a d'autres motifs qu'une position arbitraire de Temboctou, beau-

---

(1) Il en est de même de Djenné à Temboctou.

coup trop reculée à l'orient, beaucoup trop éloignée de l'embouchure du Sénégal. Sur les cartes les plus modernes, on a bien essayé de reporter cette position vers l'occident; on a senti qu'il fallait la rapprocher de l'Océan[1]; mais on l'a fait avancer d'une trop petite quantité, et sur le même parallèle ou à-peu-près, au lieu d'avancer en même temps vers le N.

Si l'on admettait l'objection que M. Caillié a porté sa route par eau trop à l'O., alors il en résulterait que sa route de Temboctou à Fez aurait été portée trop à l'E. : or, ces deux résultats s'excluent; car c'est la même construction de route, la même orientation qui conduit ici de Couroussa à Ségo, de Ségo à Temboctou, de Temboctou à Fez.

Une considération puissante, c'est que M. de Beaufort a fixé et assuré la position de la ville d'Élimané dans l'E. de Bakel, par un très-grand nombre d'observations; c'est la capitale actuelle du Kaarta. De là, on se rend journellement à Ségo; le malheureux voyageur était même sur le point de s'y rendre, sans le dénuement causé par le pillage dont il fut victime, et qui le força de rebrousser chemin. Là, on lui dit que Ségo n'était qu'à dix jours; que la direction

---

[1] M. Walckenaer, comme je l'ai dit ailleurs, a été un des premiers à reconnaître la nécessité de ce changement. Voy. *Recherches* etc. Voy. aussi tome II des *Mémoires de la Société de géographie*, et son *Bulletin* ou *Recueil périodique*.

d'Elimané sur Ségo était E. S. E.; et que ces journées étaient des journées de chemin de pied. Mettons en œuvre ces données, et voyons si elles confirment le cours du fleuve, tiré de l'itinéraire de M. Caillié.

Les journées de pied seront-elles estimées plus fortes que de vingt-un milles géographiques? cela est difficile à admettre : mais quand on les porterait à vingt-deux milles, et en ligne directe, ce seraient deux cent vingt milles en tout, qui, dans la direction ci-dessus, n'atteindraient pas le neuvième méridien O. de Paris.

Pendant que M. Caillié était à Kiébala, on lui a indiqué des distances et des directions sur Ségo, qui s'éloignent peu de la position résultant de celle d'Élimané dans le sens opposé; et si l'on portait ici le fleuve à l'E., comme on le voit dans toutes les cartes calquées sur celles des voyages de Park, il n'y aurait plus aucun accord entre ces deux espèces d'informations. Si, au contraire, on conserve ces données respectives, l'accord s'établit naturellement, et le cours du fleuve vers le N. se trouve confirmé.

De plus, la latitude de Ségo, quoique encore à observer, ne peut différer beaucoup de celle de Sami, qui est dans le voisinage : l'observation qu'y a faite Mungo-Park est de treize degrés dix-sept minutes, et peut-être est-elle un peu trop septentrionale. La position approximative de Ségo, résultant de données diverses, et que j'ai adoptée comme une moyenne, serait ainsi, latitude treize degrés, longitude neuf degrés O.

Ségo, selon l'itinéraire, est orienté juste au N. magnétique de Badiarana, c'est-à-dire, N. vrai dix-sept degrés à l'O. Cette direction passe exactement par la position que j'assigne à Ségo, d'après l'observation de Sami par Mungo-Park.

Ségo est encore parfaitement orienté par la ligne N. N. O. de la boussole partant de Saraclé[1].

La direction du Dhiolibâ, de Ségo à Jenné, O. et E., et la position de Ségo, sont encore bien confirmées par une donnée fournie au voyageur à Bamba[2]. Ségo est à trois journées N. O. de cet endroit; et le quatrième jour, à midi, on atteint la ville de Ségo (ce sont de grandes journées). La proportion de trois à quatre, ou plutôt trois à trois deux tiers, se trouve en effet sur le tracé que j'ai donné.

Enfin, il est dit ailleurs[3] formellement que Ségo est à cinq jours vers l'O. de Jenné; la nouvelle carte donne O. 1/4 S. O. Toutes ces données, on le voit, coïncident bien; et quoiqu'elles n'aient pas l'autorité

---

(1) Tome II, pag. 155-157 ci-dessus: le journal porte ici quatre jours de distance; ce seraient des jours de douze lieues: il y a en réalité huit journées ordinaires (de $18^l \frac{1}{2}$) avec les contours.

(2) Tome II, page 157 ci-dessus.

(3) *Ibid.* page 216.

d'une seule bonne observation céleste, cependant il y a trop d'accord entre elles pour hasarder de déranger tout l'itinéraire du voyageur, et de porter la ville de Ségo, et avec elle tout le cours du fleuve, à deux ou trois degrés et plus vers l'orient, quand d'ailleurs il n'existe d'observation d'aucune espèce, ni géographique, ni astronomique, pour éloigner le fleuve et ses villes dans l'intérieur du continent.

La position de Djenné, les bras du fleuve qui l'entourent, sa situation dans une grande île à l'écart du Dhiolibâ, la branche qui se détache dans les environs de Ségo et rejoint le fleuve à Isaca, à quatre journées plus loin, sont autant de circonstances également neuves, et qui modifient beaucoup les idées antérieures. En voyant cette complication de détails, on conçoit l'obscurité et les contradictions des récits des noirs, au sujet de Djenné; mais dès qu'on étudie attentivement et que l'on compare avec soin les différentes données, on parvient à se faire une idée assez nette de ces localités : le lecteur jugera si j'en suis venu à bout dans le cours de cet écrit et dans le tracé que je mets sous ses yeux. Il reste incontestablement une foule de choses à connaître sur cette double branche du Dhiolibâ, sur la véritable forme et la vraie étendue de l'île de Djenné, et sur sa double ou peut-être triple communication avec les bras du fleuve; car chaque pas que l'on fait dans la connaissance de ce fleuve mystérieux semble éloigner le but : ce n'est donc, à vrai dire, qu'une légère esquisse que j'ai osé figurer ; le temps rectifiera ces notions imparfaites ; il complétera les observations de notre infatigable voyageur et l'on pourra juger de l'emploi que j'en ai fait. M. Caillié présume que l'île de Djenné a dix-huit milles de tour ; cependant la construction de la route et l'ensemble de la carte me font penser que l'île a plus d'étendue : je soupçonne aussi que l'on ne peut voir, de Djenné, la jonction de l'île avec la branche occidentale du fleuve, mais seulement sa jonction avec sa branche orientale ; c'est une conséquence de la situation de Ségo à l'O. de Djenné. Je renvoie, au reste, aux observations de l'article suivant, pour ne pas prolonger ici cette discussion.

Je ne rechercherai pas non plus comment il se fait que Mungo-Park n'a pas eu connaissance d'un second bras du fleuve, quand il s'est rendu de Ségo à Silla. Je m'abstiendrai également d'entrer dans de nouveaux développemens sur le cours du Dhiolibâ à partir de Djenné. La relation fournit d'amples détails, non moins instructifs que neufs, sur le régime du fleuve, sa profondeur, sa largeur immense en quelques endroits, jusqu'à acquérir un demi-mille et même un mille entier. Un des points les plus intéressans de cette route par eau, est le grand lac Débo ou Dhiébou, que M. Caillié rencontra à moitié chemin de Djenné à Temboctou.

Je ne puis que penser que ce lac est celui qui figure sur les cartes sous le nom de *Dibbie*, mais avec une position, une forme et une étendue très-différentes.

Il n'est personne qui n'excuse l'enthousiasme de notre voyageur, à la vue de cette mer d'eau douce, et n'approuve l'empressement qu'il mit à prendre en quelque sorte possession du lieu au nom de ses compatriotes, en donnant des noms aux trois îlots qu'il renferme. Vingt-trois ans auparavant, Mungo-Park avait fait cette même navigation : peut-être avait-il aussi donné des noms à ces petites îles méditerranées ; qui l'eût blâmé de ce sentiment national, en France ou en Angleterre, si la relation de sa découverte fût parvenue en Europe ?

Le lac a deux parties, une orientale, dont on peut voir les limites, l'autre occidentale, qui s'étend à perte de vue. M. Caillié ignore d'où cette masse d'eau provient; est-ce d'un affluent, ou au contraire est-elle un écoulement des inondations du Dhiolibâ ? Ce point de géographie, qui est un problème important sous plusieurs rapports, reste donc obscur; plus bas, je proposerai une opinion assez probable [1].

A l'orient du lac, il y a des sables et des côtes arides; à l'occident, il se confond avec de vastes marais : la navigation de cette dernière partie doit être fort dif-

---

[1] Voyez § V, ci-après, page 283.

ficile. Quand on se rend de Djenné à Temboctou, on navigue sur la première partie du lac, en serrant la rive droite.

On remarquera au-dessous du lac (sur la carte) un contour du fleuve, qui paraîtra peut-être forcé et peu naturel; il résulte des lignes de route qui ont été notées, et le seul embarras d'y substituer autre chose m'a obligé de le conserver, quoique je doute de son exactitude : au reste, une erreur dans ce tracé n'influerait pas beaucoup sur le résultat général.

En approchant de Cabra, port de Temboctou, M. Caillié aperçut à la droite un grand bras du fleuve dirigé à l'*Est-Sud-Est*, et il continua de naviguer sur l'autre, dirigé vers le N. O. On lui dit que ce dernier rentrait dans l'autre à quelque distance; mais ce fait important n'a pas été vérifié par un œil européen; le voyageur n'aurait pu le constater qu'en se transportant lui-même, non sans péril, au point de jonction : quant aux habitans, se souciant fort peu d'obtenir ou de transmettre avec exactitude des renseignemens de cette nature, ils ne lui ont parlé de celui-ci que vaguement. Le problème de la direction ultérieure et de l'issue finale de ces branches du fleuve est donc encore à résoudre; je renvoie cette discussion à un autre article[1], ainsi que la question particulière de la

---

(1) Voyez § V, ci-après.

position de Temboctou[1]; je terminerai celui-ci en rappelant que l'itinéraire de Timé à Galia, et de Galia à Temboctou, a été construit à raison de deux milles par heure.

### TROISIÈME PARTIE DU VOYAGE.

La marche de M. Caillié dans le grand désert a également été évaluée à deux milles par heure, du moins jusqu'au Tafilet, et par les motifs expliqués dans le commencement; le principal intérêt que présente cette partie de la route consiste dans la connaissance exacte des puits et des stations qu'on rencontre au milieu de cet océan de sable. La science est redevable à M. Caillié de notions exactes et nombreuses sur ces vastes solitudes, que les voyageurs n'envisagent qu'avec effroi. Ainsi, nous ne connaissions le lieu nommé el-A'raouân que par les puits qu'on y rencontre; c'est un lieu où les caravanes remplissent ordinairement leurs outres : mais le voyageur nous apprend encore que c'est une ville importante; en la voyant ainsi entourée par les déserts, de toute part, on est moins surpris de la situation de Temboctou au milieu des sables.

Les puits de Télig sont remarquables par le voisi-

---

[1] Voyez art. 3, page 217.

nage des montagnes de granit et par celui de Toudeyni, qui, dans toutes les cartes, est porté bien plus à l'O. de la ligne qui joint Temboctou et le Tafilet. La description de M. Caillié ne permet pas de croire qu'il soit question d'un autre lieu du même nom, puisque l'on sait que ce lieu est un grand entrepôt de sel. Je passe sous silence les immenses bancs de sables mobiles, et les rares accidens du sol qui varient à peine ce long espace de chemin, dont les puits seuls interrompent la triste uniformité. Au-delà des puits de Mayara paraissent les derniers rameaux de la chaîne du mont Atlas. Le granit se montre d'abord en fragmens, en monticules, puis en hautes collines et en montagnes escarpées. Au-delà d'el-Harib, à douze journées, on arrive au pays de Tafilet. Ici le rapport de M. Caillié s'éloigne des idées reçues. 1.° Il n'a pas entendu parler d'une *ville de Tafilet;* c'est seulement, dit-il, un nom de pays. Il est possible toutefois qu'une ville y ait existé jadis, et qu'elle ait disparu comme tant d'autres villes de l'Afrique centrale. Je remarque dans le voyage d'Ebn-Hassan, de Fez à Tafilet, cité dans les *Recherches sur l'Afrique septentrionale*[1], etc., qu'il n'est question que du territoire et non de la ville de Tafilet; ce qui viendrait à l'appui du rapport de M. Caillié. 2.° Ce pays est beaucoup plus près du

---

(1) Voyez pages 457 et 464.

méridien de Fez que sur toutes les cartes[1]. 3.° Il est plus au nord[2]. C'est la position de Ghourland que M. Caillié nous fait connaître, dans ce territoire, comme la principale ; auprès est un lieu du nom d'Afilé, et un autre du nom de Boheim[3], ainsi que Ressant, résidence d'un gouverneur pour l'empereur de Maroc. M. Caillié cite encore une position inconnue sur les cartes; c'est une grande ville qu'il nomme Rauguerute ou Rogrut, au S. S. E. de Maroc.

La relation présente peu de détails sur la traversée du mont Atlas; il ne faut pas être surpris qu'à la suite de tant de fatigues et de périls, à la fin d'un si long voyage, l'explorateur fût impatient d'arriver. Cependant je remarque, de ce côté, le cours d'une petite rivière ou d'un ruisseau appelé le Guigo, qui coule depuis Soforo (ou même de plus loin), vers

---

(1) Voyez pages 457 et 464. Dans la carte à l'appui de son ouvrage, M. Walckenaer place Tafilet à 5° environ à l'orient de Maroc; mais M. Lapie, dans la carte du Voyage de M. Cochelet, ne l'éloigne que de 3° ½. C'est aussi la différence en longitude qui résulte du tracé que j'ai fait de la marche de M. Caillié, les positions de Maroc et de Fez étant d'ailleurs connues exactement. Au reste, toute la partie orientale de l'empire de Maroc présente des incertitudes et des difficultés qui font sentir le besoin de nouvelles observations.

(2) Le trop grand éloignement du Tafilet par rapport à Fez ne serait-il pas l'effet de l'habitude dont j'ai parlé, qui exagère toujours les distances itinéraires ?

(3) Ne serait-ce pas le mot *beheim*, qui signifie en arabe *bestiaux*, pris pour un nom de lieu ?

M-Dayara et peut-être jusqu'au Tafilet. En examinant avec soin la marche du voyageur, on reconnaît qu'il a vu le Guigo, ou qu'il en a eu connaissance, d'abord entre Rahaba et L-Eyarac, ensuite à Tamaroc, à Kars, et qu'il l'a traversé à L-Eksebi ; que la rivière fertilise les environs de N-Zéland, L-Guim, Guigo et Soforo. Il n'est pas certain cependant que ce soit partout le même ruisseau ; mais la parité de nom entre le ruisseau de L-Eyarac et Tamaroc et celui du village de Guigo, doit le faire présumer comme très-probable. Les moulins à eau qu'a vus le voyageur à Soforo, annoncent encore la présence de la même rivière. Ainsi, la partie de son cours dont on a connaissance serait de cinquante lieues au moins, et peut-être de beaucoup plus. J'ignore si elle passe à el-Fez, où l'on voit au reste plusieurs ruisseaux différens.

La traversée du Sahara n'a pas été non plus tout-à-fait stérile pour la connaissance des oasis ou des stations qu'il renferme. On a rapporté à notre voyageur les intervalles de ces lieux aux divers points de sa route ; il en résulte des distances très-différentes de celles qu'on a admises : mais existe-t-il sur ces positions deux témoignages concordans ? Chaque caravane, chaque tribu évalue diversement les intervalles ; si aux méprises de bonne foi que peuvent commettre les Maures et les indigènes, on ajoute les erreurs intéressées, quelle source d'incertitudes! Ainsi, tout en fixant sur la carte générale les points de Tychyt, d'Oualet, d'Ouadan ou Hoden, d'Ouâd-Noun, etc., d'après les indications de M. Caillié, combinées avec d'autres documens, je les regarde comme très-incertains. Selon notre voyageur, Oualet est à dix journées à l'O. d'el-A'raouân, quinze journées N. de Ségo, et dix-huit jours d'Ouadan: ce point tombe vers dix-neuf degrés de latitude et neuf degrés quarante minutes de longitude O. de Paris; les trois lignes se rencontrent presque au même point. Mais s'il satisfait aux trois données ci-dessus, il s'éloigne de ce qui a été admis jusqu'à présent sur la position d'Oualet, soit d'après Mungo-Park, soit d'après les rapports des naturels. Peut-être est-ce un autre lieu du nom d'Oualet, différent de celui que Park avait en vue. Serait-ce le *Gualata* de Léon l'Africain? mais sa description ne s'y rapporte pas davantage[1]. Dans ce cas, Gualata serait plus au midi qu'on ne le pense communément. Il est certain, au reste, que les géographes ne peuvent confondre le Walet de Mungo-Park avec le lieu de Gualata.

Quoique M. Caillié n'ait pas parlé d'Agably, que l'on croit le chef-lieu de l'oasis des Touât, j'ai été

---

[1] A environ 300 milles vers le S. de Nun, 500 de Tumbut au N. et à 100 de l'Océan: il est évident qu'aucun point ne peut satisfaire à ces conditions.

forcé cependant de placer ce lieu sur la carte, parce que le voyageur donne une position de Touât beaucoup plus rapprochée de la route de Temboctou au Tafilet. Il n'est pas surprenant que plusieurs lieux soient ainsi nommés, puisque le peuple errant de ce nom occupe une très-grande partie du grand désert, depuis le S. de Maroc jusqu'au-delà d'Agably. De plus, la position du lieu, qui n'aurait pu entrer dans le cadre de la carte, si l'on s'en tenait aux seuls rapports des Arabes dont les géographes ont tiré parti, vient au contraire y prendre sa place d'après l'observation astronomique du major Laing, qui la porte beaucoup à l'ouest. C'est pour la première fois que cette observation est publiée; je la dois à mon savant ami M. le capitaine Sabine; lui-même était lié d'une affection intime avec l'infortuné voyageur, qui la lui transmit après une première attaque essuyée au sortir de cette oasis. Ce n'est pas à Agably même que le major Laing a observé, mais à Ain-Salah : ce lieu, qui dépend du même canton, est à deux journées de là ; il est cité dans tous les itinéraires de Tripoli au Soudan occidental. Suivant le major, sa position est zéro degrés vingt-neuf minutes à l'occident de Paris, et vingt-sept degrés onze minutes trente secondes latitude N. Malgré la différence de ce résultat avec ce qui existe sur toutes les cartes, j'ai cru pouvoir le consigner sur la carte générale du voyage.

Les autres lieux du Sahara, tels que Akka, Tatta, el-Kabla[1], faute de nouvelles données, ont été placés d'après celles qui ont servi à la carte de M. Walckenaer, ou à celles de MM. Lapie, Brué, Berghaus, etc., combinées entre elles. Quant aux noms des tribus et peuplades, j'ai tâché de les placer le plus exactement que j'ai pu, et il a fallu m'écarter des indications de plusieurs cartes récentes, d'ailleurs très-estimables.

A droite de sa route, et en face d'el-A'raouân, M. Caillié a eu connaissance d'une position importante, celle de Sala, mais d'une manière trop incertaine pour la comparer avec les descriptions des Arabes.

Je finirai cet examen de la troisième partie du voyage, par la liste générale des puits et stations du désert sur la ligne de Temboctou à Fez, ligne qui paraît être la plus avantageuse et la plus courte, puisqu'elle est la plus fréquentée. Le rapprochement de tous ces noms en un seul tableau m'a paru pouvoir être de quelque utilité. Toutefois on remarquera que Toudeyni ne figure pas sur cette liste : ce lieu serait-il aujourd'hui sans eau potable, et Télig aurait il succédé à Toudeyni, comme un lieu plus commode pour servir de station aux caravanes? C'est un doute que je soumets au lecteur.

[1] Peut-être el-Qebly القبلى mal prononcé; ce mot, signifiant qui est au midi, devrait peut-être disparaître des cartes.

| NOMS DES LIEUX, puits et stations. | HEURES de marche. (1) | JOUR- NÉES. | PROFONDEUR DES PUITS, et qualité de l'eau. |
|---|---|---|---|
| De Temboctou à El-A'rouân. | 66. | 6. | 60 pieds de profondeur; eau saumâtre, malsaine, abondante. *Station.* |
| — Mourat....... | " | " | 1 pied; eau saumâtre. |
| — Télig (2)...... | 111 (3). | 8. | 3 à 4 pieds; eau saumâtre et abondante. |
| — Cramès........ | 32 ½. | 5. | Puits quelquefois à sec. |
| — Trazas ou Tghazah | 9. | 1. | 7 à 8 pieds; eau très-salée et mauvaise. |
| — Amoul-Gragim.. | 27 ½. | 3. | 7 à 8 pieds; eau bourbeuse, salée, mais moins mauvaise. |
| — Amoul-Taf..... | 25 ½. | 3. | 4 pieds; eau douce, mais peu abondante. |
| — L-Ekseif...... | 19. | 3. | Eau excellente. |
| — Marabouty..... | 40 ½. | 4. | Petite profondeur |
| — L-Guédéa...... | 32. | 4. | Assez bonne eau. |
| — Mayara ....... | 45. | 4. | 4 à 5 pieds; eau très-salée et mauvaise. |
| — Sibicia........ | 21. | 2. | 7 à 8 pieds; eau claire et délicieuse. |

(1) Pour les caravanes moyennement chargées, voyez ci-après page 242.
(2) Toudeyni est à une journée.
(3) Il y a lieu de croire que la caravane s'est arrêtée plusieurs fois pendant des marches de plus de douze heures.

| NOMS DES LIEUX, puits et stations. | HEURES de marche. | JOURNÉES. | PROFONDEUR DES PUITS, et qualité de l'eau. |
|---|---|---|---|
| — El-Harib | 23. | 2. | *Station.* |
| — El-Hamid | 19 | 2. | 20 à 25 pieds; eau bonne à boire. |
| — Mimcina | 9. | 1. | Grande ville du Drah. |
| — Yénéguédel | 8. | 1. | 3 pieds; eau bonne et abondante. |
| — Faratissa | 7. | 1. | 2 pieds $\frac{1}{2}$; eau très-bonne. |
| — Boharaya | 9. | 2. | 12 pieds; eau très-douce et excellente. |
| — Goud-Zenaga | 6. | 1. | |
| — Zenatyia (1) | 7. | 1. | 20 à 24 pieds; eau assez bonne et abondante. |
| — Chanérou | 6. | 1. | Puits fréquenté par les Berbers. |
| — Nyéla ou Ain-Yéla | 9. | 1. | On y puise avec la main; eau abondante et bonne. |
| — Ghourland | 6. | 1. | *Station;* chef-lieu du Tafilet. |
| — Boheim (2) | 1 $\frac{1}{2}$. | 1. | |
| — Afilé | 1 $\frac{1}{2}$. | 1. | |
| — Tannéyara | 4 $\frac{1}{2}$. | ″. | Village sans eau. |
| — Marca | 3. | 1. | Puits profond; jardin. |
| — M-Dayara | 9. | 1. | Ville. |

(1) El-Yabo, ville berbère à un jour de là au N. O.
(2) Afilé est auprès de ce lieu.

| NOMS DES LIEUX, puits et stations. | HEURES de marche. | JOURNÉES. | PROFONDEUR DES PUITS, et qualité de l'eau. |
|---|---|---|---|
| — Rahaba | 3. | 1. | Gros village. |
| — L-Eyarac | 3. | " | Hameau. |
| — Tamaroc | 5. | " | Village sur le bord du Guigo. |
| — Kars | 4 | " | Village. |
| — N-Zéland ou Ain-Zéland. | 8. | 1. | Hameau |
| — L-Eksebi | 11. | 1. | Gros village. |
| — L-Guim | 10 ½. | 1. | Petit village. |
| — Guigo | 10. | 1. | Village berber. |
| — Soforo | 11. | 1. | Belle ville. |
| — Fez | 7. | 1. | Ancienne capitale du Maroc. |

## ART. 3.

#### REMARQUES SUR LA CARTE GÉNÉRALE DU VOYAGE, ET LES ÉLÉMENS QUI LUI SERVENT DE BASE.

Après avoir achevé la construction de l'itinéraire, il restait à assujettir toutes ces lignes de route aux données invariables dont la géographie est maintenant en possession. J'ai d'abord cherché parmi ces données les points communs aux marches de M. Caillié : ils sont malheureusement en bien petit nombre; comment donc pourrais-je me flatter, quelque peine que j'aie prise, quelques soins que j'aie mis à combiner toutes les données et à ne rien hasarder sans quelque autorité à l'appui, d'avoir fait autre chose qu'un simple essai? S'il est un jour confirmé par les observations des voyageurs munis d'instrumens astronomiques, le seul mérite de ce travail consistera dans d'heureuses combinaisons; et s'il est démenti par les découvertes, il aura appelé la critique des géographes et ne sera pas resté sans utilité pour la science. Je devais moi-même avertir le lecteur en lui soumettant des résultats qui s'écartent de ceux que l'on connaît; c'est en effet une erreur trop commune, sur-tout en fait de cartes, que de rechercher de préférence les publications les plus récentes, et de leur accorder d'autant plus de confiance qu'elles le sont davantage. Je suis donc bien loin de vouloir usurper ce genre d'intérêt, au préjudice de travaux géographiques généralement estimés.

Les points communs à la route de M. Caillié et à la liste des positions regardées par les géographes comme parfaitement ou suffisamment connues, se bornent aux suivans : les points de la côte occidentale d'Afrique, Kakondy, Timbo, Sami et Yamina (pour la latitude), Bakel, Élimané, Fez ; j'y joins la position d'Ain-Salah, quoique publiée ici pour la première fois. Quant à Djenné, Temboctou et les lieux situés dans le grand désert, l'incertitude est telle à l'égard de ces positions, qu'on ne peut asseoir sur elles aucun calcul solide, et qu'elles ne peuvent servir à vérifier l'exactitude des nouveaux itinéraires. Ainsi, on est réduit, pour un espace qui comprend vingt-cinq degrés de latitude et dix à douze degrés de longitude, à huit points de l'intérieur[1]. Toutefois, le point de départ de la première partie du voyage, la position de Timbo au milieu de cette partie, la connaissance très-probable du parallèle de Ségo, ville qui elle-même est enchaînée à l'itinéraire et se rattache à des points fixes de la Sénégambie, ensuite la position presque certaine de Fez, forment une première base, qui peut servir à vérifier, tant les inflexions de la route, que

---

[1] Je ne parle pas des points plus ou moins voisins de la route, comme Labé, ou de la première partie du cours du Dhioliba.

les longueurs des lignes parcourues. J'ai commencé à établir les lignes de Kakondy à Timé, de Timé à Djenné et Temboctou, et de Temboctou à el-A'raouân, 1.° en les appuyant séparément sur Timbo, le parallèle de Ségo et la position de Fez ; 2.° en ayant égard à la déclinaison de la boussole. Ces lignes ont été construites d'abord sans autre modification que la substitution nécessaire du N. vrai au N. magnétique, pour les marches de nuit. La direction de la première ligne, partant de Fez, m'a donné une position approchée pour Temboctou ; et celle de la deuxième ligne, partant de Timé, m'en a donné une autre assez peu différente, mais que la condition du parallèle de Ségo a beaucoup rapprochée de la première ; ce qui restait d'incertitude a été éclairci par de nouvelles données dont il était difficile de ne pas faire un usage quelconque.

Étant à Timé, M. Caillié eut l'idée d'observer la longueur de l'ombre d'un style à midi. Son long séjour lui permit de faire l'observation deux fois : la première fois, c'est-à-dire, le 30 octobre 1827, le style avait, toute réduction faite, $0^m,706$ de haut; l'ombre méridienne fut trouvée égale à $0^m,2945$[1]. La deuxième

---

[1] Les longueurs du style et de l'ombre ont été prises avec des cordons qui ont été rapportés en France, et que j'ai mesurés avec le plus de précaution possible, en les comparant à un bon mètre en cuivre.

Le style était un bâtonnet ou baguette très-droite, que le voyageur

observation est du 1.ᵉʳ novembre 1827; mais cette mesure ne put être faite avec autant de précision. C'est l'ombre proprement dite qui fut mesurée, c'est-à-dire, l'ombre terminée nettement et sans la pénombre. Le calcul donne pour la latitude, à très-peu de chose près, neuf degrés[1].

Cela posé, j'ai reconnu que la construction (faite comme il est expliqué plus haut) de la ligne qui représente la première partie du voyage, donnait, au point de Timé, la même latitude, à quelques minutes près. Cet accord m'a fait penser qu'il n'y avait rien à changer à la construction; une différence aussi petite, vu l'imperfection des moyens mis en usage, peut en effet être considérée comme une entière concordance, et je ne puis même dissimuler qu'elle pourrait être l'effet d'une heureuse compensation de plusieurs erreurs en sens contraire. Je pouvais donc regarder Timé comme un point à-peu-près fixe, et partir de là

plaçait bien verticalement, au moyen d'un plomb qu'il a rapporté avec lui, et qui se trouve déposé au vice-consulat de Tanger, entre les mains de M. Delaporte.

[1] Je dois ce calcul et le suivant à l'obligeance de M. le lieutenant-colonel Corabœuf, du corps royal des ingénieurs géographes.

Résultat.. { Distance zénithale du bord supérieur du ☉  22° 22'
Demi-diamètre du ☉................... 16.
                                       22° 38'
Déclinaison australe du ☉ ............ 13. 38.
                    Latitude nord...... 9.  0.

pour établir les deux autres lignes. La longitude de Timé, résultant des opérations précédentes, est de neuf degrés deux minutes O. de Paris. Ainsi Timé serait presque à égale distance de l'équateur et du méridien de Paris.

L'orientation de la ligne de Kakondy à Timé, d'après les marches de M. Caillié, se trouvant confirmée, m'a donné de la confiance dans l'orientation du reste de la route. J'ai donc maintenu d'abord la ligne de Timé à Temboctou, et celle de Temboctou à Fez, telles qu'elles résultent de la construction de l'itinéraire. Le point de Fez étant fixe, il a fallu nécessairement modifier un peu la longueur absolue de ces lignes, et leur direction, pour me renfermer entre les deux points de Timé et de Fez, et j'ai procédé par réduction proportionnelle. L'écart n'avait rien d'extraordinaire pour des routes aussi longues, suivies à travers tant d'obstacles et de difficultés qu'avait eus à vaincre l'infatigable voyageur. La différence totale, sur près de trois mille milles anglais[1], monte à environ cent cinquante ou un 20.ᵉ de l'espace parcouru, et l'écart angulaire total est de moins de six degrés sur l'angle entre le méridien de Kakondy et la direction sur Arbate. La position qui en résulte pour la latitude

---

(1) Deux mille huit cent quarante-neuf milles un quart.

de Temboctou est environ de dix-sept degrés cinquante minutes N.

Ne possédant sur cette latitude aucune donnée géographique proprement dite, n'ayant que les routes des caravanes, et pas même des heures de marche, mais seulement des comptes de journées, de manière qu'à l'incertitude de la durée des marches se joint l'incertitude plus grande encore de la vîtesse des caravanes, selon qu'elles sont plus ou moins nombreuses, composées de chameaux plus ou moins chargés, ou de piétons uniquement, et aussi l'ignorance où nous sommes du nombre et de la position des stations forcées qu'elles font dans le désert, soit à cause des puits, soit par suite d'incidens imprévus qui les arrêtent dans ces terribles traversées[1]; au milieu, dis-je, de tant de causes d'hésitation, qui doivent prémunir le géographe contre l'emploi des vagues itinéraires des Arabes et des Maures, pouvais-je accorder moins de confiance aux routes de M. Caillié qu'aux marches des Africains?

Ces routes sont constamment divisées par heures; les repos sont notés exactement, et l'on n'est jamais

(1) Je ne parle pas des renseignemens faux, que les indigènes, et les Maures sur-tout, ont donnés sciemment aux Européens, pour les écarter du centre de l'Afrique; les uns par fanatisme, les autres par crainte de perdre les avantages du commerce.

indécis sur la durée des marches : il ne reste donc à estimer que la vîtesse, et l'on est éclairé sur ce dernier point par la composition des caravanes. Par ces motifs, et d'autres encore qu'il serait trop long d'exposer, je n'ai pas cru pouvoir faire entrer les précédens itinéraires dans la combinaison des élémens propres à fixer la position de Temboctou. Cependant je serais resté encore dans le doute, et je me serais abstenu de proposer aucune opinion, sans une nouvelle donnée de plus, susceptible d'être mise en comparaison avec l'itinéraire de M. Caillié ; je veux parler de la mesure de l'ombre méridienne qu'il a prise à Temboctou même. Cette observation a été faite par le même moyen que celle de Timé : ce procédé sans doute est fort imparfait ; mais, à défaut d'autres, je pense qu'elle ne peut être négligée entièrement. Le 1.ᵉʳ mai 1828, notre voyageur planta un style haut de $0^m,635$ ; il mesura, à midi, l'ombre du style, et la trouva égale à $0^m,030$[1]. Le calcul donne, pour

| | |
|---|---|
| (1) Distance zénithale du bord supérieur du ☉.... | 2° 26' |
| Demi-diamètre du ☉.................. | 0. 16. |
| | 2. 42 |
| Déclinaison boréale du ☉................ | 15. 9. |
| Latitude N........ | 17. 51. |

Je ne dois pas dissimuler que M. Caillié a fait quatre observations semblables dans d'autres lieux, mais qui s'écartent trop de l'itinéraire pour qu'on puisse en faire usage.

latitude N., dix-sept degrés cinquante-une minutes. Je répéterai ici la même réflexion, qu'un tel accord est très-probablement le résultat d'erreurs en sens inverse, et qui se sont compensées : mais comme il est impossible de découvrir les points où les erreurs ont eu lieu et la limite de leur étendue, le résultat final est la seule chose qu'on puisse atteindre.

J'ajouterai une considération qui n'aura pas échappé à ceux des géographes qui ont étudié le calcul des probabilités. Dans une série d'observations faites dans les mêmes circonstances, et sur-tout par les mêmes observateurs, plus le nombre en est grand, plus il est probable que la somme approche de la quantité totale qui est cherchée. Quand il n'y a pas de raisons pour que les erreurs commises soient dans un sens plutôt que dans l'autre, elles se détruisent mutuellement, et d'autant plus que les observations se multiplient davantage. Il y a même une règle qui apprend à connaître de combien la somme trouvée diffère de la vérité; elle appartient au savant géomètre qui est aujourd'hui l'organe de l'Institut de France pour les sciences mathématiques. Connaissant l'erreur qu'on a pu commettre sur une observation, il faut la multiplier par la racine carrée du nombre total des observations. Ainsi, au lieu de croître avec ce nombre, l'erreur totale possible décroît relativement. Par exemple, pour quatre observations, elle serait représentée par deux, et pour cent observations, par dix seulement. Le rapport des erreurs totales est donc de $\frac{10}{2}$, tandis que le rapport des nombres d'observations est de $\frac{100}{4}$ : ainsi l'erreur n'est que le cinquième de ce qu'elle serait proportionnellement pour quatre observations[1]. Il suit de là qu'en multipliant considérablement les observations, on corrige l'imperfection des procédés qui ont servi à les effectuer.

N'est-on pas autorisé à faire l'application de ce principe à la longueur des marches de M. Caillié, puisque le nombre des lignes de route n'est pas moindre que six cent trente-trois. J'ajouterai que la même remarque s'applique à la déviation angulaire. En effet, considérant l'écartement total entre le méridien de Timé et celui de Fez, ou la différence en longitude (laquelle est égale à un degré quarante-quatre minutes), comme devant être la somme réelle de tous les angles de la route vers l'E. ou vers l'O. du premier, il s'ensuivra que la construction des lignes d'orientation qu'a notées le voyageur (ou le calcul de ces angles, ce qui est plus exact) donne

---

[1] J'ai donné autrefois un exemple assez remarquable d'une application analogue : la hauteur de la grande pyramide de Memphis, mesurée à l'aide d'instrumens de mathématique, et ensuite par l'addition des mesures partielles des degrés, opérées par des procédés imparfaits. Les résultats diffèrent très-peu; mais aussi le nombre des mesures partielles était de 203.

un écartement total, approchant d'autant plus de la différence en longitude ci-dessus, que le nombre de ces orientations aura été plus grand : or, ce nombre est aussi de six cent trente-trois. Ainsi qu'on l'a vu plus haut, j'ai trouvé la déviation égale à moins de six degrés, et il a été facile de la répartir sur toute la ligne.

### OBSERVATIONS SUR LA POSITION DE TEMBOCTOU, ET PARTICULIÈREMENT SUR SA LONGITUDE.

De la détermination des lignes qui joignent Timé, Djenné, Temboctou, Fez, et de la latitude de Temboctou ainsi fixée d'après l'itinéraire à dix-sept degrés cinquante ou cinquante-une minutes[1], résulte nécessairement une longitude plus occidentale de cette ville qu'on ne l'avait pensé jusqu'à présent, et même que celle que j'avais admise autrefois, en rapprochant cette position beaucoup plus vers l'Océan que tous les géographes.

L'importance de la position de Temboctou est telle, que je crois devoir insister encore sur la discussion des élémens, afin, non pas de l'établir avec certitude (je suis loin de penser y être parvenu), mais de fournir au lecteur de nouveaux moyens d'ap-

---

[1] La détermination de M. Walckenaer, quant à la latitude, approche beaucoup de ce résultat.

procher de la vérité, autant que le permet l'état des connaissances. Il est vrai qu'une seule observation astronomique, faite par un observateur habile, muni de bons instrumens et digne de confiance, pourra détruire ces inductions; mais il l'est aussi que, jusqu'à ce qu'on la possède, aucun géographe ne peut fixer cette position capitale sur une carte, sans déduire toutes les raisons qui l'y déterminent, sur-tout s'il s'écarte des idées de ses prédécesseurs.

Temboctou se trouve placé, sur la carte générale du voyage, par la latitude résultant de l'observation de l'ombre, et la longueur de la route depuis Timé jusqu'à Temboctou. Il est à remarquer que cette route, en très-grande partie, se porte au N., ce qu'on était loin de penser du cours du fleuve de ce côté. Si Mungo-Park avait pu faire connaître son chemin depuis Sansanding, nous n'aurions pas été aussi long-temps incertains sur cette direction, qu'on a toutefois constamment portée à l'E., et cela parce qu'on se figurait (comme on le fait encore) la position de Temboctou très-centrale dans le continent. La carte de Park (voyage de 1805) la place sous le méridien de Paris; Clapperton à 0° 50′ O., Rennell à 2° 30′: mais les données que nous possédons depuis dix ans, ont obligé de la rapprocher de l'Océan; M. Walckenaer l'a fait, en adoptant une longitude plus occidentale de 9 à 12′. J'ai constamment proposé de reporter cette position bien plus à l'occident, et même, il y a quelques années, je l'ai placée à 4 degrés O.[1] Depuis, M. Brué a adopté 3° 34'; peut-être fallait-il s'avancer jusqu'au sixième degré. D'après ce que j'ai dit ailleurs, on ne peut fixer à plus de deux milles anglais par heure la route depuis Temboctou jusqu'à Fez; c'est à quoi j'ai réduit l'estime de M. Caillié, qui d'abord portait la route entière à trois milles également. Or, la ligne de route ainsi construite et appuyée sur Arbate, position bien connue, porte Temboctou très-près du dix-huitième parallèle N., c'est-à-dire, de 17° 50' à 17° 55'; pour peu que l'on raccourcît cette route, ce serait porter la ville à 19° ou 20°, position beaucoup trop reculée au N., et tout-à-fait inadmissible. De plus, la ligne de Temboctou à Arbate serait trop à l'O. de 10°; ce serait aussi porter la déclinaison à 27° au lieu de 17°, ce qui paraît être sa valeur pour le méridien moyen.

Mais si l'on maintient l'orientation de la ligne de Temboctou-Fez, résultant de l'itinéraire, et la ligne de Timé-Temboctou, ces deux lignes se coupent vers le parallèle 17° 50'. Cette latitude est trop conforme au résultat de la hauteur de l'ombre, 17° 51', pour ne pas trouver dans ces données une confirmation

---

[1] Voyez le *Bulletin de la Société de géographie*, le tome II de ses *Mémoires*, et la *Carte du cours de la Gambie au-dessous de Coussaye* etc.

très-satisfaisante. Or, la ligne du parallèle 17° 51' et les deux lignes d'orientation se rencontrent toutes trois presque sur le même méridien, le sixième O. de Paris.

Aujourd'hui on ne connaît aucune donnée positive qui puisse mieux fixer la longitude : non-seulement les itinéraires des Maures sont trop vagues, mais ils s'appuient sur la Méditerranée, tandis que les routes tenues par M. Caillié, qui d'ailleurs vont aussi jusqu'à la Méditerranée, s'appuient sur l'Océan, lequel est beaucoup plus rapproché que cette dernière, et, de plus, sur les positions connues de Timbo et de Fez.

Cependant, supposons que l'on veuille, malgré tous ces motifs, reculer Temboctou plus à l'orient, d'un degré ou davantage ; alors il faudrait augmenter beaucoup les marches de Kakondy à Timé. Or, en les portant à trois milles anglais trois cinquièmes par heure, on a peut-être excédé un peu la mesure vraie ; mais c'était un résultat forcé de la position de Timbo. Porter Temboctou à 3° longitude O., par exemple, ce serait supposer une marche de plus de quatre milles et demi par heure.

Un autre motif vient encore ici à l'appui : c'est que si on la portait plus à l'orient, il faudrait que le voyageur se fût fortement et toujours trompé dans le sens de l'O. en allant de Timé à Temboctou, tandis qu'il faudrait qu'en allant de Temboctou à Fez, il eût au contraire fait une erreur semblable dans le sens opposé ou de l'E., et non moins considérable; comment expliquerait-on cette singularité?

D'après tous ces motifs, pouvais-je hasarder de changer le résultat de l'itinéraire de M. Caillié et d'altérer la construction de sa route, enfin préférer, sans motif suffisant, telle carte à telle autre carte? On en jugera par la dissidence des positions admises par différentes autorités :

En 1720, longitude suivant Delile, 0° 0 à l'ouest de Paris.
 1749, d'Anville............ 2. 15.
 1790, major Rennell......... 2. 30.
 1796, première carte de Park.. 1. ,
 1805, deuxième carte de Park.. 0. 0.
 1821, M. Walckenaer........ 2. 42.
 1821, M. Lapie............. 2. 44.
 1822, Clapperton............ 0. 50.
 1828, M. Brué.............. 3. 34.

C'est dans les cartes anglaises que cette ville a toujours été portée le plus à l'orient, même dans les plus récentes. L'avantage d'une position plus orientale, relativement à la proximité de l'embouchure d'un grand fleuve au fond du golfe de Guinée, serait évident; mais cette proximité n'est rien moins que certaine. Par une coïncidence digne de remarque, les cartes anglaises ont aussi porté Temboctou plus au S.

que toutes les autres, Delile excepté ; voici le tableau des diverses latitudes :

Latitude N. suivant

| | | | |
|---|---|---|---|
| Delile.......... | 15° 0′ | 2.ᵉ carte de Park.. | 16° 27′ |
| Clapperton...... | 15. 0. | M. Walckenaer... | 17. 38. |
| M. Brué (d'après | | M. Lapie........ | 17. 38. |
| Clapperton)... | 15. 0. | d'Anville ....... | 19. 15. |
| 1.ʳᵉ carte de Park. | 15. 44. | Major Rennell... | 19. 38. |

Je reviens à la latitude de Temboctou. Ain-Salah, dans l'oasis de Touât, est placé ordinairement vers 1° E. de Paris et à 24° 30′ lat.; mais l'observation de Laing, que m'a communiquée M. le capitaine Sabine, est bien différente, savoir : 0° 29′ O. de Paris, et 27° 11′ 30″. M. Walckenaer a calculé à six cent soixante-quinze milles géographiques la distance de cette oasis à Temboctou : il est évident que cette mesure, si elle est admise, doit faire monter Temboctou vers le N., entre le 17.ᵉ et le 18.ᵉ degré ; or, il arrive que cette distance de six cent soixante-quinze milles se trouve exactement entre les points placés sur la présente carte. Cette dernière coïncidence, que j'ai remarquée après mon travail terminé, a encore contribué à dissiper mes doutes. J'ai estimé les journées à 18′ $\frac{4}{10}$ et non à 15′ comme M. Walckenaer ; mais ce sont les moyennes, et non les journées de grandes caravanes, qui ont fait l'objet de ses recherches. Il semble donc que la position approximative assignée à Temboctou, 6° O. et 17° 50' N., satisfait aux différentes données et aux meilleurs itinéraires, qu'elle est d'accord avec les positions de Timbo et de Fez, et qu'elle n'est point contredite par les observations de latitude de Mungo-Park, faites à Sami et Yamina; enfin, elle est confirmée par les renseignemens pris à Élimané par le capitaine de Beaufort.

On trouve sur ma carte cinquante-quatre journées de Temboctou à Tatta ; un itinéraire, cité par M. Walckenaer (p. 297), en marque cinquante. Les cinquante-quatre journées de Fez à Temboctou, selon M. Jackson[1], s'accordent encore ; il en est de même des soixante-quatre journées de Temboctou à Morzouq. On compte moins de vingt-huit journées de Houssa à Temboctou, d'après l'itinéraire de Mohammed Ebn-Foul ; cette distance est trop courte, sur notre carte et sur toutes les autres, même sur celles du Voyage de Clapperton. Au reste, il y a d'autres motifs encore que ce fait pour penser qu'il existe deux villes ou pays de Houssa[2].

Je ne compare pas avec la carte la distance comptée entre la ville de Tafilet et Temboctou, par la raison

---

[1] *An Account of the Marocco*, page 240.
[2] Dans sa lettre datée de Temboctou, le major Laing parle d'une distance de quinze journées entre Ségo et Temboctou ; je trouve sur la carte 354 milles environ en ligne directe ; ce sont des journées de 24 milles ou de caravanes légères.

que M. Caillié n'a pas entendu parler d'une ville de ce nom : il affirme qu'elle n'existe point; dans ce cas on ne peut faire usage d'une telle distance.

J'ajouterai, en finissant cette discussion, que rien n'autorise à écarter les observations de latitude faites par Mungo-Park à Yamina et Sami, savoir, 13° 15' et 13° 17', et de porter ces points beaucoup plus au S., comme l'a fait M. Brué sur sa carte, si riche d'ailleurs pour les détails et la nomenclature. La détermination que je propose pour la latitude de Temboctou, s'accorde mieux avec ces observations, les seules que nous possédions de ce côté jusqu'à Temboctou.

Il résulte de toute cette discussion, 1.° que les différentes lignes de route composant la carte itinéraire ont été assujetties à diverses conditions résultant du journal même du voyageur, des observations antérieures, et de plusieurs bonnes données géographiques; 2.° que les heures de marche, évaluées à trois milles anglais, par une mesure moyenne, entre Kakondy et Galia ou Djenné, se trouvent un peu plus fortes entre Kakondy et Timé, par suite de la position de Timbo; 3.° que de Djenné à Temboctou, et de là jusqu'à Fez, l'évaluation moyenne de deux milles par heure a été très-peu modifiée par la différence réelle en latitude des deux extrémités. Il me reste à parler de l'orientation et de la mesure des lignes de marche.

### ORIENTATION DES ROUTES DE M. CAILLIÉ.

La réduction au N. vrai des lignes de route de notre voyageur était un des points les plus importans; et toutefois je n'avais qu'une seule donnée nouvelle à employer pour parvenir à la véritable orientation des routes, savoir, l'observation de l'angle de l'ombre méridienne avec le N. magnétique. Le voyage fournit deux de ces observations: l'une, du 30 octobre 1827, a donné le N. N. E.; l'autre, du 1.er novembre, le N. 1/4 N. E., c'est-à-dire que la boussole déclinait, ces jours-là, de 22° 30' et de 11° 15' à l'O. J'ai donc dû recourir aux autres explorations pour m'arrêter entre ces deux mesures, et mettre à profit plusieurs observations données par Mungo-Park et d'autres voyageurs.

Voici les noms des lieux et les observations; je me dispense de rapporter les positions géographiques.

A Badoo......Mungo-Park[1]... 14°   6' (déclin. O.)
Sur le Bâfing.. *Idem*......... 16.  30.
Sur le Dhioliba. *Idem*......... 16.  36.
A Yamina..... *Idem*.......... 17.  11.
A Sansanding.. *Idem*.......... 17.  40.
A Bathurst.... Capitaine Owen[2]. 17.  56.

---

(1) *The Journal of a mission to the interior of the Africa*, etc., pag. 164.
(2) *A Chart of the river Gambia*, etc.

A Saint-Louis.. *Annales maritimes*[1].. 17° 32′ (déclin. O.)
A Sainte-Marie. M. le Prédour[2].... 17. 25.
Au Cap Roxo... *Idem*[2] .......... 17. 20.

Dans le journal de Mungo-Park, deuxième voyage (ou plutôt l'ouvrage imprimé à Londres), on voit un tracé de la Gambie[3], d'où résulterait une déclinaison plus petite : il me paraît évident que quelque erreur s'est glissée ici, ou à la copie, ou à la gravure, quand on considère l'accord des observations précédentes, dues à cinq voyageurs différens, et sur-tout à la concordance des observations mêmes de Park[4]. On pourrait joindre ici la déclinaison observée par le major Laing dans son premier voyage, celle qui a été observée à Sierra-Léone et d'autres lieux encore; mais cette recherche serait superflue. On remarquera que le terme moyen, de 16° 55′ déclinaison O., est aussi le moyen entre les deux observations de M. Caillié; mais comme l'observation de Badoo paraît un peu faible, comparée à toutes les autres, j'ai cru pouvoir adopter 17° de déclinaison moyenne, pour y assujettir toute la route.

---

(1) Année 1827, 2.ᵉ part. t. 2, page 276.
(2) *Annales maritimes*, année 1828, 2.ᵉ part. tom. 1.ᵉʳ, p. 933 et 941.
(3) *The journal*, etc., page 21.
(4) M. de Beaufort a fait au Sénégal deux observations qui s'écartent des précédentes de plus de 5° en moins, et d'autres qui excèdent de 2 à 5 degrés : cet écart tient sans doute aux localités.

Je ferai ici une autre remarque au sujet de la position des lieux placés sur les deux cartes d'après des renseignemens et non des observations directes; c'est que les indigènes ont une extrême habitude pour indiquer la direction des lieux plus ou moins éloignés: ils se trompent rarement dans cette indication, et ils montrent du doigt avec justesse le point où il faudrait se diriger pour aller en ligne droite à tel lieu donné. Cette observation a déjà été faite. Quand on montrait ainsi à M. Caillié une certaine direction, il remarquait un point quelconque sur l'alignement, et il y appliquait ensuite la boussole dans un moment favorable. Ces orientations m'ont été extrêmement utiles pour des points importans situés hors de la route; sans ce secours, il m'aurait été impossible de tracer, même approximativement, le cours du Dhiolibâ au-dessus de Djenné.

### APPRÉCIATION DES MARCHES.

La géographie des pays qui n'ont pas été explorés par des observateurs munis d'instrumens, est ordinairement réduite à des calculs de journées de marche: quoi de plus vague et de plus douteux que de pareils documens? La discussion la plus savante (on l'a déjà remarqué plus haut) ne peut en faire jaillir que de faibles lueurs. Comment concilier les rapports contradictoires? comment distinguer les journées communes, les journées doubles, ou d'une valeur plus grande encore? Il est évident que c'est en heures de marche qu'il faudrait demander et recueillir les itinéraires, et non pas par journées de marche, et il y aurait alors un degré d'incertitude de moins. Les voyageurs européens devraient-ils eux-mêmes rapporter leurs lignes de marche à des comptes de journées? et comment ne s'est-il pas établi pour règle, dans l'exploration des pays lointains et inconnus, de marquer constamment les heures et toutes les fractions du temps? Le journal de M. Caillié, quoiqu'il ne soit pas soumis rigoureusement à cette condition, présente du moins une continuité non interrompue de marches mesurées par le temps, ordinairement par heures, quelquefois par demi-heure et par quart d'heure. Sans cette attention persévérante (et bien digne d'éloges, au milieu de tant de fatigues), la géographie positive aurait tiré peu de parti de ces excursions si longues et si pénibles.

Dans un mémoire inséré au tome LXXXI des *Transactions philosophiques*, le major Rennell a fixé la journée d'une caravane pesamment chargée à seize milles géographiques (ou minutes de degré) et un sixième, et celle des caravanes légères à dix-sept milles un tiers. Il me paraît que le second de ces résultats est trop faible, mais sur-tout qu'on aurait dû établir un terme intermédiaire entre les caravanes légèrement et les caravanes pesamment chargées; car il y a loin de l'un à l'autre extrême. Les premières font certainement plus de vingt milles géographiques par jour, et ce, d'autant plus qu'elles sont en état de marcher plus long-temps, c'est-à-dire, plus d'heures par chaque journée; or, entre seize et vingt milles, il convenait de reconnaître une valeur intermédiaire, c'est-à-dire, la *journée des caravanes moyennes*, si l'on peut les appeler ainsi. Je trouve que l'appréciation du major Rennell, pour la première espèce de journées, est confirmée par les expériences faites, dans les déserts voisins de l'Égypte, par les ingénieurs de l'expédition française. Nous évaluâmes l'heure de marche à dix-neuf cents toises; huit heures feraient quinze mille deux cents toises ou seize milles géographiques à très-peu près; l'heure serait ainsi établie à deux milles, ou de trente au degré. En conséquence de plusieurs calculs beaucoup trop longs pour être rapportés ici, je porte à dix-huit milles géographiques quatre dixièmes la journée des caravanes moyennes, l'heure étant entre deux milles et deux milles un dixième. Je ne m'occupe pas ici des caravanes légères; celles-là marchent plus long-temps, et en même temps la marche de chaque heure est plus longue; mais je crois qu'elle peut se calculer, dans beaucoup de cas, sur le pied de vingt-deux milles, ou dix heures de deux milles deux dixièmes. Les individus marchant en petite troupe, sans parler des hommes montés sur des chevaux et des dromadaires, vont encore plus vîte.

Selon le capitaine Lyon, les journées des caravanes sont de vingt milles anglais, ou au-delà de 17', c'est-à-dire, plus que la journée faible, moins que la journée moyenne. Ce n'est pas sur la vîtesse du piéton ou du chameau peu chargé qu'il faut mesurer celle de la caravane, mais au contraire sur celle de l'homme ou de l'animal qui l'est le plus ; car ceux-ci doivent être attendus par ceux-là, et ils ralentissent à tout moment leur marche ; autrement la vîtesse commune serait plus grande que celle qu'on vient d'établir. En outre, cette réduction à une valeur moyenne est indépendante de celle qu'il faut faire subir en raison des déviations et des contours, le plus souvent inconnus : autre source d'hésitations ou d'erreurs pour le géographe.

Les premières marches de M. Caillié, à partir de Kakondy, présentent un exemple de la valeur réelle des journées : le premier jour, il fit vingt-trois milles anglais ; le suivant, seize milles et demi ; le troisième, dix-huit milles ; terme moyen, dix-neuf milles un sixième[1]. L'heure de marche était évaluée par lui à trois milles seulement ; mais la construction a prouvé

---

(1) **Les marches des jours suivans** ont été moins longues.

que l'évaluation de ce côté était trop faible de plus d'un dixième. Le résultat est vingt-un milles anglais[1], ce qui est très-près de dix-huit milles géographiques quatre dixièmes, taux, selon moi, des journées moyennes ( c'est-à-dire, journées de caravanes moyennes ). On peut en effet leur comparer la petite caravane que suivait alors M. Caillié, attendu, 1.° que bien que peu nombreuse, elle renfermait une femme; 2.° que tout le monde était à pied; 3.° que tous étaient chargés. Dans la traversée du désert, les journées de marche ont été de douze heures et quelquefois plus[2]; mais l'épuisement, la soif et la fatigue ne permettaient pas aux voyageurs ni aux chameaux de marcher du même pas qu'au départ, et c'est beaucoup si la marche était d'un mille et demi par heure.

Je dois rapporter ici le sentiment de M. Walckenaer, qui a discuté avec sagacité cette importante question géographique[3]: il fixe à quinze minutes la valeur des journées des caravanes pesamment chargées; ce nombre n'est inférieur que d'un seizième à celui que j'ai adopté, d'après les expériences que nous avons faites en Égypte, et que confirme encore l'opinion du major Rennell. Mais M. Walckenaer ne

---

(1) Il en est de même de la route de Temboctou à Arbate.

(2) L'impatience d'arriver, et sur-tout la nécessité impérieuse d'arriver aux puits, expliquent assez ces longues marches du désert.

(3) *Recherches sur l'Afrique septentrionale*, etc., page 266.

considère pas la valeur des deux autres espèces de journées, celle des caravanes moyennes et celle des caravanes légères : je remarquerai seulement qu'il semble résulter de ses paroles que la marche réelle et *effective* est bien supérieure à 15', et d'environ 18 à 19' : *le taux moyen d'une journée réduite en mesures prises en ligne droite sur la carte*. Mais la diversité des coudes et des inflexions, résultant de celle des obstacles qui les produisent, permet-elle d'opérer une réduction uniforme, et d'appliquer un facteur constant à chaque distance parcourue ? Admettons pour exemple qu'une partie de la route a un développement de soixante milles, et que la ligne droite qui joint ses extrémités est de quarante-huit milles; pourra-t-on établir la même règle pour la route entière qui serait de trois cents milles, ou cinq fois plus longue ? la ligne directe totale serait-elle de deux cent quarante milles ? Plus la route est longue, plus le taux de la réduction doit varier. Voici le résumé de ces remarques sur la valeur des heures et des journées de marche des caravanes, et les différentes évaluations qui en ont été faites.

| OBSERVATEURS. | MARCHE DES CARAVANES ||||||
|---|---|---|---|---|---|---|
| | PESAMMENT chargées, || MOYENNEMENT chargées, || LÉGÈREMENT chargées, ||
| | par heure. | par journée de 8 h. | par heure. | par journée de 8 h. | par heure. | par journée de 10 h. |
| | Milles géograph. | Milles géograph. | Milles géograph. | Milles géograph. | Milles géograph. | Milles géograph. |
| Expédition d'Égypte | 2. | // | // | // | // | // |
| Major Rennell.... | // | 16 $\frac{1}{5}$. | // | // | // | 17 $\frac{1}{2}$. |
| Capitaine Lyon.... | // | // | // | pl. de 17. | // | // |
| M. Walckenaer.... | // | 15 [1]. | // | // | // | pl. de 22. |
| Voyage de M. Caillié | 1 $\frac{9}{10}$. | // | 2 $\frac{1}{10}$. | / | // | // |
| Évaluations d'après différ. données.. | 1 $\frac{1}{4}$. | 15 à 16. | 2 $\frac{1}{10}$. | 18 $\frac{4}{10}$. | 2 $\frac{4}{10}$ à 2 $\frac{6}{10}$ | 24 [2]. |

*Nota.* Pour réduire ces nombres en milles anglais, il faut les multiplier par le rapport 173 : 150 [3].

(1) Toutes réductions faites.
(2) Ce nombre va jusqu'à 26, à raison de 10 h. de marche de 2 $\frac{6}{10}$.
(3) Dans ses *Observations géographiques* sur les découvertes de M. Mollien, le savant M. Eyriès borne à cinq lieues ou douze milles géographiques la journée de marche; cette valeur s'applique à certains cas, par exemple aux marches des piétons, quand elles sont long-temps prolongées, mais non aux journées des caravanes ordinaires.

J'avais d'abord eu dessein de construire isolément chacune des routes de M. Caillié, en ayant égard, dans chaque cas particulier, aux difficultés du sol, à la composition des caravanes et à l'état physique des voyageurs; mais ce travail était impossible à faire exactement; il aurait été dès-lors sans utilité. D'ailleurs les réflexions que j'ai faites précédemment montrent qu'en suivant un plan de réduction uniforme, d'un bout à l'autre de la route, on doit parvenir à un résultat de plus en plus approchant de la réalité.

Tout ce qui précède est uniquement relatif à la partie de la carte générale qui représente l'espace franchi par M. Caillié; il me reste à parler des autres, savoir, l'extrémité de la carte vers le N., et celle qui est vers le S. O. La première partie, ou la contrée du Maroc, a été en partie extraite de la belle carte de M. Brué[1], mais réduite à beaucoup moins de détails : on sait que lui-même a puisé ses données dans les meilleures cartes espagnoles et anglaises, et dans les ouvrages de MM. Badia, Jackson, Walckenaer, Ritter, etc.; ces autorités fournissent des matériaux excellens, qu'il ne faut employer toutefois, les premiers sur-tout, qu'avec le secours de la critique.

La seconde partie, le sud du Rio-Nunez, a été tirée de la *Sénégambie* de M. Dufour, qui a combiné assez habilement les matériaux du major Laing avec ceux des précédens voyageurs anglais : on verra, en comparant nos deux cartes, que j'ai été obligé de m'écarter de la première pour la position et le nom de plusieurs

---

[1] *Carte générale des états du nord de l'Afrique*, etc.

pays. J'ai dû d'ailleurs, tant pour la clarté dans une carte de très-petite échelle, qu'à cause du défaut de certitude, retrancher un grand nombre de détails. Je termine par la table des positions géographiques servant de fondement à la carte générale, indépendamment de la côte d'Afrique, sur laquelle il reste peu d'incertitude [1].

[1] Les données et les calculs qui viennent d'être exposés, étant la base d'après laquelle j'ai réduit et rapporté la *Carte itinéraire* sur la *Carte générale*, il est superflu d'expliquer plus au long les différences qui existent nécessairement entre l'une et l'autre; mais je n'ai pas moins cru devoir donner la première sans modification, c'est-à-dire, construite uniquement d'après les marches estimées. Je donnerai ici le résultat général des marches de M. Caillié, dont l'ensemble est digne d'attention, soit pour leur continuité, soit à cause de leur étendue.

| MARCHES. | Nombre des journées de marche effective | Nombre des heures de marche. | Nombre estimé de milles anglais. | Nombre des heures de marche par jour. | Nombre de milles anglais estimés | | Nombre de milles géographiques | |
|---|---|---|---|---|---|---|---|---|
| | | | | | par heure. | par jour. | par heure. | par jour. |
| De Kakondy-Timé | 48. | 176 ½. | 529 ½. | 3, 7. | 3. | 11, 0. | 2, 14. | 9, 43. |
| Timé-Galia...... | 62. | 148. | 444. | 2, 4. | 3. | 7, 2. | 2, 14. | 6, 17. |
| Galia-Temboctou (par eau)...... | 26. | 262. | 524. | 10. | 2. | 20. | 1, 43. | 17, 2. |
| Temboctou-Fez.. | 67. | 630. | 1260. | 9, 3. | 2. | 18, 8. | 1, 43. | 16, 1. |
| Fez-Arbate...... | 4. | 45. | 90. | 11, 2. | 2. | 22, 5. | 1, 43. | 19, 3. |
| Totaux... | 207. | 1261 ½. | 2849 ½. | " | " | " | " | " |

Marche des caravanes pesamment chargées, par heure..... 1 m. ⅔ g. à 1 m ½.
                    moyennement chargées, par heure.. 2 1/10  2.

|  | Latitude. N. | Longitude, O. de Paris. | OBSERVATEURS. |
|---|---|---|---|
| Timé............ | 9° 3′ 0″ | 9° 2′ 0″ | Construction de la carte. |
| Sources du Dhioliba, au mont Loma........ | 9. 25. 0. | 12. 5. 0. | Major Laing. |
| Timbo......... | 10. 25. 0. | 12. 54. 0. | Major Laing. |
| Kakondy....... | 11. 10. 0. | 16. 17. 0. | Construction de la carte du voyage. Carte de M. Brué, long. 16° 24′ |
| Djenné......... | 13. 0. 0. | 9. 0. 0. | Park. |
| Yamina......... | 13. 15. 0. | ″ ″ ″ | Idem. |
| Sami........... | 13. 17. 0. | ″ ″ ″ | Idem. |
| Bakel.......... | 14. 13. 30. | 14. 41. 40. | Dussault. |
| Élimâné........ | 15. 2. 50. | 12. 36. 0. | De Beaufort. |
| Temboctou..... | 17. 50. 0. | 6. 0 0. | Construction de la carte. |
| Ain-Salah...... | 27. 11. 30. | 0. 29. 0. | Major Laing. |
| Maroc ........ | 31. 37. 30. | 9. 56. 0. | Badia. |
| Fez............ | 34. 6. 0. | 7. 18. 0. | Idem. |

## § III.

### DE LA NOMENCLATURE.

Je ne présenterai pas ici au lecteur la liste générale des noms des villes et villages, ou des peuples, états et lieux divers visités par M. Caillié pendant le cours de son voyage; ce travail ferait presque double emploi, soit avec la liste de l'itinéraire détaillé qui est dans ce volume [1], soit avec le journal même du voyage, et j'invite le lecteur à consulter à cet égard les deux sources dont il s'agit. Mon but est seulement ici de faire quelques remarques sur la manière de retracer ces noms, et sur d'autres points relatifs au même sujet. La nomenclature a d'autant plus d'importance pour la rédaction des cartes de l'Afrique, que les voyageurs peu attentifs recueillent souvent des noms génériques pour des appellations propres, et *vice versâ*; ou ils orthographient les mêmes noms de plusieurs manières différentes, ou bien, en écrivant des noms différens, ils font disparaître les nuances légères qui les distinguent. De là, multiplication vicieuse, sur les cartes, de lieux sans existence, et, à l'inverse, suppression des lieux existans. La difficulté est très-grande, et quelquefois inextricable pour les pays nouvellement parcourus et dont la langue est ignorée. J'ai dû ici me borner le plus souvent à recueillir de la bouche du voyageur les noms tels qu'il les avait dans la mémoire, et à les comparer devant lui avec son journal.

Entre autres termes génériques, regardés comme propres, j'en signalerai deux sur-tout, à cause de la confusion qu'ils ont amenée; cette confusion répand les plus grands nuages sur des questions géographiques

---

[1] Voyez chapitre III de cet écrit.

très-importantes, savoir, la position d'une grande chaîne de montagnes au S. du huitième degré, et l'issue encore cherchée du grand fleuve central. *Kong* est le nom donné, sur-tout depuis Mungo-Park, à une grande chaîne de montagnes transversales qu'il dit avoir vues à sa droite et au loin, en allant de la Gambie au Dhiolibâ. Or, il se trouve que *Kong* est un mot générique, d'après ce que les indigènes ont dit à M. Caillié : il signifie en mandingue *montagne;* ainsi la chaîne ou montagne en question est loin d'être la seule de ce nom. Je remarque que le voyageur anglais, dans son vocabulaire mandingue, explique le mot *Koung* par *tête;* de là peut-être le sens de *Kong:* et lui-même traduit *Konko* par *colline*[1].

Quand les voyageurs anglais en dernier lieu ont eu connaissance d'une rivière appelée *Couara*, à l'O. de Saccatou, et de la rivière qui est près de Funda, on s'est souvenu que ce nom est porté aussi par le haut Dhiolibâ, et l'on a aussitôt rapproché et identifié ces trois courans; mais il se trouve que *Couara* est un terme générique, signifiant *rivière*. Les habitans à qui l'on a demandé, aux trois endroits différens, quelle était cette rivière, ont répondu assez naturellement par le mot *rivière*, faute de bien comprendre ce qu'on voulait savoir. Déjà la même confusion avait eu lieu

---

(1) Voyez chapitre II ci-dessous, page 293.

cent fois, à l'occasion des mots *bá*, *bahr* et *nil*, signifiant aussi *rivière, eau courante, grande eau*. Il existe, sur la route de Timé à Djenné, un village du nom de *Couara*, et auprès, une rivière d'une médiocre largeur, appelée *Coraba* (ou *Couara-bá*, selon moi[1]). Il est facile de voir, par la configuration du pays, que c'est un affluent du Dhiolibâ : c'est aussi ce qui a été rapporté à M. Caillié. Voilà donc encore une rivière du même nom, ou plutôt c'est encore une dénomination générale qui confirme la valeur du mot *Couara*, déjà remarquée par les voyageurs.

Il m'a été facile de reconnaître que par-tout le son du *kha* arabe, خ, est usité, même dans les pays où la langue arabe et l'islamisme ne sont pas en vigueur : le voyageur l'avait exprimé par un hiatus ; je l'ai écrit par *kh*, selon l'usage le plus général. Le son légèrement grasseyé غ est aussi usité dans plusieurs contrées centrales. On remarque, comme dans la Sénégambie, un son mouillé, qui peut se rendre par *ghi* ou par *dhi*. Le nom de la ville de Jenné a été écrit *Djenné*, parce que les Arabes écrivent aujourd'hui جنné ou جنا ; mais M. Caillié a remarqué que les indigènes prononçaient *dhi* : je suis donc porté à préférer *Dhienné*[2].

M. Caillié n'a pas eu connaissance de l'île de Jin-

---

(1) Couara-bâ, c'est-à-dire, *Rivière-Rivière*; c'est ainsi que les Africains appellent le Nil *Ba-ba*.

(2) Voyez ci-après § V.

bala, figurée sur la carte de M. Park : mais ce nom ne lui est pas resté tout-à-fait étranger ; il signale une peuplade des Jinbalas, dans le nord de Temboctou.

Je conserve des doutes sur plusieurs noms de lieux, et ces doutes, le temps seul peut les éclaircir : il m'a paru préférable de conserver ces noms sans altération. J'ai ôté seulement, mais en consultant notre voyageur, les lettres inutiles à la prononciation, ou qui pouvaient causer de l'équivoque. Des noms de lieux tels que *Brahihima* auraient sans doute besoin de rectification ; on trouve dans quelques voyages le nom d'*Abrahima* ou *Ibrahima*, etc.

J'ai suppprimé l'usage de la lettre *q* et presque toujours celle du *k*, excepté devant *e*, *i*, en me bornant à l'emploi du *c*. Les deux *ss* expriment seulement le son de notre *S* initiale. Enfin j'ai écrit sur les cartes, par *ou*, l'*w* et l'*oo* des Anglais, dont M. Caillié avait pris l'habitude à Sierra-Léone ; les mots ont été assujettis généralement, dans le texte, aux mêmes règles de transcription.

Sur la route du Tafilet, on remarque les noms tels que Tamaroc et M-dayara, etc., à cause de l'emploi des lettres initiales T, M, qui rappellent le voisinage des Berbers. Le puits de Trasas ou Trazah doit peut-être se prononcer T-ghazah ou T-ghazzah ; dans ce cas il correspondrait au *Tégasa* ou *Tegazza* de Léon l'Africain[1]. Mais dans plusieurs mots commençant par *l*, comme L-Eksebi, L-Guédéa, L-Eyarac, L-Guim, etc., l'article arabe *al* me paraît joint au nom par contraction, comme cela se remarque dans la prononciation vulgaire, dans toute l'Afrique septentrionale. Les mots commençant par la lettre *n* doivent peut-être se prononcer *ain*, mot qui veut dire source ou fontaine. Je le conjecture par la présence des puits qu'on y trouve et par l'exemple d'Ain-Salah, lieu de l'oasis de Touât, nom que plusieurs écrivent *Ensalah* ou *Nsalah*, en un seul mot. Il est difficile aux Européens de prononcer la gutturale ع, et ils la remplacent souvent par un hiatus, comme aussi le ق et le خ. Je présume donc que les noms *Nzéland*, *Nyéla*, etc., sont pour Ain-Zéland, Ain-Yéla; mais cette conjecture pourrait être détruite par l'orthographe du nom de Hanâlak (ou Hen-Alak) هنالك, lieu situé sur la route du pays de Galam à Maroc.

A cette occasion, je donnerai ici l'orthographe arabe de plusieurs noms de lieux appartenant à l'espace compris entre Saint-Louis, Temboctou et le Maroc; je les dois à l'obligeance de M. le baron Roger, ancien gouverneur du Sénégal, qui vient d'ajouter, par

---

(1) « Ce lieu, dit Léon, est une mine très-abondante de sel, plus blanc que le marbre, à environ vingt jours de tout lieu habité, n'ayant que des puits d'eau très-salée; » l'auteur n'en donne pas la position. Voy. *Descr. Africæ*, l. VI, p. 425, Tigur. 1559.

d'importantes publications, aux titres qu'il s'était acquis depuis long-temps à l'estime générale par les améliorations de toute nature introduites dans ce pays.

### LISTE DE PLUSIEURS NOMS DE LIEUX DE L'AFRIQUE SEPTENTRIONALE.

| | |
|---|---|
| Ouâd-Noun............... | وادنـــون |
| Sous.................... | ســـوس |
| Marâkch, ou Maroc...... | مـراكــش |
| El-Rebât, ou Arbate..... | الـرباط |
| Fès, ou Fez............. | فــاس |
| Kalam, ou Galam........ | كــلــم |
| Tàkànt, ou Tajacantes [1]... | تــاكانــت |
| El-Zâouât............... | الـزاوات |
| Oualâta, ou Walet....... | ولَات |
| Ouâdân, ou Hoden....... | وادَان |
| Hanâlak................ | هــنــالــك |
| El-A'rousyoun, ou el-Ross. | العروسيــون |
| Tychyt................. | تــيــشيــت |
| Oualâta, ou Oualyâta [2].... | ولــيــات |

(1) Ce mot a été corrompu, je crois, par les Européens, attendu que le mot *Kount*, le même peut-être que *Kànt*, est vraiment le nom d'une tribu du Sahara, d'après l'Itinéraire de M. Caillié.

(2) Peut-être un autre lieu que Walet, comme je l'ai conjecturé plus haut.

| | |
|---|---|
| A'râouân............ | عـراوان |
| Bouzbéyah........... | بـوزبـيـه |
| El-Mabrouk.......... | المبروك |
| Tymboctou¹ .......... | نيـبـكـتُ |
| Touât............... | تـسَّوات |

On trouvera dans la relation quantité de noms de tribus maures et de peuplades diverses dont les noms sont écrits avec une orthographe incertaine. Il faudrait un travail très-étendu, et des secours qui manqueront encore long-temps, pour écrire ces noms plus correctement : je me suis borné, comme je l'ai dit plus haut, à faire disparaître, des noms écrits dans le journal, les lettres inutiles, et celles qui rendaient mal le son dont notre voyageur a gardé la mémoire.

Ce serait un travail utile pour la science que d'examiner avec soin les noms gravés sur les cartes de l'Afrique septentrionale, sans en excepter les récentes, et de signaler les doubles emplois et les noms vicieux,

---

(1) Je ne crois pas que ce nom renferme un ى *ye* dans une bonne transcription. On peut s'en tenir, en attendant, à l'orthographe نيـبـكـتُ *Temboctou*, et ce mot est peut-être composé du mot berber *te* ou *ta*, comme *Tá-maroc*, *Tá-kant*, *Ta-rekna*, *T-rarzas*, *T-razah*, etc., et de *m-boctou*, mot de la forme de *M-dayara*. Je sais que Ben-Batouta écrit *Tenboctoá*, تنبكتو Le doute ne peut guère rester que sur l'emploi de l'*m* ou de l'*n*. Voy. *the Travels of Ibn Batouta*, trad. angl. par M. Lee, Lond. 1829. p. 237.

qui sont de véritables taches dans des ouvrages très-estimables d'ailleurs ; mais ce travail serait trop long, même pour les pays qui rentrent dans mon sujet. La nomenclature a plus d'importance que les constructeurs de cartes ne lui en donnent communément, et je la regarde même comme une des parties fondamentales de la géographie : il est des cartes qui mériteraient de devenir classiques, si cette partie répondait à la précision et au mérite des autres. Quant aux différentes manières d'orthographier les noms, il faudrait deux choses qui nous manquent pour les fixer parfaitement : les noms écrits de la main des indigènes, et la prononciation recueillie avec un soin attentif [1].

## § IV.

### DE QUELQUES RÉSULTATS DU VOYAGE DE M. CAILLIÉ.

De tous les résultats que l'on doit au nouveau voyage, celui qui excite sans doute le plus la curiosité est la connaissance de la ville de Temboctou ; mais, pour la géographie, le plus important peut-être était le cours du grand fleuve central. Quoique M. Caillié n'ait pu le connaître au-delà de Temboctou, il a rendu un service réel à la science, puisqu'il nous décrit ses

---

[1] Voyez, dans le § V ci-dessous, plusieurs autres remarques sur la nomenclature.

rives avec des circonstances détaillées, depuis Djenné jusqu'à cette ville, et nous donne une idée de ce même cours au-dessus de Djenné. En le traversant à Couroussa et s'avançant à plus de deux cents milles anglais (en ligne droite) dans l'E., puis marchant jusqu'à Djenné sur la rive droite, il a fourni le moyen de conclure qu'il n'existe point là de rivière parallèle au Dhiolibâ, comme on l'a tracé sur les cartes. Le fleuve reçoit au contraire de ce côté des affluens assez nombreux, dont l'importance annonce une source éloignée[1]. Nous voyons aussi, par la description, que les deux rives du fleuve, peu après Bamakou, sont très-découvertes, et que la pente en est modérée, ce qui explique l'existence de vastes amas d'eau, dont le lac Débo ou Dhiébou est le plus considérable. Quelque idée que l'on eût de la présence d'un lac dans cette partie de l'Afrique, on était dans l'ignorance de sa position, de son vrai nom, de sa forme et de son étendue. Les îlots auxquels notre compatriote a cru pouvoir donner un nom, seront peut-être un jour des points remarquables. Leur occupation suffirait pour intercepter la navigation supérieure ou inférieure, rendre maître du fleuve, et par conséquent influer sur le commerce de l'Afrique intérieure; com-

---

[1] Sur la rive gauche, le Tankisso et plusieurs autres; sur la rive droite, le Kouaraba, le Baqoé, etc.

merce qui comprend, d'un côté, l'or des riches mines de Bouré et les produits du Kan-kan, du Ouassoulo et du Fouta-Dhialon, les marchandises des Mandingues, et tous les articles de Djenné ; de l'autre, les productions que Temboctou reçoit de la côte septentrionale, et tout ce que les Maures y apportent du N. et du N. E.

Les observations faites sur le fleuve devant Djenné, modifient les idées reçues d'une manière encore plus notable : il faut reconnaître aujourd'hui que Djenné est dans une grande île, et cette île est double ; ce qui, pour le dire en passant, peut servir à expliquer plusieurs rapports contradictoires des voyageurs ou des indigènes. Le nouveau récit n'est pas lui-même, je l'avoue, sans quelques difficultés, et je n'ai fait en conséquence que ponctuer le tracé des branches du fleuve autour de Djenné. Quoi qu'il en soit, il résulte des routes de M. Caillié, par terre et par eau, dans la partie orientale, et des renseignemens qu'il a pris sur la partie occidentale, 1.° qu'un grand bras se détache aux environs de Ségo, à une quarantaine de lieues (en ligne droite) au-dessus de Djenné, et qu'il rejoint le fleuve à Isaca, à vingt-sept lieues au-dessous (première ou grande île qui enferme Djenné); 2.° que devant Galia (ou Cou-Galia) est une autre communication, ayant elle-même deux bras, et formant une seconde ou plus petite île, dont Djenné occupe une des extrémités; de plus, un autre canal joint l'île avec la branche orientale.

Cette description paraît d'abord assez compliquée; mais la complication s'éclaircit beaucoup, si l'on admet le tracé ponctué sur la carte. Le bras oriental n'a pu être traversé par Mungo-Park, et il n'en a pas eu connaissance; il en est de même de M. Dochard. Et quant au second voyage de Park, la relation est tronquée : il est vraisemblable que la branche qu'il a suivie la première fois, celle où se trouvent Silla et six autres villages depuis Sansanding, est cette branche même qui va, selon M. Caillié, des environs de Ségo à Isaca; mais il faut que Djenné soit porté à la droite, tandis que, sur la carte de Park, on l'a placé sur la rive gauche. On savait déjà cette circonstance par M. le baron Roger[1]; mais les nouvelles découvertes expliquent bien cette contradiction, qui n'est qu'apparente; car, si Djenné est à la droite du bras occidental, il est en même temps à la gauche du bras oriental.

Cette discussion fait voir que l'immense volume des eaux du Dhiolibâ est encore beaucoup plus puissant qu'on ne l'avait cru. En effet, Park, qui ne vit qu'une branche, resta en admiration devant ce fleuve majestueux; or, celle que M. Caillié a franchie devant

---

(1) Tome II des *Mémoires de la Société de géographie*, page 54.

Djenné, et qu'il a suivie jusqu'à Isaca, ne lui cède pas en importance[1].

On montra à M. Caillié la jonction de l'île avec le fleuve, visible du haut des maisons de Djenné. Est-ce avec le bras du couchant ou avec un rameau de celui du levant? J'incline à croire que c'est avec ce dernier, l'autre étant trop loin pour ne pas échapper à la vue.

Je ne puis rien dire de positif sur l'île de Jinbala, que les cartes représentent entre le lac Dibbi et Cabra, le port de Temboctou[2]. Toutefois, rien n'empêcherait de croire à son existence, puisque M. Caillié n'a pu voir tous les contours du lac Débo, ou Dhiébou, d'où un bras pourrait sortir à droite, et aller rejoindre le bras qui se détache près de Cabra vers l'orient.

Sous le rapport des communications commerciales, il résulte encore du voyage de M. Caillié que la navigation du Dhiolibâ est presque par-tout praticable: il est déjà navigable à Couroussa, et sans doute encore plus près de sa source; rien n'annonce qu'il y ait un obstacle sérieux à Bamakou, bien qu'il y existe, à ce qu'il paraît, trois principaux rapides, mais non des cataractes. Park y a navigué : le courant, selon

---

(1) En parlant de la vue du fleuve, qu'il aperçut des hauteurs de Toniba, à quatre lieues de distance, Park s'écrie : « I once more saw « the Niger rolling its immense streams along the plain. » (*The Journal of a mission*, etc. London, 1815, page 143.)

(2) Voyez § III ci-après.

lui ( mais au temps des hautes eaux, le 22 août ), était d'environ cinq nœuds à l'heure. Le lit du fleuve avait un mille de large, et, à l'endroit des rapides, deux fois autant [1].

Les observations que j'ai faites plus haut, sur la position de Temboctou [2], s'appliquent au cours du fleuve. Depuis 1720, le *tracé* de ce cours sur les cartes a eu, pour ainsi dire, une marche progressive du levant au couchant, se rapprochant de plus en plus de la Sénégambie et de la côte occidentale d'Afrique. De plus en plus aussi, la probabilité augmente que l'espace montagneux qui sépare ces deux bassins, sera trouvé plus court et plus praticable pour la traversée des hommes et des animaux. Qui sait si quelque grand affluent du Dhiolibâ n'est pas très-voisin d'un affluent semblable du Bâfing, ou même du Sénégal au-dessous de Galam, tel que la rivière Rouge, ou le Baoulima, ou le Kokoro, de manière que le partage entre ces deux rivières s'établirait sans

---

(1) *The Journal of a mission*, etc., page 144 et suiv.

(2) J'ai déjà fait remarquer que M. Walckenaer avait porté cette position d'au moins 2° plus à l'ouest que les anciennes cartes. Les observations postérieures ont prouvé que le changement devait avoir lieu dans ce sens, et je me suis attaché à les rassembler. Pour connaître l'étendue de ce changement, il fallait de bonnes observations à Galam (ou à Bakel), ainsi qu'un nouvel itinéraire entre la Sénégambie et le Dhiolibâ. Ce sont ces données plus exactes que j'ai tâché de mettre en œuvre.

beaucoup de peine? qui sait enfin si les progrès de la civilisation n'opèreront pas un jour, entre ces deux affluens, un canal navigable, suffisant pour le transport des marchandises; si alors on ne verra pas communiquer les embouchures de la Gambie et du Sénégal avec Ségo, Djenné, Temboctou, Houssa et toutes les grandes villes que le fleuve arrose?

Quand même les Européens ne tenteraient que la voie de terre entre ces rivières, ce serait une entreprise fondée sur une connaissance moins inexacte de la position et de l'intervalle des lieux, et, sinon une conséquence immédiate, du moins un résultat indirect des marches de M. Caillié sur les deux rives du grand fleuve. Je n'ai pas besoin d'ajouter que si, faute de documens certains, j'avais erré dans le tracé de l'itinéraire, la faute en serait à moi seul, et n'ôterait rien au mérite du voyageur, ou à la reconnaissance que lui doivent les amis et les protecteurs des découvertes.

En continuant l'examen des résultats géographiques du voyage de M. Caillié, je ne dois pas omettre l'attention qu'il a eue de s'informer de la position et de la profondeur des puits; circonstance dont on peut tirer des inductions utiles sur le cours et la distance des eaux : il n'a pas négligé les remarques relatives au climat, aux pluies périodiques[1] et à l'état de l'at-

---

[1] A l'occasion des pluies, on a pu remarquer l'utile secours que lui

mosphère. Les savans regretteront vivement sans doute qu'il ne fût pas muni d'instrumens pour observer et mesurer les phénomènes météorologiques : mais ce n'est pas un premier voyage qui peut procurer ces lumières ; et d'ailleurs aucun des lecteurs n'a oublié les périls au milieu desquels notre compatriote a exécuté son entreprise.

La position de plusieurs lieux connus éprouve des changemens notables par les excursions de M. Caillié, sans parler des villes que baigne le Dhiolibâ. *Toudeyni*, qui était censé à $3°\frac{1}{2}$ O. du méridien de Temboctou, s'est trouvé sur la route de M. Caillié très-près des puits de Télig, à 40' O. seulement de ce méridien. Serait-ce un autre endroit du même nom? J'en doute : l'importance du lieu, prouvée par la description qu'en fait le voyageur, repousse cette supposition.

*A'raouân*[1] est inscrit sur les cartes comme une simple station, avec un puits d'eau saumâtre ; mais M. Caillié a trouvé là un lieu considérable, un entrepôt de commerce, en un mot une ville impor-

---

a fourni son parapluie anglais (voyez tome I, chapitres I à x), non pour le mettre à l'abri seulement, mais pour l'importance qu'y attachaient les indigènes, leur admiration pour ces ustensiles, et le parti qu'il a su en tirer. Son récit fait voir que c'est un des meubles portatifs que les Européens seraient le plus sûrs d'importer avec succès chez les Africains.

(1) **Les marabouts écrivent ce mot** عَرَاوَان

tante, quoique déchue d'une partie de sa prospérité.

M. Caillié nous fait connaître, dans le nord, un lieu d'Oualet, bien éloigné du Walet de Mungo-Park, et un lieu du nom de Sala, qui confirme le témoignage des écrivains arabes; dans le midi, les villes de Teuté, Cagny ou Cany, et Koung à quinze jours et plus au S. de Timé, c'est-à-dire, vers le septième parallèle sud. Son récit rectifie nos idées sur les royaumes ou états à l'orient du Fouta-Dhialon, et nous fait distinguer les pays montagneux, les plaines sablonneuses, et les territoires fertiles et enrichis par de nombreuses rivières.

On était dans l'incertitude sur le pays de Bouré; les nouveaux renseignemens servent à le placer sur la carte avec une grande approximation.

Les grandes villes où il a résidé, telles que Temboctou, Fez[1], Djenné, Kan-kan, sont décrites avec beaucoup de détails; et il me serait facile, si je ne craignais d'alonger cet écrit, de montrer combien il a ajouté à cet égard à nos connaissances, et aussi combien d'idées fausses ou exagérées il a fait évanouir: c'est un mérite dont il faut lui tenir compte doublement; car il est peut-être le voyageur qui a

---

(1) Voyez la description de cette ville dans l'ouvrage de M. Jackson ci-dessus cité, et celle de la première dans les voyages de Robert Adams et de Riley, dans Léon l'Africain, dans les *Recherches* de M. Walckenaer, etc.

dissipé le plus d'illusions. Les bons esprits lui en sauront autant de gré, que jadis les exagérations auraient eu de crédit. Ce n'est pas que le laps du temps n'ait amené des changemens véritables dans la grandeur et la population des villes; et il ne faudrait pas s'étonner, par exemple, de la différence entre la description de Léon et celle que l'on donne aujourd'hui[1].

(1) Le roi de Tombuto, selon Léon, avait trois mille cavaliers à ses ordres et une quantité presque innombrable d'archers. Ce qui est fort remarquable, c'est qu'un incendie détruisit, selon cet auteur (si on lit *oppidi pars*), *presque la moitié de la ville dans l'espace de cinq heures*. Le récit de Léon est le plus important, peut-être le plus authentique de tous ceux que l'on possède jusqu'à présent. Ces motifs m'engagent à le mettre en entier sous les yeux du lecteur, afin qu'il puisse y comparer la nouvelle relation. Je citerai la version latine faite sur l'italien de Léon (2.ᵉ édition), quoiqu'elle laisse à desirer pour l'exactitude: on sait que Léon avait d'abord écrit en arabe. Voyez *Joannis Leonis Africani de totius Africæ Descriptione lib.* Tiguri, 1559, pag. 431 et suiv.

### TUMBUTUM REGNUM.

Hujus regni nomen nostris ferè temporibus ab ejusdem nominis oppido desumptum volunt, cujus conditorem fuisse dicunt quemdam Mensè-Suleiman, hegiræ anno sexcentesimo decimo : in duodecimo milliario à quodam fluviolo situm fuit, *quod* è Nigro flumine effluebat; cujus domus omnes in tuguriola cretacea* stramineis tectis sunt mutatæ.

* Ces mots ne traduisent pas *capanne fatte di pali, coperte di creta* du texte italien.

Mais qui ne croyait, il y a peu de temps encore, que Temboctou possédait l'étendue d'une de nos grandes villes, et avait dans ses murs une population de cent

Visitur tamen elegantissimum quoddam templum, cujus murus ex lapidibus atque calce vivo est fabricatus: deindè et palatium quoddam regium à quodam Granatæ viro artificiosissimo conditum. Frequentissimæ hìc sunt artificum, mercatorum, præcipuè autem telæ atque gossypii textorum, officinæ. Hùc mercatores barbari pannum ex Europâ afferunt. Hujus quoque regionis mulieres faciem tegunt, ancillis tamen exceptis, iisque quæ omnia ad victum necessaria vendunt. Incolæ, ac inter hos exteri præsertim, sunt ditissimi, adeò ut qui jam regem agit, utramque filiam duobus mercatoribus ditissimis in uxores dederit. Frequentissimi hìc putei, qui aquam præbent dulcissimam; ac quoties Niger flumen excrescit, ejus aquam ductibus quibusdam in urbem trahunt. Regio est frumentis, pecudibus, lacte atque butyro copiosissima: salis verò summa est penuria; hùc enim à Tegasa, quod oppidum in quingentesimo abest milliario, adferri solet. Ego cùm hìc essem, vidi salis sarcinam unam, quantùm camelus ferre potuit, octoginta emi aureis. Tumbuti rex opulentissimus bracteas aliquot atque sceptra habet, quorum nonnulla mille et trecentarum sunt librarum. Magnificam optimèque instructam alit aulam: quoties aliquò proficiscitur, camelo insidet, qui à nobilibus duci solet : idem evenit quoties ad bellum proficiscitur; milites verò omnes equites sunt. Hunc si quis regem alloqui velit, ad pedes primùm procidit, deindè terram sumens in caput atque humeros sternit: soletque hìc ferè mos ab illis servari, qui nunquam anteà regi sunt locuti, aut qui ab alio principe hùc legati sunt missi. Equitum sem-

mille habitans, ou même de cent cinquante à deux cent mille ? « Les évaluations les plus modérées, a dit « M. Walckenaer, lui donnent cent mille habitans[1]. »

per tria millia habet, pedites propemodùm innumeros, qui arcubus sagittas emittunt veneno infectas. Frequentissimè cum his belligerantur, qui tributum persolvere recusant, et quotquot prælio capere possunt, Tumbuti mercatoribus vendunt. Magna hìc est equorum paucitas; mercatores atque aulici pusillos quosdam alunt, quibus in itinere peragendo uti solent; præstantissimi autem equi à Barbaria adducuntur. Rex verò simul atque audit mercatores cum equis appulisse, mox numerum sibi adferri jubet, deindè omnium præstantissimum sibi deligit, pretiumque liberalissimè persolvit. Judæis omnibus adeò se hostem atrocem præbet, ut nullos omninò in ea civitate admittat : si quos Barbaros aliquid cum Judæis commercii habere intelligit, statim illorum bona proscribere jubet. Magna hìc est judicum, doctorum, sacerdotum atque virorum doctissimorum copia, qui liberalissimis regiis aluntur stipendiis. Infiniti hìc libri manuscripti ex Barbaria adferuntur; è quibus multò plures pecuniæ quàm ex reliquiis omnibus mercibus colliguntur. Horum moneta aurea est, nullis figuris insignita : in rebus autem minutioribus cochleis quibusdam utuntur, quæ hùc ex Persarum regione convehi solent, harum quadringentæ aureo æquivalent : aureorum autem sex, cum duabus unius aurei tertiis, unciam unam pendent. Homines naturâ sunt mites atque placidi; à vigesimâ quartâ in primam usque noctis horam cantando atque saltando omnes ferè civitatis partes ambiunt. Mancipia utriusque sexûs quàm plurima alunt : estque oppidum ignis injuriæ maximè obnoxium; ubi

---

(1) *Recherches sur l'Afrique sept.* etc., page 184.

Les exagérations des Arabes entretenaient constamment l'Europe dans la même erreur, et l'itinéraire de Mohammed Ebn-Aly Ebn-Foul sur-tout, où il est écrit : « *C'est la plus grande ville que Dieu ait créée*[1]. »

jàm secundùm ad hos venissem, dimidia ferè *oppida* pars quinque horarum spatio igne deleta fuit. Nullum in suburbio hortum aut fructibus consitum locum reperies.

### CABRA OPPIDUM.

Cabra sic satis amplum absque muris ad pagi modum compositum oppidum, distat à Tumbuto ad flumen Nigrum in duodecimo ferè milliario : hìc mercatores ad Gineæ aut Melli regnum navigare cupientes, naves conscendunt. Hujus tàm cives quàm ædificia Tumbuti ædificiis atque civibus non admodùm sunt inferiora : hùc Nigritæ navigio undique confluere solent. In hac civitate Tumbuti rex judicem quemdam constituit, qui lites inter eos componeret : molestum enim erat toties in anno eam ob causam eò proficisci. Ego hìc regis fratrem Abu-Bacr, cognomine Pargama, novi hominem, colore quidem nigrum, cæterùm animo atque ingenio candidissimum. Frequentissimi hìc exoriuntur morbi, qui rempublicam mirum in modum minuunt. Idque propter ciborum ineptissimam commixtionem : pisces enim lacte, butyro atque carnibus commiscent ; estque hic præcipuus ferè Tumbuti cibus.

[1] *Recherches sur l'Afrique septent.* etc., pag. 184. Il est vrai que cet itinéraire est moins digne de foi que celui du Cheykh Haggy Cassem, traduit par M. Delaporte, dont la date paraît de 1805, et qui concorde sur plusieurs points avec M. Caillié. Ceux qui ont fait de cette partie de l'Afrique l'objet de leurs études, reconnaitront dans le premier des fictions évidentes.

A l'égard de la description des montagnes du Fouta-Dhialon, et du parti que l'on peut tirer des descriptions de M. Caillié pour se faire une idée de la configuration du pays, ou des rapports qui existent entre les divers bassins, je dois renvoyer à ce que j'ai dit au § II ( articles 2 et 3 ); j'y renverrai également pour la position des différens pays, pompeusement appelés royaumes par les voyageurs ou par les écrivains.

Quoique n'ayant pas reçu du Gouvernement, ni des sociétés savantes, les questions ou instructions qui pouvaient le guider dans ses courses, M. Caillié a beaucoup observé; s'il n'a pu traiter de tels sujets à fond, ou s'il n'a fait que les effleurer, il a du moins ouvert la route à ses successeurs. C'est ainsi que, chemin faisant, il ne perd pas une occasion de parler des mœurs et des usages, des costumes et de la nourriture des peuples; des pratiques religieuses et des superstitions; du commerce et de la navigation; de l'industrie, de l'agriculture, et des habitations; de la population du pays; du caractère, de la physionomie et du langage des habitans; de leurs habitudes guerrières ou paisibles; en un mot, de l'état de la société chez ces peuples encore demi-barbares. On lit surtout avec intérêt le tableau d'une agriculture florissante, d'une population paisible et industrieuse, dans les pays de Kan-kan, Ouassoulo, Baléya, etc. Pouvait-on exiger qu'il approfondît ces questions, ou même espérer qu'il s'en occuperait avec fruit?

Il serait superflu d'exposer ici tous les résultats neufs que nous lui devons, et qui doivent faire excuser la naïveté souvent minutieuse de ses récits; ils en peignent mieux les difficultés du voyage et les précautions qu'il exige. Les voyageurs futurs ne se plaindront pas de cette multiplicité de détails, monotones, il est vrai, mais propres à les éclairer sur les mesures à prendre pour ne pas échouer dans leur entreprise. Sous ce rapport, notre compatriote aura servi utilement aux progrès des découvertes.

La conformation physique des races et la couleur de la peau ont été notées le plus souvent par notre voyageur. C'est un moyen d'éclaircir des questions enveloppées aujourd'hui d'une grande obscurité; par exemple, l'origine des Fellatas, comme les appellent les derniers voyageurs anglais. Quels rapports ont-ils avec la grande nation des Foulahs? M. Caillié nous apprend que les Touariks s'étendent bien plus loin dans le S. qu'on ne croyait; leurs camps sont assis sur le Dhiolibâ, bien au-dessus de Temboctou. Il nous fait connaître aussi qu'ils portent un second nom, celui de *Sorgous* : sur-tout il nous donne, sur la tyrannie qu'exerce contre les paisibles indigènes ce peuple errant et pillard, des renseignemens très-précieux; le portrait qu'il en fait respire la vérité.

A l'égard des idiomes, il est fâcheux que M. Caillié n'ait pas pu recueillir plus de deux vocabulaires, ayant visité tant de peuplades. Celui de Temboctou n'a que cent vingt mots : on regrette qu'il ne soit pas plus étendu. J'ai déjà dit que les mots de la relation de Denham s'accordent avec lui, mais non pas ceux d'Adams et de Bowdich.

Les notions de commerce ont été recueillies avec soin. M. Caillié ne manque presque jamais d'indiquer les marchandises indigènes ou étrangères qui sont sur chaque marché, leur prix, et l'espèce des monnaies. Il nous confirme que les marchandises d'Europe parviennent dans l'Afrique centrale; des objets de fabrique anglaise se voient à Djenné comme à Saccatou. Sur le commerce de l'or de Bouré, le voyageur donne des renseignemens qui paraissent aussi positifs que neufs, et propres à diriger peut-être les calculs des spéculateurs, ou les efforts des gouvernemens européens. Nous ne savons encore que vaguement quel est le degré actuel des richesses des mines de Bouré, et la quantité de l'or qui est maintenant dans le commerce; mais on ne peut révoquer en doute l'abondance de l'or dans ce quartier de l'Afrique. Nous savons de plus positivement que ce riche pays est à cent vingt ou cent quarante lieues en ligne droite des établissemens de la Gambie et du Sénégal. Si l'on pouvait ouvrir un jour une communication directe, on éviterait le trajet de Bouré à Ségo, de Ségo à Djenné, de là à Temboctou, puis à Maroc à travers le grand désert; on ferait plus que raccourcir le chemin d'au moins quatre cents lieues en ligne droite[1]; on échapperait à l'avidité des Maures et des Juifs, qui absorbent la plus grande partie des bénéfices; on échapperait encore à la férocité des brigands du désert. Avec peu de sacrifices, et en peu de temps, on obtiendrait ce résultat, si l'on voulait y consacrer une petite partie des efforts dépensés en pure perte pour des objets moins utiles. Quoi qu'il arrive, la géographie et le génie des découvertes auront eu le mérite de signaler une source nouvelle de richesses à notre vieille Europe, surchargée de dettes et de population, et prête à succomber sous ce double fardeau, si l'on n'ouvrait bientôt quelques débouchés à son industrie.

---

S'il était possible qu'on élevât des doutes sur la véracité du voyageur; si l'on pouvait supposer que tout ce qui précède laissât encore de l'incertitude chez

(1) De Tanger à Temboctou, 450 lieues en ligne droite; de Temboctou à Bouré, 200 lieues; total 650 lieues; avec le retour, 1300. De Saint-Louis à Caignon, 110 lieues, de Caignon à Bouré, 120; total 230, et avec le retour, 460 : différence en ligne droite, 420, et avec le retour 840.

ceux qui, au premier abord, ont manifesté un peu d'incrédulité, les résultats que je viens d'exposer resteraient également douteux : c'est leur importance même qui doit m'engager ici à ne rien négliger pour dissiper les nuages, s'il en existait encore. Je citerai en première ligne, comme un témoin sûr de cette véracité, un manuscrit arabe que Lander reçut il y a deux ans des mains de son maître Clapperton, et que M. Salamé traduisait à Londres, dans le temps même que M. Caillié achevait son entreprise : c'est une description d'une partie du Soudan. On pourrait lire en partie le texte africain, avec la nouvelle carte à la main, pour les pays communs à cette description et à l'itinéraire, c'est-à-dire, jusqu'à Temboctou. J'ajouterai même qu'elle aurait été complétement inintelligible pour moi, sans le secours de cette carte[1]. L'altération des noms de lieux n'empêche pas de les reconnaître; car plusieurs de ces différences ne proviennent que de la négligence des copies, comme cela me semble évident. Voici l'extrait de ce document curieux, qui était accompagné du plan du Kouara, que traça de sa main le secrétaire ou l'écrivain du sultan Bello. Je mets seulement, selon l'ordre géographique, les différentes parties de la description, extraite comme je l'ai dit.

(1) Voyez la traduction française, par MM. Eyriès et de la Renaudière, tome II, supplément, pag. 298 et suiv.

« La route de Sakkatou au Maséra traverse le Kouara et d'abord un affluent de ce fleuve.

Le Kouara vient du S. au N., de là à l'E., puis il retourne au midi.

Il est formé de deux bras : l'un, dit *Balio, la rivière noire,* venant du Fouta-Djalo; l'autre, dit *Raniou, la rivière blanche,* venant de Ségo [1].

A leur jonction, il prend le nom de Couarra, toujours selon l'écrivain.

Sur le premier est une grande île renfermant la ville de Djéri.

Plusieurs rivières se jettent sur la rive gauche du fleuve.

Au delà est le lac Djebou.

Temboctou est au coude le plus avancé du fleuve : Kabara est à demi-journée de la ville.

Le Maséra est au-delà de la branche venant de Ségo.

Les Touariks occupent le pays le plus voisin de Temboctou au N., etc. »

Je passe sous silence les autres lieux étrangers à la route de M. Caillié, ou dont il n'a pas parlé.

Ce récit paraît d'abord fort obscur ; mais si on lit avec moi Massina au lieu de Maséra, et Djené ( ou Djenné ) au lieu de Djéri, tout s'explique.

[1] La traduction du document en langue anglaise a joint ici les pays de *Fouta-Torou* et *Darboz ;* ce dernier ne peut-être *San-Salvador,* comme pense le traducteur.

Or, il a été facile de confondre un *noun* sans point ن, avec un ر *ré*. Une semblable erreur, je pense, a été commise au nom de *Ba-niou* qu'on a lu *Raniou*, en prenant un *bé* sans point ٮ pour un ر *ré*.

Le mot *Dombari*, montagne figurée sur la carte de l'écrivain fellata, doit être lu en deux mots d'*Oun-bori*, d'après ce qui précède.

M. Caillié nous ayant appris que la position de Djenné est dans une île, on la reconnaît aussitôt dans celle de Djéri, situé en effet à sept journées de Ségo. De même le bras qui, des environs de Ségo, suivant M. Caillié, va rejoindre la branche occidentale à Isaca, explique le Balio et le Banio, qui se rencontrent (suivant le Fellata), au-dessous de Djéri (ou Djenné). Notre voyageur n'ayant pas demandé les noms de ces branches du fleuve, ils n'ont pas pu venir à sa connaissance. Le Maséra est ici, comme le Massina, à l'occident de Djenné : je remarque qu'en cheminant de Timé à Djenné, M. Caillié n'a pas vu ni entendu parler de la montagne ou de la ville Ounbari, ni de la route allant à Saccatou.

Le lac Debo ou Debou est bien ici à la place où l'a vu M. Caillié, entre Temboctou et le confluent des deux branches (à Isaca) ; il est nommé dans la description arabe Djebou. Le nom de ce grand lac s'écrit sans doute جبر, et je pense qu'on prononce, dans ce mot, le ج par *dhi*, comme au Sénégal. A ce sujet, je remarque que, selon M. Caillié, le nom de la ville de Djenné est prononcé, dans le pays, d'une manière particulière que l'on exprime ici par *Dhienné*.

C'est encore la même chose pour le nom du *Fouta-Dhialon*, que le traducteur anglais, d'après le Fellata, écrit *Fouta-Djalo*[1]. C'est en étudiant la nomenclature arabe des lieux riverains du Sénégal que cette observation m'a paru se confirmer de plus en plus; l'analogie doit la faire appliquer aux contrées voisines. Les marabouts n'avaient à leur disposition que la lettre *djim* ج pour exprimer ce son mouillé, d'une nature particulière, intermédiaire entre le *th* anglais et le *dj* arabe.

Les marigots que M. Caillié a remarqués sur la rive gauche du fleuve, correspondent aux quatre rivières ou canaux appartenant au Maséra ou Masina.

Kabera paraît ici placé au-delà de Temboctou (en venant de Djenné): peut-être est-il question d'un autre lieu que Cabra; ou bien Temboctou serait un peu plus à l'O. de Cabra qu'on ne l'a pensé. M. Caillié, en se rendant à cette ville, a marché droit au N. de la boussole, ce qui la place à 17° seulement à l'O. de Cabra.

---

(1) Ce sont des exemples semblables qui m'ont fait adopter, depuis long-temps, le *dh* ou le *gh* pour la transcription de plusieurs noms africains, notamment dans le mot *Dhioliba*, indépendamment du sens qu'a le mot *Dhioli*, que les indigènes lettrés écrivent peut-être جلي. Voyez *Remarques géographiques sur le cours du Sénégal et celui de la Gambie*, pag. 10, etc.

Relativement à *Baniou*, *la rivière blanche*, je ferai remarquer que M. Caillié traduit aussi de cette manière le mot *Bagoé*, nom d'un grand affluent du fleuve, venant de Teuté, très-loin au S., mais tombant sur la rive droite, tandis que le Baniou vient de la gauche : il y a donc différence et de nom et de position. Au reste, Goé (et Koué selon Mungo-Park) signifie en effet *blanc* en mandingue. Quant aux mots *niou* et *lio*, je ne les vois, dans aucun des vocabulaires de l'Afrique septentrionale, avec la signification de *blanc* et *noir*. En ouolof, c'est *nioul* qui signifie *noir*.

Le Banimma des cartes ne peut courir parallèlement au grand fleuve, ainsi que je l'ai expliqué plus haut[1].

Il ne serait pas sans intérêt de comparer avec ce tracé la prétendue carte de Bello lui-même, que Clapperton a rapportée de son premier voyage[2]. Cinq ou six positions seulement ont trait à mon sujet; on y voit, comme dans l'autre, Djenné entre deux branches du fleuve (nouveau trait de conformité avec notre voyageur), et le Massina en est séparé par la branche occidentale. Ici encore, l'*r* a été substituée à

---

(1) Cependant j'ai vu quelque part ce nom traduit par *rivière noire* ; le Bânimma est indiqué du côté de l'E. comme le Balio.

(2) *The Narrative of travels and discoveries in northern and central Africa, by major Denham and C. H. Clapperton*. London, 1826, p. 109 du journal de Clapperton.

l'n (et, je le présume, par la même cause); car on y lit Jesni ou Jenri, et *Mashira*[1].

Par défaut de place, Bello a rapproché étrangement Ségo de Massina, et le Fouta de Djenné. La ville de Temboctou (écrite Tonbaktou) n'est pas mieux placée par l'auguste géographe; mais il a marqué entre elle et Mashira (Massina), un grand affluent ou embranchement: c'est probablement une des quatre rivières que son secrétaire a figurées dans le même espace, et un des marigots dont M. Caillié a vu l'embouchure[2]. Ainsi, les deux seules *cartes indigènes* (si on peut les appeler ainsi) que nous possédions, et les descriptions récentes de deux Africains, confirment les découvertes de M. Caillié, qui n'en avait aucune espèce de connaissance.

Un *second témoignage* est celui de Park lui-même. On trouvera, dans les deux relations, des noms semblables pour certains produits indigènes et pour plusieurs instrumens employés dans les arts. Les mots et les noms mandingues sont les mêmes ou analogues dans les deux relations.

[1] Je vois encore le nom de Jerry dans le nom des pays soumis à Mohammed-Labou (Massina, Temboctou, Jerry): ce mot est-il pour Jenné?

[2] La comparaison de ces deux cartes africaines avec les récits d'Isaaco et d'Amadi-Fatouma, guides de Mungo-Park, offre des résultats qui ne sont pas indignes d'attention: la place me manque pour les exposer.

Dans un article précédent, je crois avoir suffisamment démontré l'accord des observations de M. Caillié avec celles d'autres voyageurs estimables, MM. Mollien, Watt et Winterbottom et le major Laing. Le récit de la fin du major Laing, recueilli par notre compatriote à Temboctou, et ensuite sur le théâtre même de la catastrophe, loin de contredire ceux qui sont parvenus soit au consul anglais, à Tripoli, soit au gouverneur pour le Roi au Sénégal, en confirme toutes les circonstances importantes [1].

Le premier voyage de Clapperton ne nous avait pas appris le nom du prince régnant à Temboctou; on pensait même que l'autorité appartenait en ce moment à une femme; et quand M. Caillié nous apprit que le chef suprême de Temboctou était nommé *Osmân*, on ne pouvait concilier ce rapport avec les précédens : mais voilà des lettres du major Laing lui-même, arrivées depuis le retour de notre compatriote; l'une est datée de Temboctou, le 21 septembre 1826, et nous révèle le nom du prince actuel; ce nom est aussi *Osmân* [2].

Dans cette même lettre, le major Laing donne à la ville quatre milles de tour; ce rapport confirme la faible population supputée par M. Caillié. Il ajoute

---

[1] Voyez *Quarterly Review*. Voyez aussi *Réflexions sur l'état des connaissances relatives au cours du Dhiolibâ*, page 27.

[2] *Ibidem*, page 25.

qu'il a recueilli en abondance des documens sur Temboctou. Si l'on en croit le récit fait par un Maure de Saint-Louis, les *livres* du major seraient à la disposition d'un certain Saleh, fils de l'iman à Temboctou; et suivant un autre, ils sont dans les mains des *Touariks*. Le temps nous procurera sans doute quelques-uns de ces matériaux, unique consolation pour une perte aussi déplorable.

La même exactitude se remarque dans les observations de M. Caillié relatives aux marches, si l'on prend pour terme de comparaison celles qui se rapportent à des contrées dont la géographie est connue; ainsi la distance de Fez à Arbate, par Méquinaz, est d'accord avec l'itinéraire de M. Caillié, sur le pied de trois milles à l'heure.

Tant de motifs de confiance et d'intérêt recommandent assez l'exactitude du voyage, et par conséquent s'étendent sur des résultats que j'ai exposés précédemment; et cependant, l'histoire même de l'entreprise y ajoute encore, s'il est possible, un degré de plus. Le goût de René Caillié pour les voyages de découvertes annonça de bonne heure sa vocation. Dès son second débarquement au Sénégal, il s'occupa de se familiariser avec la langue des Maures[1]. Il ne parlait que de pénétrer dans l'intérieur de l'Afrique;

---

[1] Voyez plus haut, tome I.er, le récit de ses premiers voyages.

c'était son unique pensée ; ses ressources s'épuisaient, et en même temps il refusait toute autre occupation, toute autre mission. Cette idée fixe passait pour une manie ; rien ne put l'ébranler, pas même les insultes que son habit maure lui attirait de la part des nègres; il consentait même à passer à leurs yeux pour un fou, et presque un objet de risée. Le manque de secours suffisans l'ayant réduit à prendre un autre parti, il part pour Sierra-Léone ; il y reste le temps nécessaire pour amasser quelques ressources, et bientôt il part pour le Rio-Nunez : de là, il annonce à un ami de Saint-Louis ( en avril 1827 ) son départ pour l'intérieur. On le croyait perdu, et il allait être oublié comme tant d'autres victimes, quand, au bout de dix-huit mois, il se montre tout-à-coup à l'autre extrémité de l'Afrique, triomphant de tous les obstacles : semblable à un habile nageur, qui, ayant plongé au sein d'un large fleuve, et après un long intervalle de temps, reparaît subitement sur la rive opposée, quand déjà on pleurait sa perte comme certaine.

A peine a-t-il quitté les bords du Rio-Nunez et abordé cette nouvelle carrière de peines et de périls, qu'il développe tout-à-coup une prudence consommée et bien au-dessus de son âge : aussi habile à apprécier les obstacles que ferme pour les combattre, il rencontre à chaque pas des embarras croissans ; mais sa sagacité lui suggère des moyens pour chaque nouvelle entrave. Sans ce sentiment juste des difficultés et des ressources, uni à un courage inébranlable, il n'aurait pas mis à fin et peut-être pas commencé l'entreprise. Quelle heureuse fiction il imagina pour inspirer de la confiance à toutes ces populations! Ce fil, tout fragile qu'il était, le conduisit par-tout comme par la main. Il supposait avec raison que la renommée de l'expédition française en Égypte s'était répandue dans l'Afrique septentrionale : il était naturel qu'un enfant enlevé à ses parens, à l'âge de trois ans, et transporté au sein de la France, connût mal sa langue maternelle; il l'était encore que les bons musulmans lui facilitassent le retour dans sa patrie par la ligne la plus directe, puisqu'il passait pour être sans ressources. Or, cette ligne devait le conduire au-delà du grand fleuve : ensuite, manifestant le desir de se rendre à Alexandrie par mer, il fallait regagner le fleuve, s'y embarquer, et il arrivait à coup sûr à Temboctou ; arrivé au but de son voyage, il devait rechercher la voie la plus prompte et la plus sûre pour atteindre un *lieu* occupé par des Européens, et les caravanes du Tafilet étaient l'occasion qu'il fallait saisir sans hésiter.

Je ne parle pas de tous ses maux à Timé et dans le cours du voyage, ni de ses périls à Tanger, quand déjà il touchait au port; mais de combien d'intelligence et de courage ne fallait-il pas être doué pour résister à tant d'ennemis et en triompher ! Il a fallu ne pas faire une faute ; une seule le perdait sans retour.

Peu de personnes connaissent l'histoire de l'infortuné Antonio Piloti, Espagnol réfugié dans le Maroc par suite des événemens politiques de 1811. Après avoir pris l'habit maure et acquis l'usage de la langue, il vint à bout d'entrer dans la garde de l'empereur de Maroc. Occupé sans cesse du projet d'aller à Temboctou par cette voie, il offrit secrètement ses services au consul de France, M. Sourdeau ; il demandait la protection du gouvernement français : le consul s'était assuré qu'il réunissait les conditions essentielles pour réussir ; ces offres ne furent pas acceptées. Cependant, Piloti se préparait chaque jour à son voyage : il semble que rien ne pouvait en arrêter le succès, puisqu'il serait parti comme Maure, et revenu avec une caravane de Maures. A défaut de secours directs de la France, il emportait des instructions de M. Delaporte, notre vice-consul, et celles d'un membre de la Société de géographie, qui allait lui faire passer des instrumens, lorsque tout-à-coup il se trouva impliqué dans les mouvemens politiques de la cour de Maroc. Les Maures et les Juifs, toujours inquiets, soupçonnèrent de sa part quelque secret dessein, et le dénoncèrent comme étant du parti opposé au prince. Son procès ne fut pas long ; Piloti fut décapité. Telle est la jalouse défiance de ces hommes avides, contre quiconque pourrait tenter, en s'appropriant la connaissance des lieux, de leur ravir quelque partie de commerce de l'intérieur. M. Caillié, plus heureux, ignorant d'ailleurs cette aventure, n'est pas resté assez long-temps exposé aux soupçons des gens du Maroc pour être découvert, ou il a su s'y soustraire à force de prudence et de sacrifices. Il a prouvé, par le fait, qu'un Européen peut traverser le grand désert tout entier et tout le nord de l'Afrique.

Aussitôt après l'arrivée des lettres que je reçus de M. Delaporte et de M. Caillié lui-même, qui annonçaient son apparition à Tanger, des doutes s'élevèrent en moi, et je rédigeai sur-le-champ une série de questions qui devaient servir d'épreuve, notamment sur la langue parlée à Temboctou, les usages du pays, les productions naturelles, la nomenclature et la distance des lieux, etc.: mais, en attendant, je comparai attentivement les deux lettres, et j'y trouvai des résultats si conformes aux notions les plus certaines de la science, que je me décidai à publier, le jour même, la nouvelle du voyage à Temboctou. Elle trouva plus d'un incrédule, et je m'y attendais. J'engageai le voyageur, débarqué dans l'intervalle à Toulon, à mettre sans retard par écrit tous ses souvenirs sur le sujet des questions que je tenais prêtes pour son arrivée ; mais il y avait, d'avance, en grande partie répondu. Le jour même de son arrivée, il me fit voir un journal de voyage, complet et suivi, depuis le 19 avril 1827 jusqu'au 21 septembre 1828, en me disant modestement : « Je ne sais pas si je puis répondre à toutes les « questions; voici mes notes. » Il me fit voir une partie des notes originales, écrites au crayon, sur les lieux mêmes, en même temps que les cahiers qu'il avait écrits et complétés pendant son séjour à Tanger et à la quarantaine, quoique accablé par une fièvre ardente. Il me montrait aussi les cordeaux qui lui avaient servi à mesurer l'ombre méridienne à Temboctou et en d'autres endroits, quelques fragmens de plantes rapportés de l'intérieur, des vocabulaires, enfin des esquisses naïves de la ville de Temboctou. Si j'avais pu conserver quelques doutes devant tant de témoignages, la construction que je fis, dès le lendemain, de toutes les routes du voyageur, aurait suffi pour les dissiper, car je découvris que les observations étaient suivies et continuées sans lacune, et que leur enchaînement produisait un résultat concordant avec les données acquises.

Il me restait à faire partager ma conviction aux savans et à la Société de géographie ; ce nouveau succès ne se fit pas attendre pour M. Caillié[1], et il obtint une

---

(1) Dès le 8 octobre il était en France, cinq mois après son départ de Temboctou; il faut déduire de ce temps le séjour forcé qu'il a fait dans le Maroc. La Société de géographie le couronna en assemblée générale le 26 décembre 1828, sept mois seulement après avoir quitté Temboctou.

glorieuse récompense, bien justement méritée. Son exemple rendra la confiance aux esprits découragés par tant de catastrophes ; il ne peut qu'enflammer le zèle des hommes passionnés pour la gloire et les progrès des sciences géographiques.

§ V.

DU COURS DU DHIOLIBA AU-DESSUS ET AU-DELA DE TEMBOCTOU.

Le lecteur attentif qui a eu la patience de suivre ce qui précède, aura remarqué sans doute le fait principal et neuf qui résulte des observations de M. Caillié, et que je déduis également de plusieurs données qui le confirment; c'est la bifurcation du Dhiolibâ aux environs de Ségo, et l'existence d'une très-grande île, dont les deux bras sont également larges et profonds. Ce fait explique la description de Mungo-Park, et la concilie avec le nouveau voyage; il éclaircit la contradiction entre les positions assignées aux mêmes villes par les différens rapports des voyageurs, tantôt à la droite du fleuve, et tantôt à la gauche, enfin, il ajoute à l'idée que l'on a des avantages de la navigation intérieure du Soudan. Ce fait peut donner encore l'explication du grand amas d'eau qui forme le lac Dhiébou ou Débo, puisque, du bras occidental, sortent plusieurs grandes dérivations, qui se réunissent au fleuve après le confluent d'Isaca : le défaut de pente dans le sens de cette réunion donne le motif de la stagnation des eaux.

Il paraîtrait que le fleuve a des noms divers qui changent avec les lieux. Appelé à sa source *Tembie*, *Bâ*, *Dhiolibâ*, etc., il conserve ce dernier nom jusqu'à Ségo : là, ou aux environs, il se bifurque ; le bras de gauche serait nommé *Banion*, si l'on en croyait la description de l'écrivain de Bello ; le droit, *Balio*; après la jonction, il ne serait plus appelé que *Couara*. Mais M. Caillié n'a pas ouï dire une seule fois que le fleuve qu'il atteignit à Galia et sur lequel ensuite il navigua trente jours, eût des noms différens : peut-être ne s'en est-il pas informé. Seulement il a vu une rivière de *Couaraba*; elle se jette dans la branche de droite, mais bien loin au midi. Je pense donc que si le fleuve est appelé *Couara* au-dessous d'Isaca, c'est uniquement parce que ce terme est générique et signifie *rivière*.

Je pourrais m'arrêter ici et laisser au lecteur à tirer les autres conséquences des observations nouvelles. Cependant la question de l'issue du fleuve a une telle connexion avec le sujet qui m'occupe, que le lecteur pourrait se plaindre de ne trouver dans cet ouvrage aucun éclaircissement ou aucune opinion sur cette matière. Tout le monde se demande ce que devient cette immense masse d'eau après Temboctou ; il faut au moins exposer en peu de mots les différentes opinions qui ont cours aujourd'hui.

La plus ancienne consistait à identifier le fleuve avec le Nil d'Égypte. Il ne paraît pas que les partisans de cette opinion eussent d'autre motif que le prétendu rapport unanime des noirs, des Arabes, et de tous les indigènes. Ainsi, ne considérant point les conditions physiques, ne tenant aucun compte d'obstacles insurmontables, on voulait, par le fait, que les eaux sorties des hauteurs du Soulimâna, c'est-à-dire, de quatorze cents à quinze cents pieds d'élévation, parvinssent à la Méditerranée, après un cours de deux mille lieues. Mais, ce qui est plus étrange peut-être, c'est que tout reposait sur une équivoque. Le mot *Nil* est générique : en disant que le Dhiolibâ se joint au *Nil*, les Africains n'expriment rien autre chose, sinon qu'il communique avec quelque autre *grande eau*, soit qu'il y tombe, soit qu'il la reçoive (car cette distinction de bras ou d'affluent est très-importante). Lors donc que les Arabes disent que le Dhiolibâ communique avec le *Nil*, avec le *Bahr*, ils entendent par-là, ou une grande rivière, ou une mer, et ce peut être une mer intérieure aussi bien que l'Océan. Aussi l'opinion que le Dhiolibâ s'écoule dans le *Nil* d'Égypte, quoiqu'elle ait été soutenue, il y a peu d'années encore, par un savant écrivain, paraît être aujourd'hui tout-à-fait abandonnée.

Il n'en est pas de même du sentiment de ceux qui, comme le major Rennell, considèrent le lac central comme l'issue du fleuve. Avant la découverte du lac

Tchâd par les voyageurs anglais, on pouvait douter de l'existence de cette mer intérieure ; elle n'était attestée que par de vagues récits. Quelque vraisemblance qu'ait cette opinion, on fait cependant deux objections : l'une, qu'on n'a trouvé sur toute la côte occidentale du lac qu'une embouchure de rivière médiocre, et dont la source est peu éloignée dans l'E. S. E. ; l'autre, que le lieu de Boussa, jusqu'où Park a navigué sur le Dhiolibâ, est maintenant connu par le deuxième voyage de Clapperton, et qu'il est très-loin au S. E. de Temboctou.

Relativement à la première objection, ce ne serait pas une difficulté sérieuse ; car les voyageurs récens n'ont pas suivi la rivière Yéou, qui tombe dans le lac Tchâd ; ils l'ont abandonnée à une certaine distance du lac, et il est très-possible que celle qu'ils ont vue plus loin ne soit qu'un affluent de la première. Quant à la seconde objection, elle serait plus grave, s'il était certain que le Dhiolibâ s'écoule dans *un lit unique*, depuis Temboctou jusqu'à Saccatou et à Boussa ; mais rien ne le prouve. Tout en continuant à l'E. vers le lac central, il peut envoyer une branche à Boussa ; et cette division expliquerait pourquoi le volume des eaux de l'Yéou est médiocre[1].

---

[1] C'est pendant la sécheresse que les voyageurs anglais lui ont trouvé cent verges de largeur ; mais il est très-large dans une autre saison.

Reichard est un des premiers qui aient imaginé que le Dhiolibâ s'écoulait dans le golfe de Guinée. Cette hypothèse a pris depuis quelque temps un certain degré de vraisemblance, à laquelle a ajouté beaucoup de poids l'opinion même des derniers voyageurs anglais, Clapperton et le major Laing[1]. Ils diffèrent toutefois sur le point de l'embouchure : l'un préférant la rivière de Benin (ou de Formose), avec Reichard[2]; l'autre, mais avec beaucoup moins de probabilités, le Rio-Volta. L'objection opposée de tout temps à cette hypothèse, est la grande élévation des montagnes dites *de Kong*. Pour arriver à la mer, il faut que le fleuve les traverse; mais il ne serait pas absolument impossible qu'il y existât une ouverture assez profonde pour lui donner passage. On fait une autre difficulté tirée du peu de pente de ces mêmes eaux : voici ce que je remarque à cet égard. Le cours actuellement connu du Dhiolibâ, depuis sa source jusqu'à Temboctou, est d'environ trois cent soixante lieues : il sort du mont Loma, à une élévation de près de seize cents pieds anglais au-dessus de la mer, ou moins de cinq cents mètres. La vîtesse observée par M. Caillié permet de penser que la pente moyenne, de Djenné et même de Bamakou à Temboctou, est de

---

[1] Feu Malte-Brun adopta cette opinion aussitôt après la publication des voyages des Anglais à Saccatou.
[2] Voyez *Éphémérid. géogr.* pour l'an 1803.

deux tiers de mètre par lieue : Temboctou serait, d'après cette donnée seule, à deux cent soixante mètres d'élévation; mais il est très-probable que la pente est beaucoup plus forte depuis le mont Loma jusqu'à Bamakou qu'au-dessous de ce dernier point, ce qui doit abaisser d'autant le point de Temboctou, et au moins jusqu'à deux cent trente mètres, si la première partie n'a qu'un mètre par lieue. Cette quantité excéderait de beaucoup celle que supposait le capitaine de Beaufort, qui, après avoir observé la hauteur d'Élimané, conjecturait que Temboctou est au même niveau, c'est-à-dire, quatre-vingt-quatre mètres au-dessus de la mer[1].

Maintenant, de Temboctou à la bouche de la rivière de Benin, en suivant le cours des eaux (tel que le tracent les partisans de cette opinion), la distance n'est pas moindre que quatre cent soixante lieues. Ainsi, dans cette seconde partie de son cours, le fleuve aurait une pente totale de $230^m$, ou $0^m,51$ par lieue. On sait que la Seine a une pente de $0^m,72$ par lieue; le Mississipi, $0^m,84$; le Rio-Apure, $0^m,92$, etc.: mais d'autres ont une pente beaucoup moindre, telles

---

(1) Comment citer cet estimable voyageur sans lui payer un tribut de regret? il réunissait de si rares qualités! Sa perte a privé la science de plus d'une découverte : mais cependant tout n'a pas péri avec lui; la relation de ses voyages a été conservée; on espère qu'elle sera bientôt livrée à l'impression, avec les cartes et les dessins du voyageur.

que le Volga, le Missouri, le Sénégal, etc., qui ont $0^m,50$ seulement[1]; ainsi, à la rigueur, la pente ci-dessus est suffisante.

Selon une quatrième opinion, le fleuve, arrivé aux montagnes de Kong, fait un coude à gauche, et court vers l'E. par Djacoba, Adamowa, jusqu'au Chary, pour se jeter ensuite dans le lac Tchâd. C'est ici que s'applique l'objection du défaut de pente : comment admettre que le fleuve, parvenu à Funda, c'est-à-dire, ayant à peine cinquante mètres d'élévation[2] au-dessus de la mer ( toujours dans la supposition que c'est le fleuve même de Temboctou qui passe à Funda), pourrait s'écouler jusqu'au lac Tchâd, qui est à trois cent cinquante lieues plus loin, dans un pays que toutes les relations représentent comme montagneux. Mais ce n'est pas là encore qu'est la plus grande difficulté. On a peine à comprendre comment aucun géographe a pu admettre une hypothèse dont la plus simple réflexion fait voir l'impossibilité. On a observé la hauteur du lac Tchâd : il est à neuf cent vingt pieds de France au-dessus de la mer, ou moins de trois cents mètres ; il ne peut donc recevoir les eaux parvenues à Funda.

---

(1) Voyez le Mémoire sur la *Communication du Nil des Noirs avec le Nil d'Égypte*, page 9.

(2) Funda paraît être à moins de cent lieues de la mer, la distance comptée sur le courant.

Il fallait prendre à l'inverse le cours de cette rivière qui est à l'E. de Funda, et dans le prétendu coude voir un affluent : alors on approchait peut-être de la vérité. C'est le major Denham qui le premier a imaginé ce détour du fleuve à l'E., coulant au N. de la grande chaîne de montagnes, et allant tomber au loin dans le lac central ; on lui avait assuré qu'il existait une *communication* entre cette rivière et le lac Tchâd par le Chary, ou même qu'elle n'était autre chose que le Chary. Comment l'impossibilité physique de cet écoulement ne lui est-elle pas venue à la pensée ?

La solution de cette difficulté me paraîtrait consister dans une considération assez simple, savoir, l'existence d'un point très-élevé, d'un lac dans la chaîne du Mandara, donnant également naissance, et au Chary, et à la rivière qui passe à Adamowa et Djacoba. Les rapports qu'on lui a faits démontrent l'importance de ce courant, et son étendue suffit pour la prouver ; mais, sans en être assuré par le témoignage de ses yeux, pourquoi imaginait-il qu'il se dirige vers l'Est ? Si les noirs n'ont pas dit au major Denham qu'il se portait à l'O., ils ne lui ont pas dit non plus le contraire. Admettons la direction à l'O. : une certaine communication existera de même entre le Couara et le Chary ; seulement, après avoir descendu un courant au midi, il faudrait en remonter un autre à l'E. ; de là, on redescendrait au N. dans le lac central. Voilà ce que j'imaginerais de plus plausible au sujet de l'opinion du major Denham; c'est à-peu-près ce qui arrive pour le Nil Blanc et le Misselad, prenant tous deux naissance dans un des lacs de Gebel-Koumri. Dans ce système, le Couara continue, après le confluent, de s'écouler au midi, et va tomber sur la côte de Benin.

Reste une cinquième opinion nouvellement émise par un écrivain anglais, le général Donkin[1]; elle consiste, en résumé, en ce que le *Niger*, selon lui, traverse le Wangarah, entre dans la vallée d'Ouâdi-el-Ghazal, formée par la continuation du Misselad, et de là s'écoule dans la Méditerranée (dans la grande syrte) par une voie souterraine, en-dessous des sables de Bilmah; en outre, le *Niger* sort des environs du golfe de Guinée, au lieu de s'y rendre. Cette opinion assez extraordinaire a rencontré des contradicteurs; et il ne faut pas en être surpris, même après avoir lu les argumens qui servent de base à la dissertation. Je ne crois donc pas devoir la discuter ici; je ne parlerai pas non plus des idées compliquées que le voyageur anglais Bowdich, s'appuyant sur de vagues renseignemens, hasarda sur le cours des rivières centrales; et moi-même je me garderai d'offrir une hypothèse de plus sur ce problème, encore plein d'obscurités. Sur quelles bases pourrait-on fonder un

---

(1) *A Dissertation on the course and probable termination of the Niger.* London, 1829, in-8.°

système entier et complet, lorsqu'on ignore jusqu'aux noms des régions centrales, et que les connaissances de géographie physique sur ces vastes contrées sont encore au berceau ; quand enfin les papiers du major Laing, venant à être retrouvés, peuvent jeter tout-à-coup de vives lumières sur ces lacunes de la science[1] ? On peut assurer toutefois, et, je pense, comme une chose certaine, que les rivières appelées Dhiolibâ et Couara ne vont pas au Nil d'Égypte, et n'y versent pas une goutte d'eau; je pense en outre que si, en effet, le *Couara* de Funda est la suite du *Dhiolibâ* coulant à Ségo et Temboctou, et va tomber dans le golfe de Guinée, rien n'empêche qu'il jette une branche à l'Est, dont l'Yéou et le lac central seraient l'issue : cette branche serait celle que M. Caillié a vue avant d'arriver à Temboctou, et celle aussi que le voyageur a suivie ; l'autre restait à sa droite, coulant vers l'E. S. E.; et rien ne prouve que la première toute entière aille rejoindre la seconde. Le grand lac Tchâd, ou mer centrale, ne serait donc pas le réceptacle général du Dhiolibâ ; il serait seulement une de ses issues.

(1) Cependant M. Chauvet vient d'exposer une conjecture qui s'accorde avec un très-grand nombre de rapports ; et qui a l'avantage d'embrasser l'ensemble de la question des fleuves qui traversent en tout sens l'Afrique septentrionale : son sentiment est présenté avec beaucoup de développement ; et j'insisterais ici sur le mérite de cette explication, si l'auteur ne me l'avait interdit en citant mon opinion comme une autorité. ( *Revue encycl.* octobre 1829 ).

# CHAPITRE II.

## VOCABULAIRES RECUEILLIS PAR M. CAILLIÉ,

Comparés à ceux de Mungo-Park, Bowdich, Jackson, Denham, etc.

### 1.°

### VOCABULAIRE FRANÇAIS-MANDINGUE.

Nota. Ces mots sont en usage de Timé à Djenné, comme dans les pays à l'ouest.

#### NOMS DE NOMBRE[1].

| | |
|---|---|
| Un. | Kili (killin)[2]. |
| Deux. | Fila (foula). |
| Trois. | Saba (sabba). |
| Quatre. | Nani (nani). |
| Cinq. | Loulou (loulo). |
| Six. | Ouaro (Ouoro). |

(1) Les noms de nombre sont les mêmes que dans le Bambara.

(2) J'ai ajouté entre parenthèses les mots donnés par Mungo-Park, pour faire voir l'accord très-fréquent des deux voyageurs : les différences proviennent de la diversité des pays qu'ils ont parcourus.

Il est à regretter que les voyageurs ne s'attachent pas aux termes constitutifs et caractéristiques, quand ils recueillent les mots d'une langue inconnue : il serait plus facile, en suivant cette marche, de comparer les divers idiomes, de reconnaître leurs rapports de famille ou leur dissemblance originelle. Dans cette vue, j'ai formé un essai de vocabulaire assez étendu, principalement à l'usage des voyageurs en Afrique,

| | |
|---|---|
| Sept. | Ouaro oula (oronglo; *en bambara*, ouoloula) [1]. |
| Huit. | Ségui (sie; *en bambara*, seguey). |
| Neuf. | Konando (konounta). |
| Dix. | Tan (tang). |
| Onze. | Tan ni kili. (Tan-ning-killin). |
| Douze. | Tan ni fila. |
| Treize. | Tan ni saba. |
| Quatorze. | Tan ni nani. |
| Quinze. | Tan ni loulou. |
| Seize. | Tan ni ouaro. |
| Dix-sept. | Tan ni ouaro oula. |
| Dix-huit. | Tan ni seigui. |
| Dix-neuf. | Tan ni konando. |
| Vingt. | Mouga. |
| Vingt-un. | Mouga ni kili. |
| Vingt-deux. | Mouga ni fila. |
| Vingt-trois. | Mouga ni saba. |
| Vingt-quatre. | Mouga ni nani. |
| Vingt-cinq. | Mouga ni loulou. |
| Vingt-six. | Mouga ni ouaro. |
| Vingt-sept. | Mouga ni ouaro oula. |
| Vingt-huit. | Mouga ni ségui. |
| Vingt-neuf. | Mouga ni konando. |
| Trente. | Bi-saba. |

avec un mode méthodique d'interrogation. (Voyez *Atlas ethn.* de M. Ad. Balbi, pag. xlviij.)

J'ai aussi formé un recueil de vocabulaires de plus de trente idiomes de l'Afrique septentrionale, qui pourrait servir de seconde partie au *Vocabulaire des voyageurs*. E. J.

(1) L'r se change en *l* dans ce mot et dans beaucoup d'autres. Voyez ci-dessous. E. J.

## VOCABULAIRES.

| | |
|---|---|
| Quarante. | Bi nani *ou* débé. |
| Cinquante. | Bi loulou *ou* débé ni tan. |
| Soixante. | Bi ouaro *ou* débé ni mouga. |
| Soixante-dix. | Bi ouaro oula *ou* débé ni mouga-nitan. |
| Quatre-vingt [1]. | Bi séguì *ou* kemmé. |
| Quatre-vingt-dix. | Kemmé ni tan. |
| Cent. | Kemmé ni mouga. |
| Un cent. | Kemmé kili. |
| Deux cents. | Kemmé fila. |
| Trois cents. | Kemmé saba. |
| Quatre cents. | Kemmé nani. |
| Cinq cents. | Kemmé loulou. |
| Mille. | Ba kili. |
| Deux mille. | Ba fila. |
| Cent mille. | Ba Kemmé. |

## A

| | |
|---|---|
| Acheter. | Soro (saun). |
| Ai (J'en). | Abéfé. |
| Ai pas (Je n'en). | Atéfé. |
| Aiguille. | Méséri. |
| Ambre. | Doucan. |
| Ane. | Soféri. |
| Année. | San. |
| Argent. | Ouari (cody). |
| Assez. | Atcuté (keyento). |

(1) Le troisième ordre numéral des Mandingues, appelé *kemmé*, et qui est comme leur *cent*, n'est composé que de huit dixaines; de sorte que notre cent répond, chez eux, à *cent* vingt, qu'ils expriment par *kemmé ni mouga* (*cent* et vingt). Leur *cent* n'étant que de quatre-vingts, leur *mille* vaut huit de nos centaines.

| | |
|---|---|
| Assieds-toi. | Sigui (sie). |
| Aujourd'hui. | Bi (bie). |

## B

| | |
|---|---|
| Balai. | Sira. |
| Balayer (Viens). | Anabou sira. |
| Battre. | Bouga (agossi). |
| Battu. | |
| Beaucoup. | Siéman (sitimata). |
| Beurre. | Toulou. |
| Beurre végétal. | Cé toulou. |
| Bien. | Bâ. |
| Blanc (couleur). | Goé (koui). |
| Bœuf. | Nici. |
| Boire. | Mi (ameen). |
| Bois. | Lo-ho *ou* lojo[1]. |
| Bouche. | Dâ (ba, da). |

## C

| | |
|---|---|
| Cadenas. | Boro. |
| Caillou. | Caba. |
| Calebasse. | Fia. |
| Canard. | Toucono. |
| Cassave. | Balancou. |
| Casser. | Téguet. |
| Cataracte. | Souroudo. |
| Cauris. | Kolo. |
| Chaleur (occasionnée par le feu). | Akala. |

---

(1) On emploie ici, et pour tous les mots qui doivent se prononcer fortement du gosier, le *j*; c'est le *j* espagnol, et le ح, *kha* arabe.

VOCABULAIRES. 297

| | |
|---|---|
| Chaleur (de l'atmosphère). | Atara. |
| Chant. | Soucou. |
| Charge. | Dôni. |
| Chat. | Sou-horo ou soujoro (neancon). |
| Chaud. | Kala (caudiata). |
| Chef. | Mansa ou tigui. |
| Chemin. | Sila. |
| Cheval. | So (sou). |
| Cheveux. | Cé. |
| Chien. | Ourou (ououla). |
| Cire. | Cagnan. |
| Ciseaux. | Mécécou ou ticera. |
| Colats (fruits). | Ourau. |
| Combien. | Diougue. |
| Commencement. | Folo, folou. |
| Corps. | Mo-ho ou mojo. |
| Coton. | Koroni. |
| Coudre. | Kara. |
| Couleur blanche. | Goé. |
| Couper. | Téguet (tegi). |
| Court. | Doc ho (sutta). |
| Coussabe. | Douréqui. |
| Couteau. | Mourou (mouro). |
| Cuiller. | Kausora (dosa). |
| Cuir ou peau. | Boulo. |
| Cuit. | Amo ou amoé. |
| Culotte. | Kourouci. |
| Culture. | Sénékai. |

## D

| | |
|---|---|
| Danse. | Doukai. |
| Davantage. | Ablaro. |

| | |
|---|---|
| De suite. | Sicin, diaun. |
| Débordement (d'une rivière). | Abo. |
| Demain. | Sini (sinni). |
| Demain (Après-). | Sini kindé. |
| Dent. | Gui. |
| Dieu. | Alla (alla). |
| Dispute. | Kailai (degama). |
| Dit (Il). | Ko. |
| Donne. | Sô. |
| Donne-moi. | Adiamau. |
| Donne-moi du feu. | Ata diamau. |
| Donne-moi des sandales. | Assabata diamau. |
| Dormir. | Sino-ho ou sinojo (sinou). |
| Doucement. | Doï doï. |

## E

| | |
|---|---|
| Eau. | Gui ou ghi, dhy, gie [1] |
| Eau fraîche. | Gui sema. |
| Écarlate. | Morofi. |
| Écriture. | Sibéri. |
| Enfant. | Din-din. (ding-ding). |
| Enrhumé. | Sojo-sojo. |
| Entends pas (Je n'). | Amamé ou Atémé. |
| Esclave. | Yug ou youg (joug). |
| Esclave mâle. | Youg kai. |
| ——— femelle. | Youg mouso. |
| Est (point cardinal). | Tilibo (tie-lie-bo). |

[1] Le *gu, gh* ou *dh* a ici un son mouillé.

| | |
|---|---|
| Et. | Ni ( ning ). |
| Étoffe. | Fany. |
| Européen. | Forto *ou* chrétien-nassara. |

## F

| | |
|---|---|
| Faim (J'ai). | Kong abéfé (konkola). |
| Farine. | Moucou, *poussière*. |
| Femelle. | Mouso (mousa). |
| Femme. | Mouso (mousa). |
| Fête. | Douno. |
| Feu. | Tâ ( tassema, diemba ). |
| Feuille. | Broue. |
| Feuille de baobab. | Sila broue. |
| Fil à coudre. | Kari (bori). |
| Filer du coton. | Ko-roni - kina ( ouorondi ). |
| Fille. | Mouso ( ding-mousa ). |
| Finis. | Atto. |
| Finissez. | Lodé *ou* tadé. |
| Forêt. | Công *ou* oula. |
| Fourmi. | Magnan. |
| Frère. | Dohokai ( ba-ding-kea ). |
| Froid. | Néné ( nino ). |
| Fusil. | Metfa, *canon en arabe*. |

## G

| | |
|---|---|
| Graine. | Din. |
| Gramen (espèce de). | Fogni *ou* faini. |
| Gratter. | Siim. |
| Gros. | Abo (aouarata). |
| Guerre ( dispute ). | Kailai ( killi ). |

## H

Haricots. — Soço.
Herbe. — Binoung (jambo).
Hier. — Counou (kouna).
Hier (Avant-). — Counaucini.
Homme. — Kai (mo, fato).
Homme blanc. — Forto (*ou* nosara, *arabe*).
Huile. — Toulou (toulou).

## I

Ignames. — Cou.

## J

Jeter. — Fry (fi).
Jette. — Fry.
Jour. — Télé (tie lie).

## L

Lait. — Nono (nounno).
Laver. — Kau (kou).
Lire. — Garan (toulima).
Loin. — Adiau (jangfata).
Lourd. — Kadiougou.
Lune. — Caro, (kalo, korro).

## M

Main. — Brôn *ou* brou (boutou).
Maître. — Yatigui.

| | |
|---|---|
| Maison. | Bôn, bou (boung). |
| Malade. | Adémi (meun kinde). |
| Mâle. | Kai (kea). |
| Marchandises. | Naufoulo. |
| Marche, marcher. | Ta-ha ou taja (tama). |
| Marché. | Lo-ho ou lojo (loé). |
| Matin. | Sojoman (somo). |
| Mauvais. | Adiougou, amagné (jou) |
| Médicamens. | Baci ou fila. |
| Menteur. | Kadojo. |
| Merci. | Barka. |
| Mère. | Na ou ba (ba, mba). |
| Miel. | Ly (lee). |
| Mien (Le). | Néta (*mien*, talem). |
| Mil (*holcus sorghum*). | Nion ou niou. |
| Miroir. | Douari. |
| Moi. | Né. |
| Mois. | . . . . . . . . (korro). |
| Montagne. | Kong (*colline*, konko)[1]. |
| Mort. | Faja (asata). |
| Mouche. | Simo-ho ou simojo. |
| Mouton. | Sa-ha ou saya. |

## N

| | |
|---|---|
| Natte. | Débé (basso). |
| Nez. | Nou (nou, noung). |

---

(1) M. Caillié a fait observer que le mot *montagne* se dit *kong*. Mungo-Park a pris un terme générique pour le nom d'une montagne particulière; Park lui-même vient ici à l'appui de cette observation, en donnant le mot *konko*. J'ajouterai que le mot *tête* se dit *koung* en mandingue; il y a ici analogie de sens. E. J.

| | |
|---|---|
| Noir. | Fin (fing). |
| Non. | Té ou até (inta). |
| Nord | ........ (saheel). |
| Nuit. | Soudô (souton). |

## O

| | |
|---|---|
| Œil. | Ya (nea, guié). |
| Ombre. | Douran. |
| On t'appelle. | Bedacrila. |
| Or (métal). | Sanou (sanou). |
| Oreille. | Da. |
| Ouest. | ...... (tie lie gie). |
| Oui. | Naime. (aoua, *arabe*). |
| Ouverture. | Dâ '. |
| Où allez-vous ? | Taja menez ? |
| Où est-il ? | Menez ? |

## P

| | |
|---|---|
| Panier. | Seigui. |
| Papier. | Caïda (coïtou). |
| Parler. | Côma ou couma (akoummo). |
| Partons. | Yaoua. |
| Pays. | Dougou (dou). |
| Pays des blancs. | Forto dougou. |
| Peau. | Boulo (goulo). |
| Perdu. | Fry. |
| Père. | Fa (fa). |
| Personne riche. | Naufoulo tigui. |
| Pesant. | Ka diougou (acouliata). |

(1) Ce mot signifie aussi *bouche*, sans doute parce qu'il exprime ce qui s'ouvre, l'oreille, la bouche, la porte, une ouverture quelconque. E. J.

| | |
|---|---|
| Petit. | Ado-ho *ou* dine (*mîessa*). |
| Petit garçon. | Din-din. |
| Petite fille. | Din mouso. |
| Peur. | Kissi. |
| Pied. | Cé (lee, sing). |
| Pierres. | Courou (birro). |
| Piler. | Sousou. |
| Pirogue. | Bâ counou. |
| Pistaches. | Tiga. |
| Plat en bois, sébile. | Goïng (*prononcez fortement l'ï, et du nez*). |
| Pont. | Salan *ou* Céou. |
| Porte (ouverture). | Dâ (da). |
| Porteur. | Dônita. |
| Pot. | Da-ha *ou* daja. |
| Poudre, poussière. | Moucou. |
| Poudre à tirer. | Metfa moucou. |
| Poule. | Cicé (sousie mousa). |
| Plein. | Fada. |
| Pluie. | Sangui (sangie, *eau d'en haut*). |
| Prendre. | Ta. |
| Presse *ou* appui. | Adigui. |

## Q

| | |
|---|---|
| Que dit-il ? | Kodit ? |
| Querelle. | Kailai (quiata). |

## R

| | |
|---|---|
| Rasoir. | Lila. |
| Rhume. | Sojo-sojo. |
| Riche. | Nanfoulo tigui. |
| Rivière. | Bâ (ba). |

| | |
|---|---|
| Rivière débordée. | Bâ abo. |
| Riz. | Maro. |
| Riz cuit. | Baya. |
| Route. | Silla (seelo). |
| Route (Il est en). | Abésilafé. |
| Ruisseau. | Coua. |

## S

| | |
|---|---|
| Sable. | Fri (kini-kini). |
| Sac de cuir. | Sourgo *ou* sassa. |
| Sais (Je). | Akalo *ou* abélo. |
| Sais pas (Je ne). | Amantoyolo *ou* amanlo. |
| Sandales. | Sabata (samata). |
| Sanglé (aliment usité au Sénégal). | Tau. |
| Sauce. | Na. |
| Sel. | Koyo (coo, ko). |
| Sensible. | Kadojo. |
| Sentier. | Sila. |
| Sœur. | Coro (ba ding mousa). |
| Soir (Le). | Oula. |
| Soleil. | Télé (tlé *ou* tie-lie). |
| Source. | Folo (*commencement*). |
| Sud. | ......... (boulla-ba). |

## T

| | |
|---|---|
| Terre. | Dougou (banko, koungo-koulo). |
| Tête. | Cou (koung, koun). |
| Tien (Le). | Héta. |
| Tirer. | Afouaré. |
| Tisserand. | Dari. |
| Toi *ou* vous. | Ilai. |

## VOCABULAIRES. 305

| | |
|---|---|
| Tout. | Abé (bee). |
| Trou. | Dâ[1] (dinka). |
| Tuer un bœuf. | Nici faya *ou* faja. |

### V

| | |
|---|---|
| Vache. | Nici mouso (nessie mousa). |
| Vais (Je m'en). | Bedaoua. |
| Va là-bas. | Tahata *ou* tajata. |
| Va-t-en. | Yaoua. |
| Vendre. | San. |
| Vent. | Foignan (feunnio). |
| Ventre. | Kono (konno). |
| Verroterie. | Kouo. |
| Viande fraîche. | Sobo kienday (viande, soubou). |
| Viendrai demain (Je). | Adina cini. |
| Viens ici. | Ana yan. |
| Village. | So. |
| Voir. | Yé (eagie). |
| Voleur. | Suinlikai (soun). |
| Vous *ou* toi. | Ilai (eeta[2], ee). |
| Vu (J'ai). | Akabéyé. |
| Vu (Je n'ai pas). | Aman yéba. |

---

## PETITES PHRASES EN MANDINGUE.

| | |
|---|---|
| Le pays des Mandingues est-il loin ? | Mandingua dougou a kadiau ? |
| Ce n'est pas loin. | Amadiau. |
| La tête me fait mal. | Cou adémino. |

(1) Ouverture en général. *Voir* la note ci-dessus, page 302.
(2) *Inta*, en arabe, *toi*.

III.

| | |
|---|---|
| Ne me donnes-tu rien aujourd'hui? | Até fin diamaubi? |
| Je vais laver du linge. | Ataja fany kau. |
| J'ai faim. | Koug abéfé. |
| Je suis rassasié. | Afada. |
| Viens avec moi. | Ana néfé. |
| Reste ici. | Asigui yan. |
| Va t'asseoir dans la maison. | Ataja sigui so kono[1]. |
| Veux-tu venir avec moi dans le pays mandingue? | Abégue taja néfé Mandinga dougou? |
| La route est bien mauvaise; il y a beaucoup de pierres et d'eau. | Sila adiougou dé, courou, qui, abefef. |
| Viens manger du riz. | Ana maro doume. |
| Je ne veux rien manger maintenant; je n'ai pas faim. | Até fin fin doume, cicin afada. |
| Tous les esclaves sont allés cultiver. | Youg abé taja sénéké. |
| Fais chauffer de l'eau; *mot à mot*, mettez l'eau sur le feu. | Ablagui tafé. |
| Quand elle sera chaude, tu me la donneras. | Akakala kadiaman. |
| Je veux me laver le corps. | Abégue mojo kau. |
| Valeur d'une piastre. | Lankono. |
| Je suis fatigué. | Aségué. |
| Reposons-nous. | Asigui doudine. |
| Le dîner est sur le feu. | Tau abétafé. |
| Il n'y a rien ici. | Fin fen até yan. |
| Quelque chose. | Fin fen (fenké). |
| Donne-moi de l'eau. | A gui diamau. |
| Apporte-moi de l'eau chaude. | Ana gui kala. |

(1) *So* signifie *village*.

| | |
|---|---|
| Parles-tu mandingue ? | Ka mandinga kou ? |
| Cela est-il à vendre ? | Adi-san ? |
| Comment vous portez-vous ? | Enékiendaï ? |
| Bien; merci. | Baraba. |
| Prenez garde à vous. | Akaitou. |
| Otez-vous de la route. | Agoé sila. |
| Venez manger de la viande. | Ana sobo doume. |
| Mettez-le sur le feu. | Abla tafé boudou. |
| Je vais dans le village. | A taja so-fé. |
| Comment nommez-vous cela ? | Tiez tojo di. |
| Je ne sais pas. | Aman tojo lo[1]. |
| Cela se nomme..... | Atojo..... |
| C'est vrai. | Okai. |
| Ce n'est pas vrai. | Até kai. |
| Cherche-le. | Fouré. |
| C'est court. | Kadojo. |
| Mouche-toi. | Enoukai. |
| C'est fini. | Abinda. |
| Cela guérira. | Adiba. |
| C'est guéri. | Abinda. |
| Ce n'est pas cuit. | Amamoéba. |
| Êtes vous bien portant ? | Akiendai ? |
| Ne pleure pas. | Amaukou. |
| C'est prêt. | Bedacé. |
| Ce n'est pas prêt. | Amaucéba. |

[1] Je ne sais pas le nom de cela.

2.º

# VOCABULAIRE FRANÇAIS-KISSOUR,

Parlé à Temboctou et sur les bords du Dhiolibâ jusqu'à Djenné.

### NOMS DE NOMBRE.

| | |
|---|---|
| Un. | Afau (affoo, D.)[1]. |
| Deux. | Ainka (nakinka, D.). |
| Trois. | Aindhia (nahinza, D.). |
| Quatre. | Ataki (attakee, D.). |
| Cinq. | Igou, norgou (aggoo, D.). |
| Six. | Idou (iddoo, D.). |
| Sept. | Yé (ea, D.). |
| Huit. | Ya-a (yaha, D.) |
| Neuf. | Yaga (yagga, D.). |
| Dix. | Oué, noroue (auwy, D.). |
| Onze. | Oué kindi fau. (auwy kind ofoo, D.). |
| Douze. | Oué kindi inka ( —— —— linka, D.). |
| Treize. | Oué kindi india ( —— —— linza, D.). |
| Quatorze. | Oué kindi taki ( —— —— takee, D.). |
| Quinze. | Oué kindi igou ( —— —— aggoo, D.). |

(1) J'ai ajouté entre parenthèses plusieurs mots de la langue parlée à Temboctou, selon le capitaine Lyon et le major Denham : ces derniers sont accompagnés de la lettre D; il est remarquable qu'ils sont tous confirmés par M. Caillié, et, parmi les autres, à peine un seul. Les mots donnés par Robert Adams à M. Dupuis sont dans le même cas que ceux du capitaine Lyon. Cette discordance ne peut prouver à elle seule la fausseté du voyage d'Adams; mais elle est du moins très-digne d'attention. Voyez ci-dessus, ch. I, § 1. E. J.

| | |
|---|---|
| Seize. | Oué kindi idou (auwy kind iddoo, D.). |
| Dix-sept. | Oué kindi yé (—— —— ea, D.). |
| Dix-huit. | Oué kindi ya-a (—— —— yaha, D.). |
| Dix-neuf. | Oué kidda yaga (—— —— yagga, D.). |
| Vingt. | Ouaranca-fossi *ou* tobée (warunka, D.). |
| Trente. | Ouarandia (warunza, D.). |
| Quarante. | Oué taki (woytakkee, D.). |
| Cinquante. | Oué gou (way oggoo, D.) |
| Soixante. | Oué dou. |
| Soixante-dix. | Oué yé. |
| Quatre-vingt. | Oué ya-a. |
| Quatre-vingt-dix. | Oué yaga. |
| Cent. | Yangoufou. |
| Mille. | Yangoué. |

# A

| | |
|---|---|
| Acheter. | Daye. |
| Aller, va. | Koyé (koey, D.). |
| Ambre. | Saca. |
| Ane. | Forka (furka, D.; chaïd). |
| Apporter. | Kati (kata, D.). |
| Argent. | . . . . . . n'surfa, D.). |
| Assieds-toi. | Gro. |
| Aujourd'hui. | Hau. |

# B

| | |
|---|---|
| Barbe. | Kabi (kabi, D.; heti) |
| Beau. | Koro, tienta (belle). |
| Beaucoup. | Abeau. |

| | |
|---|---|
| Beurre. | Gui. |
| Bœuf. | Haou (hou, D.). |
| Boire. | Nine (ushti). |
| Bois. | Toucouri (togoolee, D.; esheri). |
| Bon. | Agouman (aboree, D.). |
| Bouche. | Mi (mey, D.; fetti). |

## C

| | |
|---|---|
| Calebasse. | Tio. |
| Cauris [1]. | Kolo. |
| Chameau. | Vio (yeo, D.; *so*, B.[2]); elgimmo. |
| Cheval. | Bari (barree, D.; aïs). |
| Ciel. | Bini (engi). |
| Combien. | Morgué. |
| Culotte. | Sibi (Seeby, D.). |
| Coussabe. | Darbi. |
| Couteau. | Simi (Hoorie, D.). |

## D

| | |
|---|---|
| Dattes. | Garbi. |
| Dieu. | Yalloye (Allah). |
| Donne. | Néau. |
| Dormir. | Kani (anti). |

## E

| | |
|---|---|
| Eau. | Hari (Hary, D.; *boca*,). ami B. |
| Esclave. | Bania. |

---

(1) Coquille servant de monnaie. (2) Selon Bowdich.

| | |
|---|---|
| Esclave mâle. | ...... (bunneea, D.). |
| —— femelle. | Coumou (kongo, D.). |
| Et. | Kindi (kind, D.). |

### F

| | |
|---|---|
| Femme. | Honi (weey, D., *jumpsa*, alintoo, B.). |
| Feu. | Nonnez (jarrec, D., ofi.). |

### H

| | |
|---|---|
| Herbe. | Sobo. |
| Homme. | Harre (harree, D.; *jungo*, abinda, B.). |

### L

| | |
|---|---|
| Lait. | Oi (wah, D.; alebsi). |
| Lève-toi. | Teune. |
| Lune. | Idou (hitte). |

### M

| | |
|---|---|
| Main. | Lamba (kambah', D.; akood[1]). |
| Maison. | Ho (hoo, D.; *dah*, B.; bactoo). |
| Manger. | Lem-lem ' (ngha, D.). |
| Marchandises. | Almane. |
| Matin. | Soubah (*arabe*). |
| Mauvais. | Fante (affootoo, D.; ferri). |
| Miel. | Yiho. |
| Mil. | Haini. |

---

(1) Ou akhod. C'est un mot arabe qui signifie *prends*: on a sans doute pris le geste de la main pour la main elle-même. E. J.

| | |
|---|---|
| Mortier. | Popo tondi. |
| Mouton. | Firgui (fagee, D.; taili). |

## N

| | |
|---|---|
| Nez. | Nini (hoshti [2]). |
| Non, ne pas. | Aci. |

## O

| | |
|---|---|
| Œil. | Némodé (œil : aiti, D. Les yeux : moh-inka, D. aiti). |
| Ombre. | Sa ça. |
| Or. | Hora (oora, D.; agreef; dodi). |

## P

| | |
|---|---|
| Pagne. | Thiugo. |
| Petit. | Kini-kini (katch). |
| Peu. | Kini-kini. |
| Pied. | Nakidi (kay, d.; odthi). |
| Pierre. | Toudi. |
| Pilon. | Tendi. |
| Pirogue. | Héi. |
| Pluie. | Bana. |
| Poisson. | Harihau. |
| Pot. | Cousso. |

---

(1) Ce mot est peut-être le mot *viande* en arabe, pris pour l'action de manger, par suite d'une erreur semblable à la précédente. E. J.

(2) On remarquera encore ici l'analogie de ce mot avec *usthi, boire*. N'est-ce pas la position de la main dans l'action de boire qui est cause de la confusion faite par le capitaine Lyon? E. J.

## VOCABULAIRES.

Poule. Grougo.
Puits. Bangou ( bungo , D. ).

### R

Rassasié. Acongo.
Regarder. Emagouno.
Riche. Almankoye.
Rivière. Hissa ( issa, D. ; bori ).
Riz. Mau.
Roi. Tigini.

### S

Sabre. Takeba.
Sanglé (voir le voc. man- Tasso.
 dingue).
Sel. Kiri.
Soir. Kiki ( kecgec, D., *nuit*.).
Soleil. Ouéna ( offitti, D.).
Soulier. Tamo[1] ( tarno, D. ).

### T

Tabac. Sira.
Tabatière. Bata.
Terre. Ganda. ( gunda , D. ).
Tête. Homo ( bongo, D. ; agodi ).

### V

Vendre. Nira.

---

(1) Il faut sans doute ici le même mot, *tarno* ou *tamo*.

| | |
|---|---|
| Vent. | Héou. |
| Verroterie. | Hiri. |
| Viande. | Ham (hum, D.; taasoo). |
| Viens. | Ka (kaa, D.; ka). |
| Ville. | Koyéra (agherri). |
| Voir. | Emagouno. |

## PETITES PHRASES EN KISSOUR.

| | |
|---|---|
| Comment vous portez-vous ? | Ouandagare ? |
| Je me porte bien. | Dalanfia. |
| Quel est ton nom ? | Makin néare ? |
| Qu'est-ce que c'est ? | Makin-makin ? |
| Que veux-tu ? | Néouri makin ? |
| Je ne veux rien. | Eno ouri méné yaya. |
| Va-t-en, cours. | Koyé. |
| Ouvrez la porte. | Fère. |
| Qui est-là ? | Main nono ? |
| Fais du feu. | Dem nounez. |
| Apporte de l'eau. | Kati hari. |
| Il n'y en a pas. | Acibara. |
| Il y en a. | Abara. |
| Je ne suis pas rassasié. | Aci congo |
| Va chercher ou apporte du feu. | Koyé kati nounez. |
| Couche-toi. | Gro. |
| Couche-toi, et dors. | Gro-kani. |
| Comment vous portez-vous ce matin ? | Ené soubah ? (*arabe*.) |
| Je me porte bien. | A lanfia sidi. |
| Je veux. | Abegue. |

# VOCABULAIRES.

## OBSERVATIONS SUR LE MANDINGUE ET LE KISSOUR.

### 1.° *Note sur le mandingue.*

Il paraît que la syllabe *fé* est le signe de la préposition *sur*, *dans* ou *avec*, et que cette préposition se met à la suite du substantif; exemples: *tafé*, sur le feu; *nefé*, avec moi; *sofé*, dans le village; *silafé*, en route, etc.

La négation s'exprime par *até* ou *té*. Cependant on remarque plusieurs mots qui emportent l'idée de négation, et qui sont précédés seulement de *a* ou *am*.

La syllabe *ka* paraît employée pour exprimer *être*, soit au positif, soit avec interrogation.

Le mot *vouloir* ou *volonté* n'est pas dans le vocabulaire; mais les phrases présentent un exemple de l'emploi du mot *abegue* avec ce sens. Au reste, le vocabulaire de Temboctou donne aussi *abegue* pour *je veux*.

Le relatif *qui*, *quel*, *quoi*, n'est pas indiqué non plus dans le vocabulaire ni dans les phrases; mais le mot *comment*, dans cette phrase, Comment nommez-vous cela? correspond à *quel*. En effet, *tiéz tokho di* se traduit littéralement par, *quel nom cela?* autrement, *quel est le nom de cela? tiéz* est donc équivalent de *quel*.

J'ai ajouté le mot *nom*, qui n'était pas dans le vocabulaire, d'après les trois phrases *tiéz tokhodi*, *amân tokholo*, *atokho*...

### 2.° *Note sur le kissour.*

Il paraît, par plusieurs petites phrases en kissour, que le mot *makin* correspond au signe du relatif *qui* ou *quoi*; *neare* au mot *nom*; *ouri* ou *néouri*, à *desirer*. J'ai introduit dans le vocabulaire quelques autres mots que les phrases fournissent.

Le vocabulaire du major Denham est composé de soixante-sept mots, sans les nombres; celui de M. Caillié, de quatre-vingt-dix. Une quarantaine de mots seulement sont communs aux deux; mais la presque totalité est conforme dans l'un et l'autre; il en est de même des noms de nombre: ce fait est remarquable. Au contraire, comme je l'ai dit, les mots d'Adams, Bowdich, Lyon, diffèrent entièrement de ceux de M. Caillié.

# CHAPITRE III.

## ITINÉRAIRE DE M. CAILLIÉ,
### DE KAKONDY A TANGER PAR TEMBOCTOU.

| DATES. | DIRECTION DE LA ROUTE selon le nord de la boussole. | NOMBRE de milles parcourus. (1) | NOMS DES LIEUX. | OBSERVATIONS. |
|---|---|---|---|---|
| | | | I.re PARTIE. — DE KAKONDY A TIMÉ. | |
| 1827. 19 avril. | | | Kakondy............ | Départ de Kakondy à 9 heures du matin, avec une petite caravane de dix-huit personnes (dont une femme), tous allant à pied et chargés. |
| | S. S. E. | 2. | | |
| | E. 1/4 S. E. | 12. | .................. | Halte vers 1 heure. |
| | S. E. puis E. | 2. | | |
| | E. | 7. | .................. | Halte et repos à la nuit. |
| 20. | E. S. E. | 1. | .................. | Départ à 5 heures du matin. |
| | N. E. | 1. | | |
| | E. 1/4 N. E. | 1. | | |
| | E. | 1. | | |
| | N. E. | 1. | | |
| | E. N. E. | 3. | | |
| | N. E. 1/4 E. | 1. | Tankilita........... | Halte à 11 heures. |
| | E. N. E. | 1 1/2. | Auprès d'Oréous..... | Départ à 2 heures. |
| | E. 1/4 S. E. | 4. | | |

(1) C'est le mille anglais dont il s'agit, le voyageur ayant pris l'habitude, avant son départ de Sierra-Leone, d'estimer sa marche, dans un temps donné, d'après un espace mesuré en milles anglais.

Tous les autres détails de la route, et ceux qui sont relatifs aux accidens du sol, sont notés dans le journal du voyage, auquel il faut recourir pour bien connaître les circonstances de la marche du voyageur.

| DATES. | DIRECTION DE LA ROUTE selon le nord de la boussole. | NOMBRE de milles parcourus. | NOMS DES LIEUX. | OBSERVATIONS. |
|---|---|---|---|---|
| 20 avril. | E. S. E. | 2. | .................... | Halte au coucher du soleil. |
| 21. | E. S. E. | 1. | | |
| | S. E. | 1. | | |
| | S. S. E. | 1. | | |
| | E. S. E. | 3. | | |
| | S. S. E. | 1/2. | Près de Sancoubadialé. | |
| | E. S. E. | 2. | | |
| | S. E. | 1/2. | .................... | Halte à 10 heures. |
| | S. E. | 1. | .................... | Départ à midi. |
| | S. 1/4 S. E. | 1. | | |
| | S. E. | 1/2. | | |
| | E. S. E. | 1/2. | | |
| | N. E. | 1/2. | | |
| | E. N. E. | 1/4. | | |
| | E. | 1/4. | | |
| | S. E. | 2 1/4. | | |
| | S. | 1/2. | | |
| | S. E. | 3/4. | | |
| | S. E. | 1 1/2. | Daourkiouar ........ | Halte à 3 heures. |
| 22. | E. S. E. | 1/2. | .................... | Départ à 5 heures du matin. |
| | E. | 1. | | |
| | S. E. | 1. | .................... | Aperçu, à peu de distance à droite, Lombar. |
| | E. 1/4 S. E. | 1/2. | | |
| | E. S. E. | 1/4. | Daourkiouarat. | |
| | E. N. E. | 1/2. | | |
| | E. | 3/4. | | |
| | N. E. | 1/2. | | |

| DATES. | DIRECTION DE LA ROUTE selon le nord de la boussole. | NOMBRE de milles parcourus. | NOMS DES LIEUX. | OBSERVATIONS. |
|---|---|---|---|---|
| 22 avril. | E.N.E. | 3/4. | .................. | Halte à 11 heures; départ à midi et demi. |
| | E. | 1/2. | | |
| | S. E. | 3/4. | | |
| | E. | 1/4. | | |
| | S. E. | 1/2. | | |
| | E. S. E. | 1/2. | | |
| | S. E. | 1/2. | | |
| | E. | 1/2. | | |
| | E. 1/4 S. E. | 1/2. | | |
| | E. | 1. | | |
| | E. S. E. | 1. | Coussotami.......... | A 5 heures du soir. |
| 23. | E. | 1/2. | | |
| | E. N. E. | 1. | | |
| | E. | 1. | | |
| | E. N. E. | 1. | | |
| | E. | 2. | | |
| | S. E. | 1. | | |
| | S. E. | 1/2. | .................. | Montagnes de 5 à 600 pieds d'élévation. |
| | E. | 1/2. | | |
| | E. S. E. | 1. | | |
| | E. | 1. | .................. | Halte, arrivé au sommet de la montagne. |
| | E. | 1. | | |
| | E. S. E. | 1/2. | | |
| | S. E. | 1/2. | | |
| | E. | 1/2. | | |
| | E. S. E. | 1. | | |

| DATES. | DIRECTION DE LA ROUTE selon le nord de la boussole. | NOMBRE de milles parcourus. | NOMS DES LIEUX. | OBSERVATIONS. |
|---|---|---|---|---|
| 23 avril. | E. S. E. | 1/2. | | |
| | E. | 1/2. | | |
| | S. E. | 1/2. | Passé près Dougué. | |
| 24. | E. N. E. | 1. | Mirayé............ | A 1 mille de Dougué, S. E. |
| | E. S. E. | 1/2. | | |
| | E. | 1. | | |
| | E. S. E. | 1. | | |
| | S. E. | 1/2. | | |
| | S. S. E. | 1. | | |
| | " | 1. | | |
| | E. S. E. | 2. | | |
| | E. S. E. | 1. | | |
| | E. | 1. | | |
| | S. E. | 1/2. | | |
| | S. S. E. | 1. | | |
| | S. E. | 1/4. | | |
| | E. | 2 1/2. | | |
| | E. S. E. | 1/2. | | |
| | S. S. E. | 1/2. | | |
| | " | 1 1/2. | Dongol. | |
| 25. | S. E. | 1/2. | | |
| | E. | 1/2. | | |
| | S. E. | 1/2. | | |
| | N. E. | 1/.2 | | |
| | E. N. E. | 1. | | |
| | S. E. | 1/2. | | |
| | E. | 1. | | |
| | S. E. | 1. | | |

# ITINÉRAIRE.

| DATES. | DIRECTION DE LA ROUTE selon le nord de la boussole. | NOMBRE de milles parcourus. | NOMS DES LIEUX. | OBSERVATIONS. |
|---|---|---|---|---|
| 25 avril. | E. S. E. | 1/2. | | |
| | E. N. E. | 1/4. | | |
| | E. S. E. | 1 1/2. | | |
| | E. | 1 1/2. | | |
| | N. E. | 1/2. | | |
| | E. | 1/4. | L'Antégué......... | Séjour. |
| 26. | ″ | ″ | | |
| 27. | S. E. | 1 1/2. | | |
| | E. | 1. | | |
| | S. S. E. | 1. | | |
| | S. E. | 1. | | |
| | E. | 1. | | |
| | N. E. et E. | 1. | | |
| | E. | 2. | | |
| | E. S. E. | 1. | | |
| | E. S. E. | 1/2. | | |
| | N. E. | 1. | | |
| | E. S. E. | 1. | | |
| | E. | 1. | Pandéya. | |
| 28. | E. | 1. | | |
| 29. | E. S. E. | 1/2. | | |
| | S. S. E. | 1. | ............... | Pierres volcaniques. |
| | E. | 3. | | |
| | E. N. E. | 2. | ............... | Gravi une haute montagne de 5 à 600 pieds, appelée *Touma*, séparant le pays d'Irnanké du Fouta-Dhialon. |
| | E. | 2. | Courgin. | |
| | E. N. E. | 1. | | |

# ITINÉRAIRE.

| DATES. | DIRECTION DE LA ROUTE selon le nord de la boussole. | NOMBRE de milles parcourus. | NOMS DES LIEUX. | OBSERVATIONS. |
|---|---|---|---|---|
| 29 avril. | E. | 1. | Comi-Sourignan. | |
| 30. | S. E. | 1. | | |
| | E. S. E. | 1/2. | | |
| | S. E. | 1. | | |
| | E. | 1/2. | | |
| | N. E. | 1/2. | | |
| | E. | 1/2. | Teléouel. | |
| | E. | 1. | .................... | Route de Labé, qui est à 2 jours au N. E. 1/4 E. |
| | N. E. | 1. | | |
| | E. S. E. | 2. | | |
| | E. S. E. | 2 1/2. | Bouma-Filasso. | |
| | S. S. E. | 1. | | |
| | E. S. E. | 1. | | |
| | E. | 1. | Marca. | |
| | E. S. E. | 1 1/2. | Guéré-Témilé. | |
| 1.er mai. | E. S. E. | 1/2. | | |
| | E. | 1. | | |
| | E. S. E. | 2. | Bourouel. | |
| | S., S. S. E. et S. E. | 2. | | |
| | S. S. E. | 3. | Popoco,............ | Séjour. |
| 2. | " | " | .................... | A 2 milles N. E. de Popoco, Tiéleri. |
| 3. | " | " | | |
| 4. | E. S. E. | 2. | | |
| | S. S. E. | 1. | | |
| | S. E. | 1 1/2. | Gotébourel......... | A 1 mille au S. de la route. |
| | E. S. E. | 4. | Dité............... | A 2 jours au S. E. 1/4 S. de Dité, est la ville de Timbo. |
| 5. | S. S. E. | 1. | | |

# ITINÉRAIRE.

| DATES. | DIRECTION DE LA ROUTE selon le nord de la boussole. | NOMBRE de milles parcourus. | NOMS DES LIEUX. | OBSERVATIONS. |
|---|---|---|---|---|
| 5 mai. | E. S. E. | 2. | Foucouba. | |
| | E. | 1. | Digui. | |
| 6. | E. S. E. | 1/2. | | |
| | S. E. | 1. | | |
| | E. S. E. | 1. | Courou. | |
| | E. S. E. | 4. | | |
| | E. S. E. | 2 1/2. | Bady. | |
| | E. S. E. | 1 1/2. | Doudé. | |
| 7. | E. S. E. | 3. | | |
| | E. | 1. | Couraco. | |
| | S. E. | 1/2. | Coulinco. | |
| | E. S. E. | 1/2. | | |
| | S. | 1/2. | Cagnola. | |
| | E. S. E. | 1 1/2. | | |
| | S. | 1. | | |
| | S. S. E. | 1. | | |
| | E. S. E. | 3. | Báfila. | |
| 8. | E. | 1. | | |
| | S. E. | 1/2. | Auprès du Bâ-fing.... | Le Bâ-fing est l'origine du Sénégal. |
| | E. S. E. | 1. | Langoué. | |
| | S. E. | 4 1/2. | | |
| | S. | 1. | | |
| | S. E. | 1. | | |
| | E. | 1/2. | | |
| | S. E. | 1. | | |
| | E. | 1. | | |
| | S. E. | 1/2. | Fondédia. | |

| DATES. | DIRECTION DE LA ROUTE selon le nord de la boussole. | NOMBRE de milles parcourus. | NOMS DES LIEUX. | OBSERVATIONS. |
|---|---|---|---|---|
| 9 mai. | E. S. E. | 2 1/2. | | |
| | E. N. E. | 1. | | |
| | E. | 3. | Dimayara. | |
| | E. | 3. | Féla............ | Village mandingue. |
| | E. | 2 1/2. | Foramanca.......... | Un peu sur la gauche de la route. |
| | S. E. | 5. | Sanguessa. | |
| | // | // | | |
| 10. | S. E. | 1 1/2. | | |
| | E. | 3. | Cambaya........... | Plaine de Kankan - Fodé. |
| | E. | 3. | | Ici la caravane se divise. Séjour. |
| 30. | E. | 2 1/2. | | |
| 31. | // | // | Bagaraya. | |
| 1.er juin. | S. E. | 4. | | |
| | E. | 3. | Socodatakha........ | Halte. |
| 2. | E. | 1. | | |
| | E. S. E. | 4. | | |
| | E. | 10. | | |
| 3. | E. | 1. | | |
| | E. | 3. | | |
| | S. E. | 1. | | |
| | E. | 10. | | |
| 4. | E. | 1/2. | | |
| | S. E. | 2 1/2. | | |
| | E. | 3. | | |
| | E. | 9. | Saraya............ | Premier village du Baléya. |
| 5. | // | // | | |

## ITINÉRAIRE.

| DATES. | DIRECTION DE LA ROUTE selon le nord de la boussole. | NOMBRE de milles parcourus. | NOMS DES LIEUX. | OBSERVATIONS. |
|---|---|---|---|---|
| 6 juin. | E. S. E. | 1. | | |
| | E. | 3. | Forimanlaya. | |
| | E. | 1 1/2. | | |
| | E. | 1/2. | Sancougnan. | |
| 7. | E. et S. E. | 1. | | |
| | E. S. E. | 1. | | |
| | E. | 1. | Courouman-Cambaya.. | Séjour. |
| 8. | " | " | | |
| 9. | " | " | | |
| 10. | E. | 3. | Siraléa. | |
| | S. E. | 9. | | |
| | S. E. | 3. | Bacocouda.......... | Ce village est le dernier du Baléya. |
| 11. | S. E. | 14. | Couroussa.......... | Village du pays d'Amana, sur le Dhiolibâ. Séjour. |
| 12. | " | " | | |
| 13. | S. E. | 1. | | |
| | E. | 6. | Sembarala......... | Situé sur le fleuve de Dhiolibâ. |
| | S. E. | 2. | | |
| | " | " | Kunancodo. | |
| 14. | S. S. E. | 1. | | |
| | S. E. | 2. | ................. | Passé près du fleuve. |
| | E. | 6. | | |
| | N. | 1/2. | Fessadougou. | |
| 15. | S. E. | 4. | Farancou-Mabata. | |
| 16. | S. S. E. | 9. | | |
| 17. | S. E. | 3. | | |
| | S. | 7. | | |
| | S. E. | 3. | | |

| DATES. | DIRECTION DE LA ROUTE selon le nord de la boussole. | NOMBRE de milles parcourus. | NOMS DES LIEUX. | OBSERVATIONS. |
|---|---|---|---|---|
| 17 juin. | S. | 1 1/2. | | |
| | S. E. | 2. | | |
| | S. S. E. | 2 1/2. | KAN-KAN........ | Séjour d'un mois. |
| 16 juillet | E. | 1. | | |
| | E. | 2. | ................ | Départ. |
| | E. | 12. | ................ | Marche de nuit, 1 heure. |
| 17. | E. | 24. | Dié. | |
| | E. S. E. | 6. | Diécoura. | |
| 18. | E. S. E. | 2. | Kimba. | |
| 19. | S. | 1. | | |
| | S. | 4. | | |
| | S. | 10. | Morocé. | |
| 20. | S. S. E. | 1. | | |
| | E. S. E. | 9. | | |
| | S. E. | 1. | | |
| | S. S. E. | 3. | Codiba. | |
| 21. | E. | 2. | Sigala. | |
| 22. | S. E. | 6. | | |
| | S. S. E. | 3. | | |
| | S. | 2. | | |
| | S. S. E. | 2. | | |
| | S. E. | 3. | | |
| | E. S. E. | 2. | Siladougou. | |
| 23. | E. S. E. | 2 1/2. | | |
| | S. E. | 2 1/2. | | |
| | S. | 1/4. | | |
| | S. E. | 3. | Banancodo. | |
| | S. S. E. | 1. | Youmousso. | |

# ITINÉRAIRE.

| DATES. | DIRECTION DE LA ROUTE selon le nord de la boussole. | NOMBRE de milles parcourus. | NOMS DES LIEUX. | OBSERVATIONS. |
|---|---|---|---|---|
| 24 juillet | " | " | | |
| 25. | S. E. | 1. | | |
| | S. S. E. | 1. | | |
| | S. | 2. | | |
| | S. S. E. | 4. | | |
| | S. | 4. | Manegnan | Village du Folou. |
| 26. | E. | 1. | | |
| | S. E. 1/4 E. | 1. | | |
| | S. 1/4 S. E. | 4. | | |
| | S. | 2. | Nougouda. | |
| | S. | 4. | | |
| | S. E. | 1. | .................... | Marche un peu forcée. |
| | S. S. E. | 2. | | |
| | " | " | Tangouroman. | |
| 27. | S. S. E. | 1. | | |
| | S. E. | 2. | Sambatikila | Séjour de 5 jours. |
| 2 août. | E. S. E. | 2. | Cagnanço | Départ.—Village de Bambaras |
| | S. | 1. | | |
| | S. S. E. | 4. | Coro. | |
| | S. | 6. | Tinicoro. | |
| 3. | S. | 4. | Yangofiré. | |
| | E. | 2. | | |
| | S. E. | 1. | | |
| | S. | 1. | Brokhosso. | |
| | S. S. E. | 3. | Timé | Séjour de 5 mois. |

ITINÉRAIRE.

| DATES. | DIRECTION DE LA ROUTE selon le nord de la boussole. | NOMBRE de milles parcourus. | NOMS DES LIEUX. | OBSERVATIONS. |
|---|---|---|---|---|
| | | | II.ᵉ PARTIE. — DE TIMÉ A TEMBOCTOU. | |
| 1828. | | | | |
| 9 janvier | S. S. E. | 2. | .................... | Départ de Timé. |
| | S. S. E. | 2. | | |
| | E. S. E. | 3. | Dsagoé. | |
| | S. E. | 3. | Kienba. | |
| 10. | S. E. | 2. | | |
| | N. | 1. | | |
| | S. E. | 2. | Zangoériré. | |
| | N. E. | 4. | Dioumiégué. | |
| 11. | E. | 2. | | |
| | E. | 2. | | |
| | E. N. E. | 2. | | |
| | N. E. | 1. | | |
| | E. | 1. | Sinisso. | |
| 12. | N. E. | 4. | Salasso. | |
| | N. E. | 2. | | |
| | N. N. E. | 2. | Loubakho. | |
| 13. | N. E. | 4. | | |
| | E. N. E. | 3. | | |
| | N. E. | 5. | Cacorou. | |
| 14. | E. | 3. | | |
| | E. | 5. | Tisso-Soman. | |
| | E. | 6. | Sananço. | |
| 15. | E. | 1/2. | | |
| | N. E. | 3. | | |
| | E. 1/4 N. E. | 4. | | |

# ITINÉRAIRE.

| DATES. | DIRECTION DE LA ROUTE selon le nord de la boussole. | NOMBRE de milles parcourus. | NOMS DES LIEUX. | OBSERVATIONS. |
|---|---|---|---|---|
| 15 janv. | E. | 3. | Dhio. | |
| 16. | N. N. E. | 1/2. | | |
| | E. N. E. | 2. | | |
| | N. E. | 2. | | |
| | E. N. E. | 2. | Niourot. | |
| 17. | N. E. | 2. | | |
| | N. N. E. | 3. | | |
| | N. E. | 6. | Talé. | |
| 18. | N. N. E. | 1/2. | | |
| | N. E. | 6. | | |
| | N. | 3. | Borando. | |
| | N. | 6. | Syenço. | |
| 19. | N. E. | 1/2. | | |
| | N. 1/4 N. E. | 6. | Tangrera. | |
| 20. | N. | 2. | | |
| | N. N. O. | 3. | Fara. | |
| 21. | N. O. | 9. | Bangoro. | |
| 22. | N. O. | 3. | | |
| | N. N. O. | 2. | Débéna. | |
| 23. | N. N. E. | 1. | | |
| | N. | 3. | | |
| | N. E. | 2. | | |
| | E. N. E. | 2. | Tiara. | |
| 24. | N. E. | 2. | | |
| | N. N. E. | 3. | | |
| | N. 1/4 N. E. | 1/2. | Douasso. | |
| 25. | N. N. E. | 2. | | |
| | N. | 4. | Siracana. | |

| DATES. | DIRECTION DE LA ROUTE selon le nord de la boussole. | NOMBRE de milles parcourus. | NOMS DES LIEUX. | OBSERVATIONS. |
|---|---|---|---|---|
| 26 janv. | E. N. E. | 1/2. | | |
| | E. | 1 1/2. | | |
| | N. | 1/2. | | |
| | N. N. E. | 1. | Sounibara. | |
| | E. | 3. | Fara............... | Le Bagoé, rivière coulant à l'O. S. O. |
| 27. | N. N. E. | 1/2. | | |
| | N. E. 1/4 N. | 2. | Courounina. | |
| | N. E. | 2. | Missabougou. | |
| 28. | N. E. | 1. | | |
| | N. N. E. | 2. | | |
| | N. E. | 3. | Badiarana. | |
| 29. | N. | 1 1/2. | Timbala. | |
| 30. | N. 1/4 N. O. | 1. | | |
| | N. E. 1/4 N. E. | 8. | Touriat. | |
| 31. | N. N. E. | 1. | | |
| | N. E. 1/4 N. E. | 1. | Magna ou Magnan-Gnounan. | |
| | N. | 6. | | |
| | " | " | Khonkhola. | |
| 1.er févr. | N. 1/4 N. E. | 1. | | |
| | N. E. | 3. | Kiébala. | |
| | N. E. | 3. | Sérasso............. | Le Coua, rivière. |
| 2. | E. | 1/4. | | |
| | E. | 2. | ................. | Le journal porte E. N. E. |
| | E. N. E. | 2. | Mouriosso. | |
| | E. N. E. | 1/4. | | |
| | E. | 3 1/4. | | |
| | N. E. 1/4 E. | 1. | Oulasso. | |
| 3. | N. E. | 1. | | |

# ITINÉRAIRE.

| DATES. | DIRECTION DE LA ROUTE selon le nord de la boussole. | NOMBRE de milles parcourus. | NOMS DES LIEUX. | OBSERVATIONS. |
|---|---|---|---|---|
| 3 févr. | E. | 3. | Facibérisso. | |
| 4. | E. S. E. | 1 1/2. | | |
| | E. | 2 1/2. | Toumané. | |
| 5. | E. | 1/2. | | |
| | N. 1/4 N. E. | 2. | | |
| | N. E. 1/4 N. | 1. | Golasso. | |
| 6. | E. 1/4 N. E. | 3. | | |
| | N. E. 1/4 E. | 3. | Chesso. | |
| 7. | N. E. 1/4 N. | 3. | | |
| | N. 1/4 N. E. | 1. | Pala. | |
| 8. | N. E. | 4. | Macono. | |
| 9. | N. 1/4 N. E. | 1. | | |
| | N. | 2. | | |
| | N. E. 1/4 N. | 3. | Couara. | |
| 10. | E. N. E. | 1/2. | | |
| | N. E. 1/4 E. | 1. | | |
| | N. N. E. | 2. | | |
| | E. N. E. | 1 1/2. | Douasso............ | Séjour. |
| 11. | " | " | ................. | Le Couaraba, rivière. |
| 12. | N. | 1. | | |
| | N. 1/4 N. E. | 2. | | |
| | N. 1/4 N. E. | 1 1/2. | Sanasso. | |
| 13. | N. N. E. | 3. | | |
| | N. E. | 1. | | |
| | N. N. E. | 2. | Garo. | |
| 14. | N. | 4. | | |
| 15. | N. N. E. | 1. | | |
| | N. E. 1/4 N. | 4. | Nibakhasso. | |

| DATES. | DIRECTION DE LA ROUTE selon le nord de la boussole. | NOMBRE de milles parcourus. | NOMS DES LIEUX. | OBSERVATIONS. |
|---|---|---|---|---|
| 16 févr. | N. 1/4 N. E. | 3. | | |
| | N. N. E. | 1. | Ouattouro. | |
| 17. | N. | 1 1/2. | | |
| | N. N. E. | 4. | Saraclé. | |
| 18. | N. E. | 1. | | |
| | N. N. E. | 1. | | |
| | N. | 2. | Bamba. | |
| 19. | N. E. | 1 1/2. | | |
| | N. N. E. | 1. | | |
| | N. | 1. | Sanço. | |
| 20. | N. E. 1/4 N. | 2 1/2. | | |
| | N. E. 1/4 E. | 3. | | |
| | E. | 1/2. | Saga. | |
| 21. | N. E. 1/4 N. | 1/2. | | |
| | N. N. E. | 4. | | |
| | N. E. | 1. | Coloni. | |
| 22. | S. E. | 3. | | |
| | E. S. E. | 2. | | |
| | S. E. | 5. | Bancousso. | |
| 23. | N. E. | 2. | | |
| | E. N. E. | 1. | | |
| | N. E. | 1. | | |
| | ″ | 2. | | |
| | N. N. E. | 2. | | |
| | N. N. E. | 3. | | |
| | N. E. | 4. | Gniapé. | |
| 24. | E. S. E. | 2. | | |
| | E. | 1. | Couriban-Sanço. | |

# ITINÉRAIRE.

| DATES. | DIRECTION DE LA ROUTE selon le nord de la boussole. | NOMBRE de milles parcourus. | NOMS DES LIEUX. | OBSERVATIONS. |
|---|---|---|---|---|
| 25 févr. | E. N. E. | 3. | | |
| | E. | 1. | | |
| | E. N. E. | 1. | | |
| | E. | 4. | Kimpana. | |
| 26. | N. E. | 4. | | |
| 27. | N. N. E. | 2. | Carabara. | |
| | N. N. O. | 2. | | |
| | N. 1/4 N. E. | 1. | | |
| | N. | 3. | | |
| 28. | N. N. O. | 4. | Nenesso. | |
| | N. 1/4 N. O. | 2. | | |
| | N. 1/4 N. E. | 2. | Nomou. | |
| 29. | N. E. 1/4 E. | 2. | | |
| | N. E. | 2. | Tamero. | |
| 1.er mars. | N. 1/4 N. O. | 1/2. | | |
| | N. N. E. | 5. | Syenço. | |
| 2. | N. N. E. | 1. | | |
| | S. E. | 1/2. | | |
| | E. | 6. | Somou. | |
| 3. | N. E. | 1. | | |
| | N. E. 1/4 N. | 4. | | |
| | N. N. E. | 7. | Kinina. | |
| 4. | N. N. E. | 2. | | |
| | E. N. E. | 3. | | |
| | N. N. E. | 5. | Kirina. | |
| 5. | E. 1/4 N. E. | 1/2. | | |
| | N. E. | 4. | Foudouca. | |
| 6. | N. E. 1/4 E. | 9. | | |

# ITINÉRAIRE.

| DATES. | DIRECTION DE LA ROUTE selon le nord de la boussole. | NOMBRE de milles parcourus. | NOMS DES LIEUX. | OBSERVATIONS. |
|---|---|---|---|---|
| 6 mars. | N. | 1. | Medina. | |
| 7. | N. E. | 8. | Counignan. | |
| | " | 9. | | |
| 8. | N. E. | 2. | | |
| | N. E. | 6. | Toumadioman. | |
| | N. N. E. | 5. | Manianan. | |
| 9. | N. | 3. | Tomga. | |
| 10. | N. | 2. | | |
| | N. N. O. | 3. | Galia *ou* Cougalia. | |
| 11. | O. N. O. | 6. | .................. | On passe un gué. |
| | E. | 4. | DJENNÉ........... | Séjour de 13 jours. |

*Nota.* A partir de Kéra, la marche a été notée en heures, qui sont ici converties en milles, à raison de 2 milles pour une heure. Les marches de nuit, dirigées selon le nord vrai, sont notées sommairement dans la colonne d'observations.

| DATES. | DIRECTION DE LA ROUTE selon le nord de la boussole. | NOMBRE de milles parcourus. | NOMS DES LIEUX. | OBSERVATIONS. |
|---|---|---|---|---|
| 23. | Vers l'E. | " | Grand bras du Dhioliba. | Départ. |
| | S. | 3. | | |
| | N. N. E. | 3. | Galia *ou* Cougalia. | |
| | N. N. E. | 7. | Kéra. | |
| | N. E. | 12. | .................. | Au N. E. vrai. |
| 24. | " | 6. | Soufara........... | (4 mil. au N. E. vrai). |
| | N. | 7. | Cabia. | |
| | N. E. | 6. | | |
| | N. | 3. | | |
| | N. | 3. | Taco. | |
| | N. | 4. | Couma............ | (2 mil. au N. vrai). Halte. |
| 25. | N. | 5. | Taguetya. | |
| | " | 10. | Sankhaguibila...... | (8 mil. au N. vrai). Halte. |
| 26. | N. | 6. | .................. | Au N. vrai. |

# ITINÉRAIRE.

| DATES. | DIRECTION DE LA ROUTE selon le nord de la boussole. | NOMBRE de milles parcourus. | NOMS DES LIEUX. | OBSERVATIONS. |
|---|---|---|---|---|
| 26 mars. | N. | 20. | Diébé. | |
| | N. | 6. | Isaca.............. | Au N. vrai. Halte. |
| 27. | " | " | | |
| 28. | N. | 6. | | Départ à 4 heures du matin. |
| 29. | N. | 12. | ................. | Au N. vrai. |
| | N. | 4. | | |
| | N. | 2. | Ouanda-Cora. | |
| | N. | 4. | Ouanza........... | ( 4 mil. au N. vrai ). |
| 30. | N. | 10. | ................. | Au N. vrai. |
| | N. | 6. | Sançan. | |
| | N. E. | 2. | | |
| | N. E. | 9. | ................. | Au N. E. vrai. |
| 31. | N. | 2. | Coro-Coïla. | |
| | N. | 6. | Cobi. | |
| | N. | 3. | Cona............. | Au N. vrai. |
| | N. | 2. | | Au N. vrai. |
| 1.er avril. | N. | 8. | | |
| | N. | 4. | | |
| | N. | 1. | Toï. | |
| 2. | N. | 22. | ................. | Au N. vrai. |
| | N. | 14. | Le lac Débé. | |
| | N. E. | 4. | Gabibi. | |
| | O. N. O. | 10. | Didhiover......... | A l'O. N. O. vrai. |
| 3. | N. | 14. | | |
| | E. | 4. | | |
| 4. | N. et O. | 4. | ................. | Monjo, à moitié chemin. |
| | N. E. | 4. | | |
| | N. | 1. | Có. | |

| DATES. | DIRECTION DE LA ROUTE selon le nord de la boussole. | NOMBRE de milles parcourus. | NOMS DES LIEUX. | OBSERVATIONS. |
|---|---|---|---|---|
| 4 avril. | N. E. | 3. | | |
| | N. E. | 9. | Do. | |
| | O. | 4. | Sa. | |
| 5. | N. O. et N. E. | 10. | Baraconga. | |
| | N. E. | 4. | Tantala. | |
| | N. E. | 10. | | |
| | N. E. | 2. | Couma............ | Au N. E. vrai. |
| 6. | E. | 20. | Lelel............. | (2 mil. à l'E. vrai). |
| | E. | 3. | Garfola. | |
| | E. | 5. | Dobou............ | (2 mil. à l'E. vrai). |
| 7. | N. E. | 2. | Filinça. | |
| | " | 1. | Baracondié........ | Halte. |
| 8. | O. | 12. | Tircy............ | (2 mil. à l'O. vrai). Séjour de 2 jours. |
| 11. | N. O. et E. | 2. | Talbocaïla......... | Départ à 6 heures du matin. |
| | O. et E. | 4. | | |
| | E. | 4. | | |
| | N. | 2. | | |
| | N. | 4. | ................. | (2 mil. au N. vrai). |
| 12. | E. et S. | 6. | ................. | (2 mil. à l'E. et au S. vrais). |
| | N. | 4. | | |
| | N. | 2. | Salacoïla. | |
| | N. | 6. | | |
| | N. E. | 12. | ................. | (8 mil. au N. E. vrai). |
| 13. | E. | 10. | | |
| | N. | 6. | ................. | Au N. vrai. |
| 14. | N. et N. E. | 4. | | |
| | E. | 4. | | |

| DATES. | DIRECTION DE LA ROUTE selon le nord de la boussole. | NOMBRE de milles parcourus. | NOMS DES LIEUX. | OBSERVATIONS. |
|---|---|---|---|---|
| avril. | N. E. | 10. | Diré............ | Sur la rive gauche du fleuve. |
| | E. | 8. | ............ | (4 mil. à l'E. vrai). |
| 15. | E. | 5. | ............ | |
| | N. E. | 14. | Khokhoula. | |
| | E. | 8. | Cora. | |
| 16. | N. E. | 6. | | |
| | E. | 8. | | |
| | N. | 4. | Camp des Touariks.... | Au N. vrai. Sur la rive gauche du fleuve. |
| 17. | N. | 4 à 5. | | |
| | E. puis N. | 8. | Coratou........... | (2 mil. au N. vrai). |
| | N. | 4. | ............ | Au N. vrai. |
| 18. | N. E. | 4. | ............ | (2 mil. au N. E. vrai). |
| | N. E. | 2. | ............ | Au N. E. vrai. Halte. |
| 19. | N. E. | 2. | ............ | On rencontre un grand marigot sur la rive gauche du fleuve. |
| | N. E. | 2. | Camp du chef des Touariks. | |
| | N. E. | 2. | ............ | En face de l'île. Halte. |
| | E. 1/4 N. E. | 2. | ............ | Le fleuve se partage en deux branches qui font un angle d'environ 80 degrés. |
| | E. 1/4 N. E. | 6. | Port de Cabra. | |
| | " | 4. | Cabra........... | A 3 mil. au N. du port. On fait ce chemin en 2 heures. |
| 20. | N. | 5. | TEMBOCTOU......... | Séjour de 14 jours. |

# ITINÉRAIRE.

| DATES. | DIRECTION DE LA ROUTE selon le nord de la boussole. | NOMBRE de milles parcourus. | NOMS DES LIEUX. | OBSERVATIONS |
|---|---|---|---|---|

### IIIᵉ PARTIE. — DE TEMBOCTOU A TANGER.

| DATES. | DIRECTION | MILLES | NOMS | OBSERVATIONS |
|---|---|---|---|---|
| 4 mai. | N. | 18. | .................. | Départ à 8 heures ½ du ma avec une caravane de à 800 chameaux, chargés 400 à 500 livres chacu |
| 5. | N. | 20. | | |
| 6. | N. | 14. | .................. | ( 4 mil. au N. vrai ). |
| 7. | N. | 24. | .................. | ( 14 mil. au N. vrai ). |
|  | N. N. O. | 16. | .................. | ( 14 mil. au N. N. O. vrai ) |
| 8. | N. N. O. | 8. | | |
| 9. | N. | 27. | .................. | ( 23 mil. au N. vrai ). |
|  | N. | 5. | L-A'raouân......... | Au N. vrai. Séjour de 9 jo |
| 19. | N. E. | 3. | .................. | Départ à 7 heures ½ du ma Caravane de 1,400 chame chargés d'environ 500 et composée de 250 hom à pied. Les conducteurs chameaux se relaient to les 2 ou 3 heures. |
|  | N. ¼ N. O. | 17. | | |
| 20. | N. | 11. | .................. | ( 2 mil. au N. vrai ). |
| 21. | N. | 26. | .................. | ( 18 mil. au N. vrai ). |
| 22. | N. | 32. | .................. | ( 24 mil. au N. vrai ). |
| 23. | N. | 34. | .................. | ( 24 mil. au N. vrai ). |
| 24. | N. | 33. | .................. | ( 24 mil. au N. vrai ). |
| 25. | N. | 34. | .................. | ( 24 mil. au N. vrai ). |
|  | N. | 12. | .................. | ( 8 mil. au N. vrai et 3 à |
| 26. | E. | 20. | Télig. | |

## ITINÉRAIRE.

339

| DATES. | DIRECTION DE LA ROUTE selon le nord de la boussole. | NOMBRE de milles parcourus. | NOMS DES LIEUX. | OBSERVATIONS. |
|---|---|---|---|---|
| 27 mai. | N. O. | 4. | | |
| 28. | N. O. | 9. | | |
| 29. | N. | 6. | | |
| 30. | N. O. | 26. | .................. | (16 mil. au N. O. vrai). |
| 31. | N. O. | 20. | Cramès.............. | (8 mil. au N. O. vrai). |
| 1er juin. | N. | 18. | Trasah.............. | Séjour. |
| 2. | " | " | | |
| 3. | N. O. | 13. | .................. | (2 mil. au N. O. vrai). Départ à 5 h. du matin. |
| 4. | N. N. O. | 18. | .................. | (8 mil. au N. N. O. vrai). |
| | N. N. O. | 6. | | |
| 5. | N. | 18. | Amoul-Gragim...... | (6 mil. au N. vrai). |
| 6. | " | " | .................. | Halte. |
| 7. | N. N. E. | 15. | .................. | (4 mil. au N. N. E. vrai). |
| 8. | N. | 16. | .................. | (4 mil. au N. vrai). |
| 9. | N. | 20. | Amoul-Tâf.......... | (10 mil. au N. vrai). |
| 10. | N. | 10. | .................. | (4 mil. au N. vrai). |
| 11. | N. | 12. | .................. | (4 mil. au N. vrai). |
| 12. | N. | 16. | L-Ekseif........... | (8 mil. au N. vrai). |
| 13. | " | " | .................. | Séjour. |
| 14. | N. | 8. | .................. | (2 mil. au N. vrai). |
| 15. | N. | 24. | .................. | (14 mil. au N. vrai). |
| 16. | N. | 33. | .................. | (25 mil. au N. vrai). |
| 17. | N. | 16. | Marabouty.......... | (8 mil. au N. vrai). |
| 18. | N. N. E. | 6. | | |
| 19. | N. | 22. | .................. | (10 mil. au N. vrai). |
| 20. | N. | 18. | .................. | (10 mil. au N. vrai). |
| 21. | N. | 18. | El-Guédéa.......... | (12 mil. au N. vrai). |

| DATES. | DIRECTION DE LA ROUTE selon le nord de la boussole. | NOMBRE de milles parcourus. | NOMS DES LIEUX. | OBSERVATIONS. |
|---|---|---|---|---|
| 22 juin. | N. | 10. | .................. | ( 2 mil. au N. vrai ). |
| 23. | N. | 22. | .................. | ( 16 mil. au N. vrai ). |
|  | N. N. O. | 6. | .................. | Au N. N. O. vrai. |
| 24. | N. N. O. | 28. | .................. | ( 18 mil. au N. N. O. vrai ) |
|  | N. N. O. | 4. |  |  |
| 25. | N. | 16. | .................. | Au N. vrai. Halte. |
|  | N. | 4. | Mayara .......... | Au N. vrai. Halte. |
| 26. | N. 1/4 N. E. | 20. | .................. | ( 10 mil. au N. 1/4 N. E. vrai ) |
| 27. | N. 1/4 N. E. | 22. | Sibicia .......... | ( 16 mil. au N. 1/4 N. E. vrai ) |
| 28. | N. | 24. | .................. | ( 16 mil. au N. vrai ). |
|  | N. O. | 6. | .................. | Au N. O. vrai. |
| 29. | N. N. E. | 10. | .................. | Au N. N. E. vrai. |
|  | N. 1/4 N. O. | 6. | El-Harib ........ | Séjour de 13 jours. |
| 12 juill. | E. | 18. | .................. | ( 2 mil. à l'E. vrai. ) Départ 12 juillet à 5 h. du matin. La caravane de Tafilet se divise : les uns vont dans le Drah, les autres à Soueyrah, et d'autres à Touât. |
| 13. | E. 1/4 N. E. | 20. | El-Hamid ........ | ( 8 mil. à l'E. 1/4 N. E. vrai ) Halte. — Le Drah. |
| 14. | E. N. E. | 10. | Bounou .......... | ( 6 mil. à l'E. N. E. vrai ). |
|  | E. N. E. | 8. | Mimcina ......... |  |
| 15. | E. N. E. | 16. | Yénéguédel ...... | ( 6 mil. à l'E. N. E. vrai ). |
| 16. | N. N. E. | 10. | .................. | ( 6 mil. au N. N. E. vrai ). |
|  | N. | 4. | Faratissa ........ |  |
| 17. | N. | 6. |  |  |
| 18. | N. 1/4 N. E. | 12. | Bohayara ........ | ( 6 mil. au N. 1/4 N. E. vrai ) |
| 19. | N. N. E. | 12. | Goud-Zénaga .... | ( 4 mil. au N. N. E. vrai ). |
| 20. | N. 1/4 N. E. | 14. | Zenatyia ......... | ( 4 mil. au N. 1/4 N. E. vrai ). |

# ITINÉRAIRE. 341

| DATES. | DIRECTION DE LA ROUTE selon le nord de la boussole. | NOMBRE de milles parcourus. | NOMS DES LIEUX. | OBSERVATIONS. |
|---|---|---|---|---|
| 1 juill. | N. N. E. | 12. | Chanérou............ | (4 mil. au N. N. E. vrai). |
| 22. | N. N. E. | 18. | Nyéla............... | (10 mil. au N. N. E. vrai). |
| 23. | N. N. E. | 2. | ................... | Au N. N. E. vrai. |
|  | N. E. | 4. | ................... | Au N. E. vrai. |
|  | N. E. 1/4 E. | 6. | Ghourland.......... | Province du Tafilet. — Séjour de 6 jours. |
| 29. | N. | 3. | Boheim............. | Départ. — Séjour de 4 jours à Boheim. |
| 3 août. | N. N. O. | 3. | Afilé............... | Départ à 4 heures ½ du soir (1 mille au N.). Autre caravane de 200 mulets chargés à-peu-près autant que les chameaux. La marche des mulets est estimée égale à celle des chameaux. |
| 3. | N. 1/4 N. E. | 9. | Tannéy.ara......... | (1 mil. au N. 1/4 N. E. vrai). |
|  | N. 1/4 N. E. | 6. | Marca. |  |
| 4. | N. N. O. | 18. | M-Dayara. |  |
| 5. | N. O. 1/4 N. | 6. | Rahaba. |  |
| 6. | N. | 6. | L-Eyarac........... | (2 mil. au N. vrai). |
|  | N. | 10. | Tamaroc. |  |
|  | N. | 8. | Kars............... | (2 mil. au N. vrai ; 3 mil. à l'O. jusqu'à Kars). |
| 7. | O., puis N. 1/4 N. O. | 16. | N-Zéland........... | 4 mil. à l'O. |
| 8. | N. | 10. | ................... | (6 mil. au N. vrai). |
|  | O. | 2. |  |  |
|  | N. 1/4 N. E. | 10. | L-Eksebi. |  |
| 9. | N. | 4. | ................... | (2 mil. au N. vrai). |
|  | O. N. O. | 17. | L-Guim. |  |
| 10. | N. 1/4 N. O. | 4. | ................... | (2 mil. au N. 1/4 N. O. vrai). |
|  | N. N. O. | 6. |  |  |

# ITINÉRAIRE.

| DATES. | DIRECTION DE LA ROUTE selon le nord de la boussole. | NOMBRE de milles parcourus. | NOMS DES LIEUX. | OBSERVATIONS. |
|---|---|---|---|---|
| 10 août. | N. N. O. | 10. | Guigo. | |
| 11. | N. | 22. | Soforo............ | (6 mil. au N. vrai). |
| 12. | N. 1/4 N. O. | 14. | FEZ ou EL-FEZ...... | Séjour d'un jour. (2 mil. N. 1/4 N. O. vrai). |
| 14. | O. N. O. | 20. | Mequináz.......... | Départ de Fez à 7 h. du matin, avec un guide, et un âne pour monture. La marche estimée de 2 mil. à l'heure |
| 15. | " | " | ................ | Séjour. |
| 16. | N. et N. O. | 2. | ................ | Départ à 6 h. du matin de Méquináz. |
| | N. | 4. | | |
| | N. | 10. | ................ | Halte. |
| | N. | 3. | | |
| | N. O. | 3 | | |
| | N. | 4. | Camp............. | Au N. vrai. |
| 17. | N. | 6. | ................ | Au N. vrai. |
| | N. O. | 6. | ................ | (2 mil. au N. O. vrai). Halte |
| | N. O. | 4. | ................ | Halte. |
| | N. O. | 6. | | |
| | O. S O. | 5. | ................ | Halte. |
| 18. | S. O. | 10. | ................ | (6 mil. au S. O. vrai). Halte |
| | S. O. | 7. | Arbate ou Rabat..... | Séjour de 15 jours. |
| 2 sept. | " | " | ................ | Départ pour Tanger, avec u guide et un baudet. Pass par Larache. |
| 7. | " | " | TANGER........... | Arrivé à la nuit tombante après 5 jours de marche s les bords de la mer. |

# CHAPITRE IV.

### EXPLICATION DES PLANCHES DU VOYAGE,

SUIVIE DE NOTES SUR LES FRAGMENS DE PLANTES RAPPORTÉS PAR M. CAILLIÉ, SUR QUELQUES PDODUCTIONS NATURELLES DES PAYS QU'IL A PARCOURUS, ET SUR PLUSIEURS POINTS DE GÉOGRAPHIE.

Pl. I. *Portrait du voyageur.*

Pl. II. *Femme de la ville de Temboctou.*

Pl. III. *M. Caillié méditant sur le Coran et prenant ses notes.*

Pl. IV. *Plan de la grande mosquée de Temboctou, et vue prise de l'E. N. E.*[1]

    Fig. 1. Plan de la mosquée, à l'échelle d'un millième.

    *a,* Niche ou enfoncement pour les cérémonies du culte; elle est pratiquée dans une très-ancienne muraille. Voy. pl. V, fig. 1.

    *b,* Grande tour.

    *c,* Enfoncement ayant la même destination que l'endroit marqué *a*.

    *d,* Tourelle.

    *e, e, e,* Contreforts.

(1) Cette mosquée est celle qui est appelée *mosquée de l'Ouest* dans la description, et qui est vers l'O. S. O. de la ville.

*f*, Porte principale de la mosquée.

*g, g, g*, Petites portes de la mosquée.

*h, h*, Limite des parties reconnues.

*i, i, i*, Piliers, décorés d'un ornement d'espèce particulière. Voy. pl. V, fig. 2.

*k, k*, Façade intérieure, avec un ornement en chevron, représenté pl. V, fig. 3.

*l*, Partie très-ancienne de la mosquée; les arcades soutenues par ces piliers sont plus petites que les nouvelles arcades, placées à l'E.

*m*, Traces de l'ancienne enceinte.

Fig. 2. Vue de la mosquée, prise de l'E. N. E., à une échelle double. Voy. la description t. II, p. 334 et suiv.

Pl. V. 1, 2, 3. *Détails de la grande mosquée, de Temboctou.*
4, 5. *Plan et façade de la maison de Sidi-Abdallah-Chébir, où a demeuré M. Caillié.*

Fig. 1. Détail d'une muraille faisant partie de l'ancienne mosquée. Voy. le point *a*, pl. IV, fig. 1.

Fig. 2. Décoration intérieure, appliquée sur les piliers Voy. aux points *i, i, i*, pl. IV.

Fig. 3. Ornement de la muraille en face. Voyez aux points *k, k*, pl. IV.

Fig. 4. Plan de la maison de Sidi-Abdallah-Chébir.

*a*, Entrée principale.

*b*, Emplacement de l'escalier.

*c, c, c*, Magasins.

*d*, Première cour.

*e*, Deuxième cour.

*f*, Écuries.

*g*, Cuisine des esclaves.

DES PLANCHES.

*h*, Logement des esclaves.
*i*, Privés.

Fig. 5. Élévation antérieure de la maison. Au-dessus de la porte est une chambre dont la fenêtre est fermée par des grillages en bois, comme dans les villes du levant; il y a au-dessus des poteries destinées aux pigeons. On aperçoit, sur la muraille, des dalots ou petits conduits en terre cuite, pour l'écoulement des eaux.

Pl. VI. *Vue d'une partie de la ville de Temboctou, prise du sommet d'une colline à l'E. N. E.*

1, Grande mosquée ou mosquée de l'ouest.
2, Mosquée de l'est ou est-nord-est.
3, Troisième mosquée.
4, Maison du chef Osman, qui commande à Temboctou.
5, Maison de Sidi-Abdallah-Chébir.
6, Marché.
7, Caravane venant du Tafilet.

Pl. VII. *Carte itinéraire et carte générale du voyage.*

L'échelle de la première carte est d'un pour un million, l'autre est d'un huit-millionième, ou la huitième partie de la première. Il est à regretter que ces échelles n'aient pu être augmentées, et par conséquent que les détails des routes n'aient pas été exprimés d'une manière plus sensible. Le chapitre I.er ci-dessus me dispense d'expliquer cette planche plus au long.

PLANTES.

Par suite à l'explication des gravures, je dirai quelques mots de plusieurs fragmens de plantes recueillis dans les environs de Kakondy (Rio-Nunez), et qui ont paru aux botanistes, ou trop peu conservés, ou trop incomplets pour être gravés. M. Caillié en a fait des esquisses qui ont semblé également insuffisantes pour être données à la gravure.

1. *Nom du pays*, SAULÉ-KÉMÉ. — Sa fleur a dix étamines, deux grandes d'un jaune foncé, et trois petites supportées par un filet très-mince et entortillé. La fleur mérite de l'attention par sa beauté; elle paraît susceptible d'orner les jardins ; elle exhale une odeur douce et agréable : la couleur est un jaune clair; le pistil est vert. L'arbrisseau qui la produit vient en buisson, de la hauteur de huit à dix pieds. On ne l'a pas trouvé en fruit. (*Notes de M. Caillié.*)

L'esquisse qu'a tracée M. Caillié, et le petit échantillon qu'il a recueilli, font connaître assez bien le feuillage ; c'est celui des légumineuses : les folioles sont ovales, arrondies; la fleur en grappe, le pédoncule garni de stipules, les anthères bifides, le style long filiforme.

Selon le savant M. Kunth, qui a bien voulu examiner cet échantillon et les deux suivans, cette plante n'est autre chose qu'une casse, le *cassia fistula*, espèce qui donne, comme on sait, un arbre très-élevé.

2. *Nom inconnu.* — La fleur nouvellement éclose est blanche; plus tard elle est jaune; le parfum qu'elle exhale est très-agréable. L'arbuste a neuf ou dix pieds d'élévation; j'ai pris d'abord cette fleur pour celle d'un calebassier d'Amérique. (*Notes de M. Caillié.*)

La feuille est lancéolée, pointue; la corolle est grande, monopétale, infundibuliforme, à long tube, à sept grandes divisions, ovales, très-profondes; le calice paraît avoir huit divisions; le fruit est ovoïde; la tige est garnie d'épines longues, obtuses. Cette plante paraît être une rubiacée.

M. Kunth la regarde comme une espèce voisine du *gardenia thunbergia*, mais différente par ses feuilles rudes et moins larges.

3. *Nom inconnu.* — Les fleurs et les feuilles sont velues ; les pétales sont bleus ; la plante est herbacée. C'est avec sa racine que les Landamas font la boisson purgative qu'ils appellent *jinjindhi*; cette racine ressemble à la petite cassave. (*Notes de M. Caillié.*)

Les fruits et la tige sont également velus. Les feuilles sont ovales, pointues, d'un beau vert, revêtues de poil d'un côté ; le poil est couché, court et très-brillant ; elles sont marquées de quatre nervures longitudinales. Les fleurs ont cinq pétales, dont la forme est ovale et en pointe ; poils du calice longs. Cette plante appartient aux mélastomes. On sait que ce genre est très-nombreux en Amérique ; mais on ne l'avait pas encore trouvé en Afrique.

M. Kunth la regarde comme une espèce de *rhexia*, différente de celles d'Afrique publiées par M. de Beauvoir ; mais elle est trop incomplète pour qu'on puisse déterminer l'espèce.

## NOTES DIVERSES.

A. *Hibiscus.* — Aux environs de Djenné, le voyageur a vu un *hibiscus* dont on fait des cordes comme avec le chanvre ; ces cordes servent à construire les pirogues. Au Sénégal, on connaît aussi un *hibiscus* propre à cette fabrication. Il a, je crois, été trouvé sur les bords de la Gambie, où il est connu sous le nom de *hibiscus cannabinus*. Pour construire les pirogues, on réunit deux troncs d'arbres et on les lie fortement ensemble avec les cordes dont il s'agit.

B. *Cotonnier.* — M. Caillié a remarqué, sur la route de Djenné, une espèce de *cotonnier* qu'il croit annuelle. On a révoqué ce fait en doute : cependant en Égypte il y aussi un cotonnier herbacé, et rien ne s'oppose à ce que le fait soit admis.

C. *Le bombax* est un arbre connu dans la Sénégambie; son fruit donne une soie très-fine et brillante, susceptible d'être ouvrée. M. de Beaufort en a envoyé des échantillons. La relation fait voir que ce bel arbre est aussi très-commun au sud de la Sénégambie.

D. *Écorce* donnant une belle teinture rouge. — M. Caillié n'a pas fait connaître la nature de l'arbre qui porte cette écorce, qui, au simple lavage, donne la couleur rouge. C'est une recherche facile à faire, puisque l'arbre existe non loin des possessions françaises.

E. *Mimosas.* — M. Caillié a vu plusieurs grandes espèces de *mimosas*; il est à regretter qu'il n'ait pas donné une description de chacune d'elles. L'une des plus répandues est le *nédé*, bel arbre dont la fleur est globuleuse, de couleur rouge, portée sur un très-long pédoncule; le feuillage est très-fin. Les indigènes mangent la pulpe dont la graine est entourée.

F. *Balanites.* — Cet arbre est un des plus communs sur toute la route de M. Caillié, de Kakondy à Djenné. Les habitans savent en extraire de l'huile.

Le *balanites ægyptiaca* (DELILE[1]) n'est pas le seul arbre commun à l'Égypte; il en est de même de beaucoup d'autres productions naturelles, et en général des plantes et des animaux. Cette remarque a plusieurs fois été faite depuis la publication du voyage des Français en Égypte et les découvertes d'histoire naturelle faites en Sénégambie. La similitude des deux pays à certains égards, un grand fleuve se débordant annuellement, une température très-élevée, le voisinage du désert, et d'autres circonstances encore, semblent d'abord être une explication suffisante de cette identité.

Mais je ne crois pas qu'on ait fait, à cette occasion, la remarque de

---

[1] Mon savant ami, M. Delile, auteur de la *Flore d'Égypte*, regarde cet arbre comme le *persea* des anciens; cette opinion est contestée.

la différence qui existe entre les latitudes. Le parallèle moyen de l'Égypte est environ 27° ½; celui de la Sénégambie de 13°; différence, 14° ½. Si l'élévation de la température entre pour beaucoup, comme cela est indubitable, dans les causes qui entretiennent sur un certain point telles espèces de végétaux et d'animaux, il faudra conclure que l'Égypte est le pays le plus chaud de l'Afrique septentrionale, eu égard à la latitude. La température moyenne de l'Égypte est d'ailleurs, en fait, plus élevée que celle du Sénégal : on était loin de le croire, avant les observations de l'Institut d'Égypte; et le baron de Humboldt n'a fait entrer son mémoire sur les lignes isothermes qu'après avoir long-temps conservé des doutes, que les tables de MM. Nouet et Coutelle ont dissipés. Ainsi, la ligne isotherme de l'Égypte ferait un angle assez grand avec l'équateur. Le mont Atlas est trop éloigné pour expliquer le fait; les montagnes de la Sénégambie ne sont point assez élevées : on est donc conduit à en chercher la cause dans le voisinage du Sahara, dont le vaste rayonnement doit attirer sans cesse les couches inférieures d'une atmosphère plus chaude, telle que celle du Sénégal et des pays plus reculés, à raison de leur position presque juxta-équatoriale : tellement que la température moyenne de la Sénégambie devrait être, sans ce motif, bien plus chaude encore qu'elle ne l'est, et très-supérieure à celle de l'Égypte.

Ces considérations doivent faire regretter de ne pas avoir d'observations météorologiques faites à Temboctou, non-seulement celles du thermomètre et du baromètre, mais les observations sur l'état du ciel et sur les vents régnans : sans doute il en existe dans les papiers du major Laing ; on peut le conclure des termes de sa lettre écrite de cette ville le 21 septembre 1826 [1].

G. *Doum.* — Le palmier doum (*corypha thebaïca*, DELILE) appartient à la haute Égypte. Il est remarquable qu'il en existe un pied dans la ville de Temboctou ; il est seul ; les autres arbres de l'endroit sont des *balanites*.

(1) Voy. *Réflexions sur l'état des connaissances relatives au Dhioliba*, pag. 25.

H. *Lotus* (*nymphæa*). — C'est encore une plante commune à l'Égypte. Dans ce dernier pays, on ne mange plus que la racine; mais les noirs font usage, comme les anciens Égyptiens, et de la racine et du fruit.

I. *Chardon du désert.* — D'après l'explication donnée par M. Caillié, il paraît que c'est l'*hedysarum alhagi* (LINN.), plante bien connue, et qui est la providence des chameaux affamés; malgré ses rudes piquans, ils le mangent avec délices pendant la traversée du désert.

K. *Arbre à beurre, cé, ché ou shea.* — Mungo-Park nous fait connaître cet arbre sous le dernier nom de *shea* et *shea-toulou*. M. Caillié l'a rencontré dans toute la Sénégambie jusqu'à Djenné. Le *nédé* et le *ché* sont les arbres les plus répandus. Des échantillons de ce beurre végétal ont été envoyés en France par M. de Beaufort, et M. Vauquelin avait été chargé par l'Académie des sciences de l'analyser. Cet arbre serait une acquisition précieuse pour nos colonies.

Nous devons à M. Caillié la connaissance d'un second beurre végétal appelé *taman-toulou*, préférable, selon lui, au premier. Il provient d'un second arbre qui paraît différent. Son nom ou celui du fruit est *taman*. Le mot *toulou* veut dire beurre ou corps gras, en mandingue. Le palmier à huile est un arbre qui rend à-peu-près les mêmes services aux habitans que le précédent.

L. *Noix de colat.* — Le fruit connu des Européens sous ce nom est très-commun dans l'intérieur de l'Afrique, ainsi que sur les bords du Rio-Nunez. Le nom mandingue est *ourou*. Selon M. Caillié, c'est le même fruit que celui qui est appelé *gour* par le major Denham: mais en lisant l'ouvrage intitulé *Narrative of travels and discoveries in northern and central Africa*, etc. London, 1826, je n'ai trouvé ce nom ni dans la description ni dans les recherches que le savant botaniste Robert Brown a jointes à la relation de cet important ouvrage.

*Nota.* Je passe sous silence plusieurs végétaux observés par M. Caillié, et mentionnés dans le Journal du voyage, n'ayant rien à ajouter à ce qu'il a rapporté, et regrettant que la description soit insuffisante pour en reconnaître la nature ; par exemple, celle du *caura*, que le voyageur compare à un prunier. On remarquera dans la relation que les orangers sont indigènes dans la partie septentrionale de la Sénégambie (1).

M. *Bœufs porteurs*. — Dans la première partie de son Journal, M. Caillié nous fait connaître, de nom seulement, cette espèce de bœufs ; c'est une question qui est digne de l'attention des voyageurs futurs, et sous le rapport du commerce, et sous le rapport des explorations de découverte.

N. *Éléphans, lions*. — Plusieurs personnes ont témoigné de la surprise de ce que M. Caillié, pendant une aussi longue route, n'avait rencontré ni lions, ni éléphans, ni girafes, ni aucune bête fauve. Je suis loin de contester le témoignage des voyageurs qui assurent en avoir vu dans les lieux habités ; mais il est certain que celui qui trouve de tels animaux sur son chemin n'a aucun motif pour le passer sous silence, et que tout voyageur aime assez à orner son récit par des rencontres de cette espèce. On peut donc légitimement inférer que les éléphans et les lions sont plus rares dans ces contrées que les relations et les descriptions pourraient le faire croire. Au reste, dans un ou deux passages, M. Caillié parle des traces de pieds d'éléphans ; mais il ne lui est point arrivé d'aventures fâcheuses (ni à aucune personne des nombreuses caravanes qu'il a suivies pendant un an) par la rencontre de ces colosses, de bêtes sauvages, ou de tout autre animal dangereux. Il en est de même des crocodiles, que l'on croyait abonder dans le Dhiolibâ. A peine fut-il incommodé une fois par le voisinage d'un énorme serpent, dans son passage à travers le grand désert.

(1) M. Caillié a rapporté quelques graines et des fragmens de graminées et de plantes légumineuses recueillies entre Timé et Djenné et sur les bords du Dhiolibâ, aujourd'hui déposés au vice-consulat de Tanger, avec du grès blanc des puits d'el-A'raouân, quelques minéraux et le plomb dont j'ai parlé.

O. *Tannage.* — Il est question plusieurs fois, dans le Journal, de la préparation des cuirs. On sait que les Africains et sur-tout les Maures réussissent très-bien dans cette opération. Quelques personnes ont pensé qu'ils avaient recours principalement à la dessiccation : cette opinion est peu probable, puisque la Nubie, comme l'Égypte, emploie de vrais procédés de tannage, plus courts, mais non moins bons que les nôtres. Les indigènes ont aussi le talent de travailler le cuir; ils le découpent et le brodent avec succès.

P. *Bière.* — M. Caillié parle quelquefois de l'usage de la bière; mais il a négligé de nous dire avec quoi et comment on la prépare. Ne serait-ce pas ce qu'on appelle en Égypte *hachich* ? Les Égyptiens le préparent avec le chanvre. C'est une substance enivrante, dont le peuple sur-tout use communément avec excès, malgré les règles de l'abstinence musulmane.

---

Q. *Le Tankisso.* — On lit, page 304 du premier volume de cet ouvrage, que, selon les Mandingues, cette rivière *sort du Bâfing, et va se perdre dans le Dhioliba.* Il est très-difficile, sinon impossible, d'admettre ce rapport des Mandingues : il faut entendre, je crois, que le Tankisso sort *de la montagne où le Bâfing prend naissance;* autrement le bassin de la Sénégambie communiquerait avec celui de la Nigritie ou du Soudan.

R. *Chemin du Fouta-Toro à la Mecque.* — On dit à l'auteur (voyez t. I, pag. 381) que les pèlerins du Fouta passaient par le Bondou, le Baléya, Kan-kan, Sambatikila et Djenné, au lieu de passer par le Kaarta et Ségo. Cependant le chemin est bien plus long. Je crois que le véritable motif de ces voyageurs est de faire le commerce de l'or de Bouré, en passant à Kan-kan; mais pourquoi s'éloigner encore plus au S., en se portant jusqu'à Sambatikila ? Je l'ignore.

S. *Le Milo.* — Il est dit, tome I, page 410, que le Milo coule au N. E. C'est à-peu-près le N. E. de la boussole que suit cette rivière, et dans la première partie de son cours; mais ensuite ce cours se rapproche nécessairement du N. et de l'O. pour tomber dans le Dhiolibâ.

T. *Kong* ou *Koung*. — Le pays de ce nom étant situé entre le S. S. E. et le S. 1/4 S. E. magnétique du village de Douasso ( p. 144, t. II), tombe dans le S. vrai de ce village. Il faut un mois et demi pour s'y rendre, a dit au voyageur un homme de Kong même. Une partie de ces journées est en pays de montagne. La position de Kong doit peu s'éloigner du septième parallèle N., et sa longitude, de celle de Douasso, 7° 45' O.

U. *Direction du fleuve à la hauteur de Djenné.* — Le journal porte, page 216, tome II, que l'île est formée par un bras de la branche occidentale, lequel vient de l'O. N. O.; et en note, on a corrigé par ces mots, *c'est plutôt le S. O.* : la correction est superflue. L'île de Djenné, selon l'auteur, peut avoir douze à quinze milles de circonférence; mais il convient qu'il n'en a pas fait le tour, et il paraît qu'elle est beaucoup plus grande.

V. *Distance de Djenné à Isaca.* — Le texte porte une journée et demie; mais on trouve, même en ligne droite, plus de trois journées et demie. Le voyageur a mis quatre jours par eau; ainsi ce passage a besoin de rectification.

X. *Bousbéyah.* — C'est ainsi qu'il faut écrire le mot *Bousbehey* du texte ( page 316 et 377, tome II), d'après l'orthographe de la liste arabe ci-dessus.

Il y a contradiction entre la page 377 et la page 316 : ce lieu doit être nécessairement à plus de deux jours d'el-A'raouân, s'il est à deux jours de Temboctou; c'est cette dernière distance que j'ai adoptée.

Y. *Oualet.* — Le lieu de ce nom est placé, d'après le Journal (tome II, page 381), à dix jours d'el-A'raouân, à l'O. N. O.; mais il est plus éloigné de Ségo que ne le dit le texte (même page), c'est-à-dire, quinze jours au Sud : l'intervalle est presque double. Cela confirme la conjecture que j'ai émise, savoir, 1.° qu'il y a deux endroits de ce nom; 2.º que celui-ci est différent du lieu que la première carte de Mungo-Park place au N. de Ségo, *mais sous le parallèle du lac Dibbie*; et la deuxième, au N. O. de Ségo, *un peu au Nord de Temboctou*. Ce n'est pas le lieu de discuter la position de Oualet et de la comparer avec le Gualata de Léon l'Africain, placé à trois cents milles de *Nun* au midi, cinq cents de *Tambut* au nord, et cent de l'Océan. Il suffit de dire qu'il est impossible qu'un seul point satisfasse à ces différentes conditions.

Toutefois je pense qu'il y a une solution assez simple de la difficulté. Park et ses éditeurs, ayant cru à tort Temboctou plus méridional qu'il ne l'est, ont placé Oualet en conséquence : en effet, le lieu dont M. Caillié a eu connaissance se trouve placé à-peu-près comme dans la deuxième carte du voyageur anglais, *relativement à Temboctou* [1], qu'il faut porter bien plus au nord que celui-ci ne l'a fait.

---

Il serait facile d'étendre ces remarques géographiques par une multitude de rapprochemens scientifiques, plus ou moins intéressans pour quelques lecteurs ; mais il est temps de clore ce volume, et de réclamer, en terminant, l'indulgence de tous pour un travail fait à la hâte, qui ne se recommande réellement à leur attention que par l'importance du sujet et par l'influence que la découverte elle-même exercera tôt ou tard sur les entreprises à venir [2].

(1) *Descript. Afric.* etc., pag. 429, Tibur. 1559.

(2) Consultez l'intéressant ouvrage intitulé *Naufrage du brig français la Sophie*, par M. Charles Cochelet (Paris, 1821, in-8.º), où l'auteur affirme que Sidi-Hamet n'est pas allé à Temboctou, et où il élève des doutes sur le voyage d'Adams (tom. II, chap. XV).

# CHAPITRE V.

## DOCUMENS ET PIÈCES DIVERSES.

Nous placerons à la suite de ces remarques plusieurs pièces que le lecteur sera peut-être satisfait d'y trouver. En 1824, la Société de géographie publia un programme de *prix d'encouragement* à décerner au premier voyageur français ou étranger qui serait parvenu à Temboctou par la voie de la Sénégambie. Il est connu que ce programme a été répandu en Europe et en Afrique, et qu'il a puissamment influé sur les tentatives ou les projets de plusieurs voyageurs, et sur-tout sur la résolution qu'a prise M. Caillié. Nous donnerons ce programme tel qu'il a été publié ; et ensuite, le rapport fait à la même Société par la commission qu'elle chargea (quatre ans plus tard) de juger du mérite des découvertes du voyageur français. Ces deux pièces seront suivies d'un extrait de la correspondance relative à son retour en Europe.

## SOCIÉTÉ DE GÉOGRAPHIE.

### ANNÉE 1824.

*Encouragement pour un Voyage à Temboctou et dans l'intérieur de l'Afrique.*

L'heureuse tentative des voyageurs anglais qui ont pénétré en 1823 dans l'Afrique centrale, a dirigé de nouveau l'attention de l'Europe vers l'intérieur de ce continent, qui partage maintenant la curiosité avec les régions polaires, le centre de l'Asie et les nouvelles terres australes. Il était naturel que la Société de géographie tournât aussi ses regards de ce côté, en indiquant, de préférence, la voie déjà tentée par Mungo-Park et qui touche aux établissemens français du Sénégal ; aussi est-ce de son sein qu'est sortie la première pensée d'une souscription pour l'encouragement d'un voyage à Temboctou. Il s'agit d'offrir une récompense au voyageur qui aura été assez heureux pour surmonter tous les périls attachés à cette entreprise, mais qui, en même temps, aura procuré des lumières certaines et des résultats positifs sur la géographie, les productions, le commerce de ce pays et des contrées qui sont à l'est. La France est la première nation de l'Europe qui ait formé des établissemens permanens au Sénégal, et son honneur est intéressé à favoriser les voyageurs qui cherchent à pénétrer dans l'intérieur de l'Afrique, par la route la plus rapprochée de ses établissemens. Le succès d'une telle entreprise ne serait pas sans fruit pour notre industrie commerciale ; et en la considérant sous le rapport des sciences, quelle inépuisable source de découvertes ne procurerait-elle pas à l'histoire naturelle, à la physique, à la climatologie, à la géographie physique et mathématique ! Quel champ immense à défricher pour la connaissance des races humaines, pour l'histoire de la civilisation des peuples, pour celle de leur langage, de leurs mœurs et de leurs idées religieuses !

L'intention des donateurs n'est pas précisément de mettre un sujet de prix au concours ; l'appât d'une somme d'argent ne saurait être offert pour une tentative qui peut coûter la vie : mais on tient en réserve un juste et honorable dédommagement pour celui qui aura heureusement surmonté tous les obstacles devant lesquels tant d'autres personnes ont échoué jusqu'ici.

Juge et dispensatrice de cette récompense, la Société de géographie saura apprécier le mérite, le courage et le dévouement des voyageurs, ainsi que les services réels qu'ils auront rendus à la science. Elle n'exige pas d'un seul homme des travaux qui supposeraient le concours de plusieurs observateurs et plusieurs années d'un séjour paisible dans le pays ; mais elle demande des notions précises, telles qu'on peut les attendre d'un homme pourvu de quelques instrumens, et qui n'est étranger, ni aux sciences naturelles, ni aux sciences mathématiques. Au reste, en ce moment même, plusieurs voyageurs français et anglais se portent vers les rives du Dhiolibâ, et la Société doit se flatter que ses encouragemens ne resteront pas infructueux.

Dans la séance de la commission centrale, du 3 décembre 1824, un anonyme, membre de la Société, a fait don d'une somme de *mille francs*, pour être offerte en *récompense* au premier voyageur qui aura pénétré jusqu'à Temboctou par la voie du Sénégal, et rempli les conditions suivantes, indiquées au procès-verbal de ladite séance : « Procurer, 1.° des observations
« positives et exactes sur la position de cette ville, le cours des
« rivières qui coulent dans son voisinage, et le commerce dont
« elle est le centre ; 2.° les renseignemens les plus satisfaisans
« et les plus précis sur les pays compris entre Temboctou et le

« lac Tsad, ainsi que sur la direction et la hauteur des mon-
« tagnes qui forment le bassin du Soudan. » Aussitôt après
avoir eu connaissance de cette offre, M. le comte Orloff, séna-
teur de Russie, a consenti à ce que la donation qu'il avait faite
d'une somme de *mille francs*, à la séance générale du 26 novembre 1824, pour l'encouragement des découvertes géographiques, reçût la même destination.

Informée de l'objet de ces donations, S. Exc. M. le comte
Chabrol de Crousol a souscrit, le 15 décembre suivant, au
nom du ministère de la marine, pour le même voyage, pour
une somme de *deux mille francs*; par sa lettre en date du
22 janvier dernier, S. Exc. le baron de Damas a souscrit aussi,
au nom du ministère des affaires étrangères, pour une somme
de *deux mille francs*; et par une autre lettre en date du 19 mars,
S. Exc. le comte de Corbière a également souscrit, au nom du
ministère de l'intérieur, pour une somme de *mille francs*. Plusieurs autres souscriptions sont effectuées ou annoncées pour
le même objet.

La Société de géographie, chargée par les donateurs de décerner la *récompense*, et voulant prendre une part directe à
l'encouragement d'une découverte aussi importante, a résolu
d'offrir en outre une médaille d'or de la valeur de *deux mille
francs* au voyageur qui, indépendamment des conditions déjà
énoncées, aura satisfait, autant qu'il est possible, à celles qui
sont exprimées ci-après.

La Société demande une relation manuscrite, avec une carte
géographique fondée sur des observations célestes. L'auteur
s'efforcera d'étudier le pays, sous les rapports principaux de la
géographie physique. Il observera la nature du terrain, la
profondeur des puits, leur température et celle des sources,
la largeur et la rapidité des fleuves et des rivières, la couleur
et la limpidité de leurs eaux, et les productions des pays qu'ils

arrosent. Il fera des observations sur le climat, et il déterminera en divers lieux, s'il est possible, la déclinaison et l'inclinaison de l'aiguille aimantée. Il tâchera d'observer les races d'animaux, et de faire quelques collections d'histoire naturelle, notamment de fossiles, de coquilles et de plantes.

Lorsqu'il sera arrivé à Temboctou, s'il ne peut aller plus avant, il s'informera des routes qui mènent à Kachnah, à Haoussa, au Bournou et au lac Tsaad, à Walet, à Tischit, et même à la côte de Guinée. Il recueillera les itinéraires les plus exacts qu'il pourra se procurer. Il consultera les habitans les plus instruits, sur la partie du cours du Dhiolibâ qu'il ne pourra pas voir par lui-même.

En observant les peuples, il aura soin d'examiner leurs mœurs, leurs cérémonies, leurs costumes, leurs armes, leurs lois, leurs cultes, la manière dont ils se nourrissent, leurs maladies, la couleur de leur peau, la forme de leur visage, la nature de leurs cheveux, et aussi les différens objets de leur commerce. Il est à désirer qu'il forme des vocabulaires de leurs idiomes, comparés avec la langue française ; enfin qu'il dessine les détails de leurs habitations, et qu'il lève les plans des villes par-tout où il pourra le faire.

---

*Rapport de la Commission spéciale chargée de rendre compte du Voyage de M. Caillié à Temboctou et dans l'intérieur de l'Afrique.*

MESSIEURS,

Vous avez nommé une commission composée de MM. Eyriès, Cadet de Metz, Amédée Jaubert, Larenaudière, baron Roger et moi, pour prendre connaissance des résultats du voyage de

M. Auguste Caillié dans l'intérieur de l'Afrique. Cette commission s'est rassemblée et m'a chargé de vous faire le rapport suivant. Son premier soin a été de s'assurer du point de départ du voyageur, des routes qu'il avait suivies, des pays et des lieux qu'il avait visités. Interrogé sur ces diverses questions et sur toutes les circonstances de son voyage, il a répondu de la manière la plus claire et la plus satisfaisante. La commission a été frappée du ton de simplicité et de sincérité qui règne dans ses récits, et qui ne permet d'élever aucun doute sur la réalité et l'authenticité de ses différentes excursions, savoir, la traversée du Dhiolibâ, sa route à l'est des pays de Soulimana et de Kissi, sa navigation sur le grand fleuve, sa résidence à Temboctou, enfin son voyage à travers le grand désert jusqu'à l'empire de Maroc. M. le baron Roger avait une connaissance positive de son départ de Saint-Louis, et de son arrivée l'année suivante à Kakondy, d'où il avait annoncé, au Sénégal, son départ pour l'intérieur. Ainsi le point de départ est constaté : il en est de même de son point d'arrivée, puisqu'il a été recueilli, presque au sortir du désert, par notre collègue M. Delaporte, gérant du consulat général à Tanger. A l'égard de Temboctou, outre les détails très-circonstanciés que rapporte le voyageur, et des esquisses qu'il y a faites pendant son séjour, on a une autre espèce de garantie dans ses récits touchant la catastrophe de l'infortuné major Laing, qui avait atteint cette ville en 1826. Malgré la diversité des bruits qui circulent sur ce triste événement, les récits de M. Caillié s'accordent avec celui d'un Maure qui est arrivé à Saint-Louis en mars dernier, venant de Temboctou, et qui a vu chez les Touariks des livres appartenant au major. De plus, notre compatriote résidait dans une maison voisine de celle qu'avait habitée le voyageur anglais, et c'est là qu'il a recueilli des informations détaillées et dont la source paraît incontestable.

La commission peut encore ajouter d'autres motifs de confiance à ceux qui précèdent. Durant la première partie de son voyage, c'est-à-dire, en cheminant à l'est à travers les montagnes du Fouta-Dhialon, il a passé entre les villes de Timbo et de Labey, et par conséquent il a dû couper la route qu'a suivie en 1818 notre collègue M. Mollien. Or, il décrit de telle manière les montagnes, les villages, l'aspect du pays et toutes les localités, que M. Mollien les a reconnus parfaitement dans le tableau qu'en fait M. Caillié. Ces deux voyages se confirment donc réciproquement, et ce résultat, pour le dire en passant, n'est pas sans importance pour la géographie.

Notre compatriote a mis tant d'attention et de persévérance à noter ses routes, ses directions et le temps de la marche, qu'il a été facile à l'un de nous de former, avec son journal, un itinéraire suivi et complet depuis Kakondy jusqu'au port de Rabat, dans l'état de Maroc, où sont indiqués la nature et les divers accidens du sol, tels que les montagnes, les plaines, les ravins et les forêts, les villages et tous les lieux habités, les ruisseaux, les lacs et les marais, les torrens, les cataractes, les gués, les puits, et tout ce qui regarde les eaux courantes et stagnantes. Tant de détails achèvent d'inspirer une confiance entière dans ses récits.

Enfin, nous ajouterons encore qu'ayant été interrogé sur la manière dont il s'était fait entendre des habitans, il a dit que c'était principalement au moyen de l'arabe-maure, qui est parlé au Sénégal, et qu'il avait eu l'occasion d'apprendre dans le pays depuis 1816. Et en effet, il a répondu dans ce dialecte aux questions qui lui ont été adressées par la commission; et de plus il a énoncé plusieurs mots en mandingue d'une manière conforme aux vocabulaires existans.

Nous avons senti, Messieurs, que c'était un devoir pour nous de vous exposer tous ces motifs et d'y insister. Maintenant il nous reste à faire connaître quelques-uns des résultats qui ont été obtenus, afin que la Société puisse apprécier les acquisitions que la science vient de faire. Il ne nous est pas permis d'entrer ici dans de grands détails; ce serait anticiper sur la publication. Un coup-d'œil général est tout ce que la commission croit pouvoir offrir dans ce moment à la curiosité du public.

Les voyages de M. Caillié se lient de la manière la plus utile pour le perfectionnement ou la confirmation des connaissances géographiques aux excursions de Watt et Winterbottom à Timbo, en 1794; du major Laing dans les pays de Kouranko et de Soulimana, en 1822; de M. Mollien dans le Fouta-Dhialon, en 1818; de Mungo-Park au Dhiolibâ, en 1795 et 1805; de Dochard à Yamina et Bammakou, en 1819; enfin, aux itinéraires des caravanes, sur la route de Temboctou au pays de Tafilet.

On ne peut plus maintenant conserver de doutes sur la position très-élevée des sources du Bâfing, le principal affluent du Sénégal. Parti le 19 avril 1827 de Kakondy, tombeau du major Peddie et du major Campbell, M. Caillié a traversé cette rivière à Bafila; il a traversé aussi le grand fleuve de Dhiolibâ dans un point qui se lie très-naturellement avec la position que le major Laing assigne à sa source. De là il est allé et a résidé à Kankan, grande ville dans le pays de ce nom, qu'enrichit le voisinage des mines d'or de Bourré, et il s'est porté jusqu'à deux cents milles dans l'est, au-delà du Soulimana, jusqu'au village de Timé, où il est arrivé le 3 août. Il avait jusqu'alors suivi une caravane de marchands mandingues, faisant route à pied. Dans ce village, il fut retenu malade pendant cinq mois entiers, et attaqué d'une affection de scorbut qui le laissa long-temps entre la vie et la mort, suite de l'intempérie du climat et des fatigues violentes qu'il avait essuyées en franchissant les montagnes escarpées du Fouta-Dhialon. Cette grande chaîne paraît en effet formée de plusieurs étages, et remplie de torrens et de précipices. Dans cette partie si intéressante de sa route, il avait eu soin de prendre des renseignemens sur la position de Bammakou, et sur ses rapports avec la Sénégambie, rapports qui, on l'espère, ne seront pas stériles.

A Timé commence une autre excursion vers le nord : c'est la deuxième partie du voyage. M. Caillié veut rejoindre le Dhiolibâ ; il part le 9 janvier dernier ; et après avoir vu ou traversé plus de cent villages, et pris une connaissance approchée de la position de Ségo, il revoit le fleuve le 10 du mois de mars, à Galia, venant de l'ouest, et il en traverse un bras pour se porter à Jenné. Toute cette partie est entièrement neuve, ainsi que le chemin depuis les environs de Timbo jusqu'à Timé.

La troisième partie du voyage est sur le grand fleuve ; M. Caillié s'y embarque le 23 mars, après une résidence de treize jours à Jenné. Il monte sur une très-grande barque faisant partie d'une flottille marchande. C'était le temps des basses eaux : dans quelques endroits le fleuve a la largeur d'un mille, et ailleurs il est beaucoup plus étroit; sa profondeur et sa vîtesse sont variables. Chemin faisant, il note et décrit les affluens et les îles, et sur-tout le lac Débo (le même qui est connu et figuré dans les cartes sous le nom de Dibbie, mais mal placé), et il donne sur tout le cours du fleuve des notions positives autant que neuves.

Enfin il arrive à Cabra, le port de Temboctou, le 19 avril, et dès le lendemain il fait son entrée dans la ville. Après avoir esquissé un aspect des habitations et des constructions de cette cité, noté les choses dignes d'observation, et s'être informé du cours des eaux dans le voisinage, il s'associe à une caravane partant pour le Maroc. Le 4 mai, il part pour el-Araouân avec huit cents chameaux chargés de toute sorte de marchandises de l'intérieur, et il y arrive en six jours; là, six cents chameaux se joignent à la caravane, et en huit autres jours il parvient aux puits de Télig. Tous les puits d'eau douce ou saumâtre et toutes les stations sont notés par M. Caillié avec soin, dans cette traversée du grand désert. La saison des vents brûlans de l'est rend plus rudes encore pour lui les fatigues et les privations de ce pénible voyage. Parti le 19 mai d'el-Araouàn, il n'arrive que le 29 juin à el-Harib, où la caravane se divise en plusieurs parties, et le 23 juillet il parvient au Tafilet. Enfin, il s'arrête, le 12 août, au lieu même où Ben-Batouta jeta le bâton de voyageur au quatorzième siècle, dans la ville de Fez; puis, il continue sa route avec un guide; il gagne la mer, et le 17 du même mois de septembre il arrive à Tanger, où M. le consul de France le reçoit, veille à sa sûreté, et parvient à le sauver des périls qu'il eût courus, si l'on avait pu le reconnaître sous son déguisement.

M. Caillié s'était muni, avant son départ, de deux boussoles qui lui ont servi pendant le cours de son voyage, et à l'aide desquelles il a pu noter les directions de sa route. Quelque imparfait que soit un tel moyen, si on le compare à des opérations géométriques ou des observations célestes, on doit se féliciter d'avoir le tracé des routes, et des renseignemens *de visu* sur des pays pour lesquels on ne possédait jusqu'à présent que des itinéraires des Arabes, comptés par journées, et le plus souvent contradictoires, vagues ou confus. Ce qui prouve d'ailleurs qu'il a noté avec justesse la longueur des marches, c'est qu'elles se trouvent d'accord avec ce que l'on sait de plus exact sur les distances des lieux dans l'empire de Maroc.

Le succès de l'entreprise de M. Caillié est d'autant plus digne d'intérêt, qu'il l'a effectuée avec ses seules ressources, sans la participation ni le secours de personne. Il a sacrifié tout ce qu'il possédait pour subvenir aux besoins du voyage. Il a fait tout ce qui était possible et plus qu'on ne pouvait espérer avec de telles ressources, et il a eu le bonheur de réussir complétement.

Si de tels services sont faits pour mériter à M. Caillié la bienveillance du public et celle du gouvernement, combien ne doivent-ils pas exciter l'intérêt et la reconnaissance de la Société de géographie! C'est le programme publié par la Société en 1824 qui a achevé de le déterminer à pénétrer dans l'intérieur d'un continent inconnu. L'un de nous étant au Sénégal à cette époque, et le voyant animé depuis plusieurs années de la passion des voyages, lui communiqua un exemplaire de ce programme; et depuis, M. Caillié ne cessa de faire des efforts de toute espèce, pendant trois autres années, jusqu'à ce qu'il eût découvert le moyen d'effectuer un dessein aussi hardi : c'est ce qu'atteste le témoin le plus digne de foi, notre collègue M. le baron Roger, en ce temps gouverneur pour le Roi au Sénégal. C'est alors que M. Caillié quitta Saint-Louis, et visita plusieurs contrées voisines; puis il fixa son choix sur le Rio-Nunez, pour point de départ; à Kakondy, il fut assez heureux pour trouver une caravane partant pour l'intérieur, et il saisit habilement l'occasion favorable.

Le programme publié par la Société en 1824 est composé de deux parties. La première demande principalement des notions positives sur Temboctou et sur les rivières du voisinage, et des renseignemens sur les pays à l'est; M. Caillié a rempli la plupart de ces conditions. La seconde partie, pour laquelle la Société a affecté une récompense spéciale, exige à la vérité des observations célestes; mais c'est encore une question de savoir s'il est possible à celui qui pénètre pour la première fois dans ce pays, même étant muni des instrumens nécessaires, de remplir une condition aussi difficile et périlleuse. Qui ne connaît et la jalousie farouche que les Maures et tous ceux qui sont en possession du commerce de cette partie de l'Afrique, ont conçue de tout temps contre les Européens, et la résistance qu'a éprouvée Belzoni, qui avait tenté de suivre cette direction, et la fin tragique d'Antonio Piloti, et la triste issue de l'entreprise du major Laing?

M. Caillié a pénétré jusqu'à Temboctou; il y est allé en partant de la Sénégambie, comme le demandait la Société. S'il n'a pas exécuté tout ce qu'elle souhaitait que l'on pût faire, il a, en revanche, fait beaucoup d'observations neuves et précieuses, qui n'étaient pas exigées, sur le Fouta-Dhialon, sur les pays de l'est, et sur la partie supérieure du cours du Dhiolibâ; il a navigué sur ce fleuve pendant un mois; il a pris des renseignemens sur les mines de Bourré, et fait d'autres recherches qui n'étaient pas demandées; ce qui établit une sorte de compensation. La découverte de ces pays et la description des régions de Baléya, de Kankan et de Ouassoulo, sont une telle acquisition pour la géographie, que, lors même qu'il n'aurait pas atteint la ville de Temboctou, il mériterait une récompense très-signalée. Il a encore le mérite d'avoir recueilli un vocabulaire de la langue mandingue, et un autre de la langue kissour, parlée à Temboctou concurremment avec le maure, et d'avoir noté ce qui touche aux coutumes, aux cérémonies, aux productions et au commerce des différentes contrées. D'un autre côté, il y a dans notre programme des conditions qui ont été remplies en partie, depuis sa publication, par les célèbres voyageurs anglais Oudney, Clapperton et Denham, savoir, celles qui regardent les pays et les montagnes à l'E. et à l'E. S. E. de Temboctou : il n'y avait donc plus les mêmes motifs pour en exiger l'accomplissement.

Ainsi, en décernant à M. Caillié la récompense qu'elle a promise à celui qui aura atteint la ville de Temboctou et en aura fourni une description, la Société remplira l'attente générale, et elle sera assurée de posséder des notions exactes sur des pays mal connus ou totalement ignorés; elle accordera son honorable suffrage à un homme qui en parle, non par oui-dire, mais pour avoir vu de ses propres yeux; qui, dans ses récits simples et naïfs, raconte, sans nulle exagération, ce qu'il a observé, et ne cherche point à exciter l'attention par des aventures extraordinaires. C'est précisément le genre d'intérêt que la Société de géographie attache aux découvertes, celui de la vérité.

C'est beaucoup qu'un homme soit parvenu à rompre l'espèce d'enchantement qui semblait frapper tout Européen parvenu sur ce point mystérieux du Dhiolibâ. On est sûr maintenant que quatre à cinq mois suffisent pour arriver de Temboctou en Europe. A présent que la possibilité du voyage et du retour est prouvée par l'événement et non par des conjectures, tous les hommes dévoués, que tant de catastrophes répétées coup sur coup avaient pu détourner de leur dessein, vont reprendre courage, et tenteront l'entreprise. C'est un grand service de plus qu'aura rendu à la science M. R. Caillié, et dont elle lui tiendra compte, si elle n'est pas entièrement consolée, par son succès, de la perte déplorable du major Laing.

Dans un sujet aussi fécond en développemens géographiques et scientifiques, il eût été facile de s'étendre et d'intéresser par de nombreux rapprochemens; mais la commission croit devoir se renfermer dans le cercle de la mission qu'elle a reçue: son but est atteint, si elle a porté la conviction dans les esprits. Elle doit donc ici passer également sous silence, et les récits de J. Léon, de Ben-Batouta, d'el-Édrisi, et les relations des Portugais avec Temboctou dans le xv.ᵉ siècle, le voyage de Paul Imbert dans le xvii.ᵉ, celui de Robert Adams en 1810, encore contesté, et tant de voyages qui se sont succédés depuis quarante ans. En agir autrement, ce serait oublier que nous parlons à des auditeurs qui ont approfondi tous les élémens des problèmes de la géographie de l'Afrique, ainsi que l'attestent, Messieurs, vos trois sujets de prix en faveur des hommes déterminés à braver tous les périls pour explorer ce grand continent, dans l'intérêt commun des sciences et de l'humanité.

Il est aisé, Messieurs, d'après tout ce qui précède, de pressentir les propositions que la commission a l'honneur de vous faire : elle conclut, 1.° à ce que vous accordiez à M. Auguste Caillié le prix que vous avez offert au premier voyageur qui parviendrait à Temboctou, en venant de la Sénégambie; 2.° à ce que communication soit donnée du présent rapport à LL. Exc. les ministres de l'intérieur, de la marine et des affaires étrangères.

Nous ne finirons pas ce rapport sans payer un juste tribut de gratitude à M. Delaporte, gérant du consulat général à Tanger, pour les soins généreux et empressés qu'il a prodigués à notre compatriote : la Société lui doit un témoignage particulier de reconnaissance pour avoir sauvé le voyageur et les papiers qu'il a rapportés.

Baron ROGER, LARENAUDIÈRE, Amédée JAUBERT, CADET DE METZ, J.-B. EYRIÈS; JOMARD, *rapporteur*.

# CORRESPONDANCE.

[ La lettre qui suit est une réponse à la première lettre que M. Caillié avait écrite au consul de France, en arrivant à Arbate. ]

CONSULAT GÉNÉRAL DE FRANCE AU MAROC.

*A M.* Caillié, *à Arbate.*

Tanger, le 28 Août 1828.

Monsieur,

J'ai l'honneur d'être membre de la Société de géographie; vous devez penser quel plaisir j'ai dû ressentir à la lecture de la lettre que vous m'avez adressée, le 21 de ce mois, par le canal de M. l'agent de France à Rabat, et combien a dû m'être sensible l'arrivée en bon sauvement d'un voyageur tel que vous, Monsieur, qui auriez résolu le grand problème de la possibilité d'un voyage à travers l'Afrique. Je me plais à croire que vous avez visité les villes que vous m'indiquez dans votre intéressante lettre, et sur-tout la ville de Temboctou, qui, depuis deux ou trois générations, est l'écueil où tant de voyageurs intrépides ont perdu la vie; mais les informations que vous me donnez sont insuffisantes pour que je puisse y ajouter foi : vous savez combien d'imposteurs peuvent nous tromper. Veuillez m'en donner, s'il vous plaît, de plus amples et de plus précises, afin que je puisse m'en prévaloir auprès de notre gouvernement, protecteur des grandes entreprises, et de la Société de géographie, à la gratitude et à l'admiration de laquelle vous auriez acquis des titres irrécusables.

J'écris à M. l'agent de France du lieu où vous venez d'arriver si miraculeusement, de vous donner tous les secours que réclame votre position, de recevoir telles déclarations que vous voudrez faire sur le voyage pénible et plein d'intérêt que vous venez d'achever, et de vous fournir les moyens de vous rendre à Gibraltar, ou auprès de moi, si vous le desirez mieux.

Cependant, si vous craignez qu'une déclaration, qu'un rapport ou qu'un procès-verbal puisse vous compromettre, adressez-moi une lettre pour M. le président de la Société de géographie, que je lui ferai parvenir par le canal de S. Exc. le ministre des affaires étrangères.

Dans le cas où vous vous décideriez à venir à Tanger, faites le voyage de manière à ne pas vous compromettre, et soyez sur-tout bien circonspect du côté de la religion que vous avez embrassée; car les Maures ne badinent pas sur ce chapitre, et sont inexorables. Veuillez aussi réunir en un seul paquet les notes-journaux que vous aurez dressés pendant le cours des seize mois de votre rude voyage, et les renseignemens que vous aurez recueillis; le faire sceller du sceau de l'agent de Rabat, où vous vous trouvez, et me l'adresser par un courrier, ainsi que je l'écris à M. l'agent, pour que ces pièces intéressantes et précieuses, qui seront tenues à votre disposition, ne se perdent pas.

Je me croirais heureux, Monsieur, si je pouvais être le premier des membres de la Société de géographie qui jouiroit de l'avantage d'embrasser un confrère qui, à ses risques, périls et fortune, a réussi dans un voyage où tant d'autres ont échoué, et de secourir un compatriote que ses fatigues et ses travaux ont dû accabler de mille maux divers.

J'attends de nouveaux renseignemens de vous, avant de faire part de votre arrivée à ceux qui sont intéressés à la connaître.

Je vous prie de me croire avec admiration, Monsieur, votre très-humble et très-obéissant serviteur.

*Signé* Delaporte, *vice-consul de France, chargé de la gestion provisoire du consulat général de S. M. T. C. au Maroc.*

---

*Extrait d'une lettre de M.* Delaporte, *vice-consul, gérant le consulat général de France à Tanger, à M. le commandant de la station navale française à Cadix.*

Tanger, 15 Septembre 1828.

M. Caillié (René-Auguste) a entrepris le voyage pénible et dangereux du Sénégal, de Sierra-Léone à Tanger, passant par la ville de Temboctou, et il a eu le bonheur de surmonter toutes les difficultés qui, comme vous le devez juger, sont les suites inséparables d'un pareil voyage.

Le hasard l'a fait tomber chez un agent du gouvernement de Sa Majesté, chez un membre de la Société géographique, chez moi : je le soigne de mon mieux ; c'est un orgueil, une gloire pour moi, d'avoir reçu un concitoyen souffrant, le premier Européen qui ait conquis à notre patrie la connaissance de cette ville de Temboctou dont la recherche a coûté tant d'*existences* et tant de trésors.

M. Caillié s'est présenté à moi sous le costume d'un derviche mendiant, qu'il ne démentait pas, je vous l'assure : il a simulé pendant son voyage le culte mahométan. Si les Maures le soupçonnaient chez moi ou au consulat, ce serait un homme perdu ; je réclame donc de votre humanité, de votre amour et de votre admiration pour les grandes entreprises, de m'aider à sauver cet intrépide voyageur, dont le nom va devenir célèbre, en m'envoyant, si vous pouvez en disposer, un des bâtimens sous vos ordres, ou en vous rendant vous-même ici, si vous le croyez mieux. Vous prendriez l'entrée, M. Caillié prendrait l'accoutrement de matelot ou le travestissement d'officier ; il se mêlerait avec les gens de l'équipage ou de l'état-major ; il se rendrait à votre bord, et il serait sauvé. Il serait doux pour vous et pour moi d'avoir coopéré au salut de ce grand voyageur.

Les Anglais n'hésiteraient pas un instant de recueillir, à bord d'un des vaisseaux de ligne de leur souverain, un compatriote de ce mérite. Dernièrement, à Gibraltar, on publiait que le major Laing y était arrivé sous le costume arabe ; une corvette de guerre fut de suite mise à sa disposition, pour le transporter à Londres : mais au lieu du major Laing, c'était M. Linc ; la parité de nom fut cause de l'erreur ; cependant la corvette n'en fut pas moins désignée.

Veuillez me rendre une réponse, et me faire savoir si vous pouvez rendre à la France, si je puis m'expliquer ainsi, et à la Société de géographie de France, le service que je vous demande en leur nom, en faveur de M. Caillié, afin d'aviser à d'autres moyens pour le rendre à son pays.

Je suis etc.

*Signé* DELAPORTE.

---

*Extrait d'une lettre de M.* DELAPORTE, *vice-consul de France, à M.* JOMARD, *membre de l'Institut.*

Tanger, le 27 Septembre 1828.

M. Caillié, dont j'ai lu le nom dans un des numéros des Bulletins de la Société de géographie, a traversé l'Afrique depuis Rio-Nunez jusqu'à Tanger, passant, chemin faisant, par

Temboctou. Il s'embarque aujourd'hui sur une goëlette de l'État, et se rend à Toulon, où il arrivera sans ressources. J'espère que la Société de géographie prendra soin de ce voyageur, qui, je crois, l'illustrera. Il a traversé l'Afrique en mendiant; il s'est jeté tel à ma porte : mais je l'ai relevé, je lui ai donné tous les soins possibles, et je me crois heureux d'avoir été le premier Français qui l'ait embrassé.

Il se présentera à vous, vous communiquera les matériaux dont il est porteur. C'est vous qu'il a l'intention de charger de leur rédaction [1].

Il déplore de n'avoir pas été à même de se procurer une éducation brillante et distinguée; mais il se console de cette disgrace par le bonheur de se dire le seul Européen qui ait tranché la grande difficulté, et d'avoir enrichi le règne de S. M. Charles X d'une entreprise où tant de savans et de voyageurs ont échoué.

Veuillez le présenter à M. le président de la Société, le recommander à tous ses membres, et lui prodiguer les soins qu'il mérite.

Je vous embrasse de tout mon cœur, et me dis avec affection, estime et considération, etc.

*Signé* DELAPORTE.

---

(1) M. Jomard s'est occupé seulement de l'itinéraire, des cartes et de la partie géographique, de la division de l'ouvrage et de l'ensemble de la publication.

*Extrait d'une lettre de M.* Delaporte *à M.* Jomard.

Tanger, le 3 Octobre 1828.

Je vous ai adressé le voyageur français Caillié, qui, après avoir traversé les marais brûlans de l'Afrique, y a gagné le scorbut, qui lui a rongé les os du palais. Il vous arrivera, si Dieu, qui l'a protégé jusqu'à Tanger, lui conserve la santé, d'ici à deux ou trois mois. Au lieu d'itinéraires informes, dont l'oreille a fait tous les frais, et pris à la volée, tels que ceux que j'ai fournis depuis nombre d'années, il se présentera à vous avec un travail positif, des documens, des matériaux pris sur les lieux, dont il vous demandera de diriger la rédaction; ne lui refusez pas votre aide, etc.

Ce voyageur a mérité le prix du voyage à Temboctou par la voie du Sénégal, puisque c'est de Saint-Louis qu'il est parti pour se rendre à Tanger; il a aussi droit à celui de la découverte la plus importante en géographie, comme il le prouvera par son travail : on ne peut les lui refuser.

*Signé* Delaporte.

---

*Extrait d'une lettre de M.* Caillié *à M.* Jomard.

Lazaret de Toulon, 10 Octobre 1828.

Monsieur,

Mon zèle pour les découvertes géographiques m'a engagé à entreprendre, en 1827, un voyage dans l'intérieur de l'Afrique, pour visiter la ville de Temboctou, objet des recherches des

Européens, et qui a coûté la vie à tant d'illustres voyageurs. N'ayant pu obtenir de mission du gouvernement français du Sénégal, je me décidai à partir avec mes seules ressources : je réalisai donc à cet effet le fruit de mes économies, et fis les préparatifs de mon expédition. Ce fut le 19 avril 1827 que je quittai Kakondy sur le Rio-Nunez, accompagné par des marchands mandingues allant sur le Niger : le costume arabe et la religion du prophète, que j'adoptai, aplanirent toutes les difficultés ; je traversai sans obstacle les hautes montagnes du Fouta-Dhialon, le Kankan, le Ouassoulo. Je séjournai cinq mois à Timé, pour cause de maladie très-grave. Ce village est habité par des Mandingues mahométans ; il est situé dans la partie S. du Bambara. Dans les premiers jours de janvier 1828, je continuai ma route ; je visitai l'île et la ville de Jenné, et m'embarquai sur le Niger pour Temboctou, où j'arrivai après une pénible navigation d'un mois : j'y séjournai quatorze jours, pris toutes les informations que je pus me procurer ; j'étudiai les mœurs et les habitudes des habitans, le commerce et les ressources du pays, et fis route au N. pour effectuer mon retour par le grand désert. Je passai par el-Araouân : après deux mois des plus pénibles privations, j'arrivai au Tafilet, et fis route pour Fez, Rabat et Tanger, où M. Delaporte, vice-consul de France dans cette ville, m'a prodigué tous les secours qu'exigeait ma position. Peu après, je m'embarquai sur la goëlette du Roi *la Légère*, qui m'a conduit à Toulon, où je suis en convalescence et sans moyens, ayant tout épuisé dans un voyage de seize mois.

Je suis etc.

*Signé* A. CAILLIÉ.

*Extrait d'une lettre de M. A. CAILLIÉ à M. le Président de la Société de géographie.*

Toulon, 10 Octobre 1828.

MONSIEUR,

J'ai eu le bonheur de faire, en 1824, un premier voyage chez les peuples qui habitent les bords rians du Sénégal; dès-lors je projetais d'explorer l'Afrique centrale, de visiter les villes de Jenné et Temboctou, afin de surpasser, s'il était possible, les Anglais, qui nous avaient devancés dans cette carrière. N'ayant pu obtenir de mission du gouvernement du Sénégal, je me décidai à partir avec mes seules ressources, persuadé qu'à mon retour le gouvernement s'empresserait de reconnaître les services que j'aurais rendus; je réalisai donc le peu de moyens que j'avais, fruit de mes économies, et je fis les préparatifs de mon départ. Ce fut le 19 avril 1827 que je quittai Kakondy sur le Rio-Nunez, suivant une caravane de marchands mandingues allant sur le Niger. Grâce au costume arabe et à la religion du pays, que j'embrassai, les nombreuses difficultés attachées à ce pénible voyage ont été aplanies; c'est à ce travestissement que je dois le succès de mon expédition. J'ai franchi sans obstacles les hautes montagnes de la Sénégambie, les pays de Baléya, Kankan, Ouassoulo. Arrivé à Timé, village de Mandingues mahométans, situé dans la partie S. du Bambara, je fus obligé d'y séjourner cinq mois, retenu par une maladie très-grave et qui pensa me coûter la vie. Le 9 janvier 1828, je fus en état de continuer ma route. Je visitai l'île et la ville de Jenné; puis m'embarquai sur le Niger, dans une embarcation de soixante tonneaux, allant à Temboctou, où j'arrivai après un mois d'une pénible navigation. Cette ville est située à cinq milles au nord de Cabra, dans une plaine de sable mouvant, où il ne croît que de frêles arbrisseaux : j'y séjournai quatorze jours. Je visitai la ville, en pris un croquis ; j'étudiai les mœurs et les habitudes des habitans, le commerce et les ressources du pays ; puis, me dirigeant au N. pour traverser le grand désert, j'arrivai à el-Araouân. Cette ville est située à six jours au N. de Temboctou : elle est l'entrepôt du sel qui s'exporte à Sansanding et à Yamina, et située sur un sol bien plus aride que Temboctou ; on n'y voit aucun arbrisseau ; on y brûle le crottin de chameau. Le vent brûlant de l'E., qui y règne continuellement, rend ce séjour désagréable. Je continuai ma route au N., et arrivai aux puits de Télig, à huit jours d'el-Araouân ; nous nous y désaltérâmes, puis fîmes route au N. N. O., en nous enfonçant dans le désert : je vis le sol le plus aride, composé de sable mouvant et de roches de quartz gris jaspé de blanc ; il y a peu de granit. Après deux mois de marche dans cet horrible pays, j'arrivai au Tafilet, petit arrondissement faisant partie de l'empire de Maroc ; je passai à Fez, Méquinaz, Rabat et Tanger, où je fus accueilli par M. Delaporte, vice-consul de France ; il me prodigua tous les soins qu'exigeait ma position. Peu de jours après, je m'embarquai sur la goëlette du Roi *la Légère*, qui m'a conduit à Toulon, où je suis en quarantaine pour vingt-deux jours. Je suis en convalescence et sans moyens, ayant tout épuisé dans un pénible voyage de seize mois.

Je suis etc.

*Signé* A. CAILLIÉ.

Après avoir entendu les communications précédentes, dans la séance du 17 octobre, la commission centrale de la Société de géographie a décidé unanimement qu'il serait envoyé sur-le-champ à M. Auguste Caillié une première indemnité pécuniaire, et que des extraits de ces lettres seraient imprimés dans un supplément au n.º 66 du Bulletin.

*Lettre de M.* Delaporte *à M. le Président de la Société de géographie.*

Tanger, le 3 Octobre 1828.

Monsieur le Président,

Vous faire part qu'un Européen vient de conquérir en Afrique, à la Société de géographie, une vaste étendue de territoire, c'est vous donner, ainsi qu'à elle, une bonne nouvelle; mais vous annoncer que cet Européen est Français, c'est vous la rendre encore plus agréable.

Un de nos concitoyens, M. Auguste Caillié, a acquis à la Société tous les territoires situés entre Rio-Nunez (Sierra-Léone) et Tanger, c'est-à-dire, entre l'Océan et la Méditerranée. Il a visité les villes de Kankan, Jenné, Temboctou et Araouân. Il a habité Temboctou pendant quatorze jours. Sa maison étoit à quelques portes de celle qu'avait occupée le malheureux major Laing. Il a employé seize mois à faire ce travail et à recueillir les matériaux dont il enrichissait sa besace. Rien ne l'a rebuté, ni refus, ni dégoûts, ni fatigues, ni dangers; sa vocation, ainsi qu'il me l'a dit plusieurs fois, l'appelait à franchir l'Afrique; il l'a suivie, et a résolu le problème qu'un Européen peut traverser l'Afrique, problème dont l'impossibilité paraissait presque démontrée. Il a voyagé sans faste; et j'ai vu un derviche quêteur, la besace de cuir sur le dos, se jeter sur le seuil de ma porte, et me tendre, non la main de l'indigence, non la main de la misère dont il portait la livrée, mais celle d'un compatriote qui s'adresse à un serviteur du Roi de France et requiert sa protection. Il l'a obtenue, Monsieur le Président; elle lui a été donnée par moi, qui me trouve gérer momentanément le consulat général de France, autant qu'il a été en mon pouvoir de le faire ; et grâce à la coopération de M. le chevalier de Luneau, commandant de la station navale française à Cadix, qui eut la complaisance de m'envoyer un bâtiment du Roi, j'ai sauvé le voyageur et ses papiers. M. le lieutenant de vaisseau Jollivet a reçu à bord de la goëlette du Roi *la Légère*, qu'il commande, M. Caillié ; et le 28 septembre dernier, il a fait voile pour Toulon, où il doit purger sa quarantaine.

Deux départemens, celui des affaires étrangères et celui de la marine, ont contribué à rendre un Français à son pays natal, et à acquérir à la Société dont vous êtes le président un voyageur modeste, que son entreprise illustrera.

M. Caillié, dont les fatigues et les travaux ont altéré la santé, s'est embarqué avec la fièvre. Il faut espérer qu'elle n'aura pas de suite, et qu'il abordera à Toulon sain et sauf.

Si M. Caillié n'a pas le brillant ni l'éducation de nos voyageurs modernes, il a l'ingénuité et la franchise de ce bon voyageur du vieux temps qui nous a donné sur l'Inde tant de notions intéressantes ; s'il n'est pas l'Amédée Jaubert de l'Asie, il sera le Marco-Polo de l'Afrique ; et il aura le mérite d'avoir fait, à ses dépens et sans secours, ce que tant d'autres n'ont pu achever à force de trésors.

Après sa quarantaine, il doit se rendre à Paris, où il a l'intention de réclamer l'assistance de M. le chevalier Jomard, vice-président du bureau central de la Société, pour la rédaction des riches matériaux qui font son unique fortune. En recommandant, Monsieur le Président, ce voyageur à votre intérêt, c'est le recommander à celui de tous les membres de la Société de géographie, à laquelle j'ai l'honneur d'appartenir.

Je suis etc.

*Signé* DELAPORTE.

*Lettre de M.* Jomard *à M.* Caillié.

Paris, le 18 Octobre 1828.

Monsieur,

J'ai reçu, avec tout l'intérêt qu'elle mérite, la lettre que vous m'avez adressée touchant votre voyage dans l'intérieur de l'Afrique. Vous avez pensé avec raison que personne ne pouvait prendre une part plus grande que moi au succès de votre voyage, et je n'ai pas perdu un instant pour communiquer à la Société de géographie le contenu de vos lettres et celles de M. Delaporte. Après en avoir entendu la lecture avec les marques de la plus vive satisfaction, elle a décidé, en attendant l'effet des démarches que je dois faire auprès du gouvernement, qu'une somme de cinq cents francs vous serait adressée, à titre d'encouragement, pour subvenir à vos besoins et vous aider à vous rendre à Paris.

Nous pensons, Monsieur, qu'il est dans votre intérêt de mettre le temps à profit, autant que votre position et votre santé vous le permettront, en déposant sur le papier tous vos souvenirs pendant que votre mémoire est encore fraîche, et de noter sur-tout avec exactitude les heures ou les journées de marche, les directions que vous avez suivies, et tout ce qui est de nature à s'oublier, comme les noms de lieux et les noms propres en général.

Je vous offre, Monsieur, tous les services qui dépendent de moi; disposez de mon faible crédit; et sur-tout prenez le repos qui est nécessaire à votre rétablissement, après des fatigues aussi longues etc.

J'ai l'honneur d'être etc.

*Signé* Jomard.

*Extrait d'une lettre à M. le président de l'Académie des sciences.*

Paris, le 18 Octobre 1828.

Monsieur le Président,

J'ai l'honneur de communiquer à l'Académie des sciences le contenu des lettres que j'ai reçues hier de M. Delaporte, vice-consul de France, gérant du consulat général à Tanger. Un Français vient d'accomplir le voyage de Temboctou. Il a été assez heureux pour traverser presque toute l'Afrique au N. de l'équateur, depuis le Rio-Nunez, vers le 10.ᵉ degré 1/4 de latitude, jusqu'au détroit de Gilbraltar, et il est arrivé sain et sauf à la résidence de Tanger, après avoir franchi l'Atlas entre Tafilet et Fez, et voyagé pendant seize mois consécutifs.

Comme il est le premier Européen qui ait réussi dans le voyage de Temboctou et qui en soit revenu, je ne doute pas, quels que soient les résultats que les sciences puissent en recueillir, que l'Académie n'apprenne ces nouvelles avec un vif intérêt.

C'est le 19 avril 1827 que M. Caillié est parti de Kakondy, sur le Rio-Nunez; de là, il a parcouru près de trois cents lieues dans l'E. jusqu'à Timé, au-delà du grand fleuve du Dhiolibâ. Il s'y est embarqué près de Jenné; et après une navigation d'un mois, il est arrivé à Temboctou, en avril dernier. Après un séjour de plusieurs semaines, il a fait route au N. et au N. N. O. Son voyage a été de soixante-quinze jours depuis cette capitale jusqu'au Tafilet, à travers le Sahara ou grand désert, au milieu des plus rudes fatigues et des privations les plus pénibles.

La première partie de son voyage coïncide avec celui des voyageurs anglais [1]. Ensuite il a franchi les divers étages de la

(1) C'est la ligne que Watt et Winterbottom ont suivie en 1794.

chaîne de montagnes du Fouta-Dhialon, au milieu desquelles il a traversé la route suivie par M. Mollien, et peut-être le Sénégal près de sa source.

Comme il ne faisait guère que douze milles géographiques par jour, il a eu le temps d'observer les lieux avec attention. Il a traversé les pays de Belia, Kankan et Ouassoulo, à peine connus de nom. Enfin, avant d'arriver à Jenné, il a pu voir Bamakou, Yamina, Ségo et Sansanding [1].

Tel est l'aperçu du voyage, d'environ quinze cents lieues, que vient de faire M. Caillié, dont mille dans des contrées presque inconnues. On en peut déjà conclure que Temboctou est plus près de l'Océan qu'on ne l'a marqué sur toutes les cartes. Ses marches confirment la conjecture que j'ai déjà mise en avant, que cette grande ville est peu éloignée du 17.ᵉ degré N.

J'ai l'honneur d'être etc.

*Signé* JOMARD.

---

*Lettre des Présidens et Secrétaire de la Société de géographie, à S. Exc. le Ministre de l'intérieur.*

Paris, le 20 Octobre 1828.

MONSEIGNEUR,

Par la lettre que votre excellence nous a fait l'honneur de nous écrire, en date du 2 avril dernier, elle a manifesté le désir d'être informée des renseignemens qui nous parviendraient sur les entreprises formées par la Société, et spécialement sur les découvertes relatives à l'intérieur de l'Afrique.

Nous nous faisons un devoir de communiquer avec empres-

---

(1) Il a passé beaucoup à l'E. de ces villes.

sement à votre excellence les nouvelles qui viennent de nous parvenir depuis deux jours. Un Français a été assez heureux pour parvenir dans l'Afrique centrale. Il paraît avoir fait quelque résidence dans la ville même de Temboctou. Parti des bords du Rio-Nunez en 1827, il s'est porté à l'E. jusqu'au-delà des bords du Dhiolibâ, en traversant les hautes montagnes de la Sénégambie supérieure. Ensuite, il a suivi le cours de ce grand fleuve, et même il s'y est embarqué devant Jenné. Au bout d'un mois de navigation, il est débarqué à Cabra, port de Temboctou. Après avoir fait toutes les observations qu'il lui a été possible de recueillir, il est entré dans le grand désert de Sahara; et après deux mois et quatorze jours des courses les plus pénibles, il est parvenu au Tafilet, d'où il s'est rendu à Tanger. C'est là que M. Delaporte, vice-consul de S. M., gérant le consulat général, l'a recueilli, lui a donné les premiers secours, et lui a procuré son passage en France sur un bâtiment de l'État.

Cet intéressant voyageur s'appelle Caillié. Il était déjà au Sénégal en 1824 : c'est au mois d'avril 1827 qu'il s'est rendu à Kakondy sur le Rio-Nunez; là, il se réunit à une caravane de marchands mandingues. Sa position est d'autant plus digne d'intérêt, que, peu de temps avant de s'embarquer, il avait essuyé une maladie des plus graves, qui le retint cinq mois au midi de Jenné. Le chemin total qu'il a fait est de douze à quatorze cents lieues, dont mille dans des pays à-peu-près inconnus.

Telle est la substance des lettres que ce voyageur vient de nous adresser. L'accueil que lui a fait le gérant du consulat, homme très-versé dans les langues et les relations de l'Afrique septentrionale, a déterminé celui de la Société de géographie; elle s'est empressée de lui adresser des marques d'encouragement.

Nous espérons, Monseigneur, que ces nouvelles obtiendront aussi l'intérêt de votre excellence; qu'elle accordera à ce voyageur des marques de sa satisfaction, et qu'elle voudra bien le recommander au ministre de la marine, afin de lui procurer les secours dont il a besoin pour se rendre à Paris. Toutes ses ressources ont été épuisées dans un pénible voyage de seize mois. C'est le premier Européen qui, après avoir pénétré dans cette partie de l'Afrique centrale, en soit revenu sain et sauf. La Société de géographie s'applaudit d'avoir appelé l'attention des explorateurs de tous les pays sur l'intérieur de ce continent; mais elle se réjouit de voir que c'est un Français qui a eu le premier la gloire de réussir.

Nous sommes etc.

*Signé* Baron Cuvier, *président de la Société;* vicomte Siméon, *vice-président;* Jomard, *vice-président de la Commission centrale;* de Larenaudière, *secrétaire.*

---

*Lettre des Présidens et Secrétaire de la Société de géographie, à S. Exc. le Ministre de la marine.*

Paris, le 20 Octobre 1828.

Monseigneur,

Un voyageur français, M. A. Caillié, vient d'arriver à Toulon sur la goëlette du Roi *la Légère*, après avoir terminé un voyage difficile dans l'intérieur de l'Afrique, depuis Rio-Nunez jusqu'à Tanger. Il paraît avoir résidé dans la ville de Temboctou. Ce pénible voyage a épuisé toutes ses ressources; et sa santé est affaiblie par de longues fatigues. Le vice-consul de S. M. à Tanger le recommande à la Société de géographie, afin qu'elle lui fasse obtenir du gouvernement les moyens de se rendre à Paris. Comme ce voyageur est le premier Européen qui ait accompli une pareille entreprise, nous croyons pouvoir, Monseigneur, appeler sur lui avec confiance tout votre intérêt, et réclamer l'appui de votre bienveillance. Elle vous prie de vouloir bien lui procurer les moyens de se rendre à Paris.

Nous sommes etc.

*Signé* Baron Cuvier, *président de la Société;* vicomte Siméon, *vice-président;* Jomard, *vice-président de la Commission centrale;* de Larenaudière, *secrétaire.*

---

*Lettre de M.* John Barrow *à M.* Jomard.

Londres, 28 Octobre 1828.

Monsieur,

J'ai l'honneur de m'adresser à vous sur un sujet auquel je suis persuadé que vous prendrez autant d'intérêt que moi-même, le progrès des découvertes en Afrique.

Je vois par le supplément du 66.ᵉ Bulletin publié par la Société géographique de Paris, qu'un Français, du nom de Caillié, a réussi à atteindre la ville de Temboctou, et que M. Delaporte, vice-consul à Tanger, observe, dans la lettre qu'il vous a écrite pour vous annoncer l'arrivée de M. Caillié, que ce voyageur se console des fatigues qu'il a souffertes par l'idée qu'il est le seul Européen qui ait réussi, jusqu'à présent, à amener à une heureuse fin une entreprise dans laquelle tant de courageux voyageurs ont succombé.

Loin de moi de concevoir la pensée de diminuer le mérite de ce voyageur entreprenant et aventureux, ou de blâmer le juste orgueil qu'il doit ressentir pour avoir donné à sa tentative une heureuse issue; mais la justice qui est due à la mémoire d'un autre voyageur qui a péri par la main barbare d'un assassin, exige que je vous expose, Monsieur, que M. Caillié n'est pas le seul Européen qui ait visité Temboctou, ni le premier.

Feu le major Laing est celui qui le premier a mis les pieds dans Temboctou; et je vais vous le montrer par l'autorité la plus irrécusable, sa propre signature, et par celle de son serviteur, qui est maintenant à Tripoli. Dans une lettre adressée à M. le consul Warrington, et maintenant sous mes yeux, datée de Temboctou, 21 septembre 1826, le major dit qu'il est arrivé dans cette ville le 18 du mois d'août précédent, qu'il devait la quitter le lendemain de la date de sa lettre, c'est-à-dire le 22 septembre, et qu'il avait l'intention de continuer par la route de Ségo; ensuite il entre dans beaucoup de détails touchant cette ville, et donne un grand nombre de documens curieux qu'il a réunis sur ce sujet, et d'autres matériaux qui, sans aucun doute, seront publiés en temps convenable.

Il a quitté, en conséquence, Temboctou le 22 septembre, avec une petite caravane, ayant un seul domestique arabe à son service; le troisième soir il fut rejoint par quelques Arabes faisant partie de la caravane, et ensuite bassement massacré. Il arriva que la lettre mentionnée plus haut, et qu'il avait écrite de Temboctou, se trouvait dans la possession de son domestique: son bagage a été pillé tout entier, ses journaux et ses nombreux papiers enlevés; mais nous avons encore l'espoir qu'ils seront recouvrés. Le domestique a subi l'examen le plus sévère: il est ferme et conséquent dans toutes ses réponses; et je regrette de dire qu'il y a grand sujet de croire que cet entreprenant voyageur est tombé victime du traître et barbare Bello, qui s'est conduit si scandaleusement envers le capitaine Clapperton.

J'espère, par conséquent, de votre justice, comme un homme

dévoué aux sciences, et particulièrement à celle de la géographie, et comme président de la commission centrale, que vous prendrez des mesures pour donner quelque publicité à cette communication, comme elle a été donnée à l'heureux succès de l'entreprise méritoire de M. Caillié.

J'ai l'honneur etc.

*Signé* John BARROW.

---

*Extrait de la réponse de M.* JOMARD *à M.* John BARROW.

Paris, 31 Octobre 1828.

MONSIEUR,

Quoique étranger à la lettre qui fait le sujet de votre réclamation, je n'aurais jamais voulu participer, même indirectement, à une assertion contraire à la vérité ou à la réputation du courageux voyageur dont vous défendez justement les intérêts. Personne moins que moi n'est accessible aux idées exclusives de nationalité, et c'est aussi dans l'intérêt général de l'humanité que je suis dévoué à la cause des sciences et de leurs progrès indéfinis. Je me serais donc réjoui sincèrement de signaler le premier en France le retour et les succès du major Laing, ainsi que j'ai été assez heureux pour le faire à l'arrivée du capitaine Clapperton et du major Denham : vous devez le savoir, Monsieur, c'est moi qui annonçai au public français les travaux de ces intrépides explorateurs, qui ai publié le premier leurs admirables découvertes dans l'Afrique centrale, et qui payai un légitime hommage à la mémoire du docteur Oudney. Quant au major Laing, j'ai long-temps combattu et révoqué en doute les bruits anticipés de sa mort, et je me suis appliqué à faire ressortir les contradictions des récits qui circulaient en Afrique et en Europe ; rien même jusqu'ici ne m'avait persuadé de la réalité de la catastrophe ; et votre lettre, Monsieur, pourrait seule me faire ajouter foi entière à cette triste nouvelle, tant je desirais ardemment d'apprendre le succès du major Laing, d'avoir le plaisir de le proclamer, et de concourir, quoique faiblement, à sa brillante renommée. Le major Denham a pu vous dire comment je l'accueillis à Paris, combien je m'estimai heureux d'embrasser ce brave officier, et de m'entretenir avec un homme qui dix fois a exposé vaillamment sa vie pour parvenir le plus loin possible dans un continent inconnu.

Maintenant, Monsieur, voici les propres expressions qui sont l'objet de votre réclamation : « Il est le seul Européen « (M. A. Caillié) qui soit parvenu jusqu'à ce jour à terminer » avec succès une entreprise dans laquelle ont succombé tant « de courageux voyageurs. »

Vous voyez, Monsieur, qu'il s'agit de l'heureux retour du voyageur dans sa patrie, et non pas de la découverte de Temboctou. On ne lui fait pas un mérite d'y être allé le premier. C'est ainsi qu'après la mort du docteur Oudney, ses compagnons Clapperton et Denham, plus heureux, revirent leur pays natal : on pouvait donc dire, à leur retour en Angleterre, qu'ils étaient les premiers Européens revenus de Bornou, et qui fussent parvenus à terminer ce voyage avec succès, et cela sans rien ôter de la glorieuse couronne du docteur. Vous rendrez donc justice, Monsieur, je n'en fais aucun doute, non-seulement à moi, mais à M. Delaporte, vice-consul de France ; et vous reconnaîtrez, sans aucune peine, que personne n'a eu l'intention de frustrer vos compatriotes de la gloire qui leur appartient. Je m'honore d'avoir contribué à établir comme principe, dans les réglemens de la Société géographique, que les voyageurs de toutes les nations ont un égal droit à son attention; que les récompenses appartiennent à tous, quelle que soit leur patrie; enfin, qu'il n'y a aucune distinction, dans le sein de cette Société, entre les étrangers et les regnicoles.

Qu'il me soit permis, Monsieur, de déplorer comme vous-même le triste événement raconté dans votre lettre; cependant, plusieurs circonstances semblent encore laisser au doute une faible place; puisse mon incrédulité être justifiée par l'événement! Si cependant la catastrophe est certaine, il restera un vœu à former; c'est que ses journaux de voyage soient retrouvés, ou au moins que son domestique soit en état de fournir quelques bonnes informations; enfin, que les curieux matériaux dont vous parlez comme étant en votre possession, soient rendus publics le plus tôt possible. Ainsi que je l'espère, nous jouirons bientôt des documens rapportés par le nommé Lander, domestique de Clapperton; et alors je ne serai pas le dernier à faire valoir le mérite de cette nouvelle victime des sciences. Permettez-moi, Monsieur, d'ajouter ici une réflexion : si j'avais eu à faire la liste des Européens qui ont atteint la ville de Temboctou, je n'aurais pas oublié plusieurs individus qui paraissent l'avoir visitée; et peut-être aurais-je même fait mention de Robert Adams, quoique son voyage soit révoqué en doute, chose sur laquelle, vous le savez, les avis sont partagés. M. Delaporte également n'aurait pas manqué de les citer, si tel eût été son but : mais son intention était seulement d'annoncer l'heureux retour du voyageur, après avoir traversé le grand désert; ce qui n'est arrivé ni à Hornemann, ni à Parck, ni à Oudney, ni à l'infortuné Laing, ni à tant d'autres déplorables victimes.

Il me reste, Monsieur, à me féliciter de l'occasion que vous m'avez offerte de vous exprimer mes véritables sentimens sur le but que doivent avoir les découvertes géographiques, c'est-à-dire, l'utilité et l'amélioration qui en résulteront pour le sort de l'espèce humaine; je suis également charmé de pouvoir vous exprimer personnellement la haute estime que je professe pour les savans et les voyageurs de votre pays. C'est dans ces sentimens que je vous prie de me croire, etc.

*Signé* JOMARD.

---

*Lettre de S. Exc. le Ministre de l'intérieur à MM. les Présidens et Secrétaire de la Société de géographie.*

Paris, le 28 Octobre 1828.

MESSIEURS,

J'ai reçu la lettre que vous m'avez fait l'honneur de m'écrire, et par laquelle, en répondant à celle que je vous ai adressée le 2 avril dernier, vous m'avez communiqué les nouvelles les plus récentes qui vous soient parvenues de l'intérieur de l'Afrique. J'ai lu avec un véritable intérêt les détails relatifs au voyage du sieur Caillié, qui, dites-vous, est le premier explorateur français sorti sans danger, et même avec succès, d'une pareille entreprise. Je vois avec plaisir que la Société de géographie lui ait donné des marques de satisfaction; de mon côté, Messieurs, et pour répondre au desir que vous m'en avez exprimé, je viens d'écrire en sa faveur à Son Exc. le ministre de la marine. Je prie le ministre de vouloir bien procurer au sieur Caillié les moyens de se rendre à Paris; et pour mieux fixer son attention, je lui ai transmis une copie de la relation succincte que vous m'avez faite, et dont je vous remercie.

Agréez etc.

*Signé* MARTIGNAC.

*Lettre des Présidens et Secrétaire de la Société à* M. DELAPORTE.

Paris, le 31 Octobre 1828.

MONSIEUR LE VICE-CONSUL,

Dans une lettre de Toulon, en date du 10 octobre, M. Auguste Caillié nous a instruits du voyage qu'il vient de faire dans l'intérieur de l'Afrique, et il vous a payé un juste tribut de reconnaissance pour la manière généreuse avec laquelle vous l'avez accueilli. En répondant à votre lettre du 3 du courant, qui confirme les circonstances de ce voyage, nous nous empressons de vous adresser les remerciemens de la Société de géographie pour les nouveaux détails qu'elle renferme, et sur-tout pour les soins que vous avez prodigués à notre compatriote. En même temps que vous remplissiez un devoir d'humanité, vous avez conservé la personne d'un voyageur estimable et courageux qui, le premier parmi les Européens, est revenu de l'Afrique centrale par la voie de Maroc.

Déjà la Société a recommandé vivement aux ministres de la marine et de l'intérieur M. Auguste Caillié; et pour subvenir à ses plus pressans besoins, elle lui a adressé sur-le-champ à Toulon une première indemnité.

Nous avons l'honneur etc.

*Signé* Baron CUVIER, JOMARD, DE LARENAUDIÈRE.

*Lettre de S. Exc. le Ministre de la marine.*

Paris, le 11 Novembre 1828.

Messieurs,

Vous m'avez fait l'honneur de me recommander le sieur Caillié, qui vient d'accomplir un voyage à Temboctou et dans diverses autres parties inconnues de l'Afrique centrale, et qui est récemment arrivé à Toulon.

M. le ministre de l'intérieur m'a, de son côté, écrit en faveur de M. Caillié. Je réponds à Son Exc. que c'est à elle qu'il appartient de procurer à cet explorateur les premiers secours qui paraissent lui être nécessaires, et que je m'associerai bien volontiers aux mesures qui seraient prises ultérieurement par le département de l'intérieur, pour récompenser, d'une manière convenable, les travaux et le zèle de M. Caillié, dont j'apprécie tous les titres à l'intérêt du gouvernement.

Permettez etc.

*Signé* Baron Hyde de Neuville.

---

*Extrait du Procès-verbal de la séance du 21 novembre 1828.*

M. Jomard annonce que M. Auguste Caillié, présent à la séance, demande à offrir ses remerciemens à la Société ; il donne ensuite quelques détails sur les matériaux qui sont les fruits du voyage, et annonce qu'il a pu tirer du journal un itinéraire complet de Rio-Nunez à Tanger par Timé, Jenné, Temboctou, Tafilet et Fez. Il propose qu'une commission de cinq membres soit nommée pour en prendre connaissance, et faire son rapport avant la séance générale, afin que le public soit promptement mis à même d'apprécier les travaux et les observations de cet intéressant voyageur. La proposition est adoptée unanimement, et l'assemblée charge une commission spéciale, composée de MM. Eyriès, Amédée Jaubert, Larenaudière, baron Roger, Cadet de Metz et Jomard, de lui faire un rapport sur le voyage et sur les matériaux de M. Caillié; la commission centrale se réunira, pour l'entendre, en séance extraordinaire.

---

*Lettre des Présidens et Secrétaire de la Société à LL. EE. les Ministres de la marine, de l'intérieur et des affaires étrangères.*

Paris, le 28 Novembre 1828.

MONSEIGNEUR,

La Société de géographie, après avoir pris une connaissance approfondie des travaux et des observations de M. A. Caillié dans l'intérieur de l'Afrique, a reconnu qu'il avait mérité la récompense promise *au premier voyageur qui serait parvenu dans la ville de Temboctou en partant de la Sénégambie*, et elle a décidé que le rapport ci-joint serait communiqué à V. Exc. Nous nous empressons, Monseigneur, de vous en adresser une copie[1] dans l'intérêt de M. Caillié, et nous croyons superflu de le recommander de nouveau à votre bienveillance. Peut-être, Monseigneur, V. Exc. trouvera-t-elle convenable de mettre ses services sous les yeux de Sa Majesté.

Nous sommes etc.

*Signé* Baron CUVIER, *président;* le vicomte SIMÉON, *vice-président;* GIRARD, *président de la commission centrale;* JOMARD, *vice-président;* DE LARENAUDIÈRE, *secrétaire général.*

[1] Voir le rapport p. 359 ci-dessus.

*Lettre de M.* John Barrow *à M.* Jomard.

Londres, le 1.ᵉʳ Décembre 1828

Monsieur,

J'ai reçu votre obligeante lettre du 1.ᵉʳ novembre, et celle du 20, à laquelle vous avez eu la bonté de joindre des exemplaires imprimés de notre correspondance au sujet des deux voyageurs africains dont il y est fait mention. Je vous prie d'en recevoir mes remerciemens très-empressés. L'explication que vous avez bien voulu me donner dans votre première lettre est parfaitement satisfaisante, et de nature à me convaincre que je me suis mépris, et que j'ai confondu l'heureux retour de M. Caillié avec l'heureux accomplissement de son entreprise. J'ai attendu long-temps pour vous remercier, afin de pouvoir avoir le plaisir de vous envoyer un exemplaire de la carte etc.

*Signé* John Barrow.

---

*Lettre de S. Exc. le Ministre de la marine à M.* Jomard.

Paris, le 2 Décembre 1828.

En attendant qu'il ait été statué sur la récompense à laquelle peut prétendre M. Caillié, à raison de l'entreprise courageuse qu'il vient d'accomplir, j'ai proposé au Roi d'accorder à ce voyageur une indemnité provisoire de trois mille francs, payable sur les fonds du Sénégal. Sa Majesté a bien voulu, par décision du 30 novembre, accueillir ma proposition. J'ai pensé qu'il vous serait agréable d'être informé de cet acte de la bienveillance royale, que je me félicite d'avoir provoqué.

Recevez etc.

*Signé* Baron Hyde de Neuville.

*Lettre de S. Exc. le Ministre de la marine à* M. JOMARD.

Paris, le 10 Décembre 1828.

Je m'empresse de vous annoncer que, sur ma proposition, le Roi a daigné, par ordonnance de ce jour, nommer M. Caillié chevalier de la Légion d'honneur: je vous prie de vouloir bien le lui annoncer. Je serai bien aise de le voir demain jeudi 11 décembre, de onze heures à une heure, pour lui exprimer de vive voix cette nouvelle.

Agréez etc.

*Signé* Baron HYDE DE NEUVILLE.

---

*Lettre de S. Exc. le Ministre de la marine à M. le baron* CUVIER, *président de la Société de géographie.*

Paris, le 11 Décembre 1828.

Vous m'avez transmis, au nom de la Société de géographie, copie du rapport de la commission spéciale chargée de lui rendre compte du voyage de M. A. Caillié à Temboctou et dans l'intérieur de l'Afrique. J'ai l'honneur de vous remercier de la communication de cet intéressant rapport.

J'ai appris avec plaisir que la Société a jugé M. Caillié digne de la récompense promise au voyageur qui aurait pénétré à Temboctou en partant de la Sénégambie.

Bien que mon département ait déjà contribué à la formation du fonds affecté à cet objet, j'ai proposé au Roi d'accorder à M. Caillié, sur les fonds coloniaux, une indemnité spéciale de trois mille francs, dont j'ai directement annoncé à M. Caillié l'allocation.

Une grâce d'un plus haut prix encore vient d'être décernée

à ce voyageur : par ordonnance du 10 décembre, rendue sur mon rapport, le Roi l'a nommé chevalier de l'ordre royal de la Légion d'honneur.

Je me félicite d'avoir à faire connaître à la Société de géographie ces actes de la bienveillance royale, que j'ai saisi avec empressement l'occasion d'appeler sur le dévouement de M. Caillié.

Agréez etc.

*Signé* Baron HYDE DE NEUVILLE.

---

*Extrait du Procès-verbal de l'assemblée générale du 5 décembre 1828.*

M. Jomard, organe de la commission chargée de rendre compte des résultats du voyage de M. Caillié, a donné lecture du rapport, et a été écouté avec l'attention la plus vive et la plus soutenue. Après avoir exposé en détail tous les motifs qui ont déterminé la conviction de la commission, et notamment l'accord qui existe entre les récits du voyageur et ceux de ses devanciers les plus exacts et les plus dignes de foi; après avoir annoncé que le journal de M. Caillié renferme un itinéraire suivi et sans interruption depuis le Rio-Nunez jusqu'à Tanger, le rapporteur a donné un aperçu des résultats du voyage, suffisant pour faire naître la curiosité de l'auditoire, mais non pour la satisfaire. Il s'est attaché à faire l'énumération des principaux lieux qu'a visités notre compatriote pendant dix-sept mois, sur une étendue de trois mille milles environ. Nous citerons seulement son embarquement à Jenné, sur le Dhioliba (vulgairement appelé *le Niger*); sa navigation de là jusqu'à Temboctou, pendant un mois entier, dans la saison des basses eaux; son séjour dans cette ville, et sa route à travers le grand désert, pendant deux mois et demi, jusque dans le royaume de Maroc et à Tanger. Là M. Delaporte, consul de France et membre de la Société de géographie, a recueilli notre compatriote, et lui a généreusement prodigué tous les soins que demandait son état de maladie et d'épuisement, après avoir échappé aux dangers du climat et aux périls d'un si long et si difficile voyage.

Ce rapport a été vivement applaudi; et conformément aux conclusions de la commission, M. Caillié est venu recevoir des mains du président la récompense offerte à son généreux dévouement, c'est-à-dire, le produit d'une souscription ouverte par la Société en faveur de celui qui aurait réussi le premier à pénétrer à Temboctou par la voie de la Sénégambie, et à fournir une description de cette ville.

*Lettre de S. Exc. le Ministre de l'intérieur.*

Paris, le 5 Décembre 1828.

MESSIEURS,

J'ai reçu la lettre que vous m'avez fait l'honneur de m'écrire le 29 novembre dernier, et j'y ai trouvé jointe la copie du rapport fait à la Société de géographie sur le voyage de M. A. Caillié dans l'intérieur de l'Afrique.

J'examinerai avec intérêt ce qu'il me sera possible de faire pour remplir les vœux que vous m'exprimez en faveur de ce voyageur, qui vient d'exécuter une entreprise dont je reconnais, ainsi que l'a fait M. le ministre de la marine, toute l'importance pour la science et pour nos relations dans des contrées jusque-là et même encore si imparfaitement connues.

Agréez etc.

*Signé* DE MARTIGNAC.

*Mort du major Laing. — Traduction littérale d'une lettre écrite à Saint-Louis par un Maure de Temboctou, et adressée à M.* Jomard *par M. Prosper* Gérardin.

Saint-Louis,...... 1828.

Sachez que Chems, chef de la tribu des Darmancours, m'a dit qu'il a reçu une lettre de Saleh, fils de notre iman et de notre cheykh (à Tischit), relative au chrétien qui est allé à Ghadamès. De cette ville il a marché vers Touat, puis il s'est dirigé vers la tribu du cheykh Moctar (chef des Kountas, à l'E. du royaume des Dowiches). Moyennant mille gros d'or, les gens de cette tribu l'ont accompagné à Temboctou, où ils sont arrivés après une route qui a duré sept jours; ensuite ils l'ont quitté. Ce blanc resta quelques jours à Temboctou; puis il en sortit. Il fut rencontré par des Maures qu'on appelle *Berabiches*. Ceux-ci le tuèrent, volèrent son argent, et laissèrent là les livres qu'il possédait.

Saleh dit que si les chrétiens veulent ces livres, ils n'ont qu'à lui envoyer quelqu'un, et qu'il les lui remettra.

Les Berabiches sont des Maures qui habitent dans les environs de Temboctou et d'Arawâne.

Le roi de Temboctou se nomme الخلش (*el Khâch*).

*Récit d'un Maure venant de Temboctou (communiqué par M. le baron* Roger.)

Saint-Louis, Septembre 1828.

En venant de mon pays pour me rendre ici, j'ai passé à Temboctou, où j'ai appris qu'un blanc qui y avait résidé quelques jours, avait été assassiné en se rendant à Ségo; et voici ce qu'on m'a raconté, dans cette ville, des circonstances de ce malheureux événement.

Cet Européen, qui était parti de Tripoli et avait manifesté le desir de se rendre dans la Sénégambie, voyageait avec un Juif de Barbarie qui lui servait d'interprète; il avait à sa suite quatre domestiques noirs, et possédait neuf chameaux chargés de provisions et de marchandises. Il était arrivé à quelques journées de Temboctou avec sa caravane, lorsqu'il fut joint par une autre, composée de Maures *Tuat* ou *Tuaris*. Ceux-ci lui demandèrent des présens, et ensuite à faire des échanges. L'Anglais (qu'on suppose être le major Laing) y consentit, et fit des affaires avec cette tribu; mais, pendant la nuit, ils s'introduisirent dans sa tente et l'attaquèrent. Le blanc et ses domestiques se défendirent bravement: quoique blessé au bras, le voyageur parvint à s'échapper sur un de ses chameaux; il fut rejoint peu après par un de ses gens, qui en amena deux autres; ils gagnèrent heureusement Temboctou et s'y réfugièrent. Mais les Tuaris les y poursuivirent, et vinrent demander au roi de cette ville de leur livrer le blanc qui avait immolé plusieurs de leurs compagnons. Ce malheureux fut obligé de fuir ses persécuteurs : c'est vainement qu'il prit un chemin détourné pour se rendre à Ségo; il fut de nouveau poursuivi et atteint par ces scélérats, qui le massacrèrent.

Il m'eût été facile d'acquérir des Tuaris les livres qui appartenaient à cet Européen; je n'ai pas osé le faire, dans la crainte d'être soupçonné d'avoir pris part à cet assassinat.

**FIN DU TOME III ET DERNIER.**

# TABLE DES MATIÈRES
## CONTENUES DANS LE TROISIEME VOLUME.

**Chapitre XXIV**..........................*pag.* 1.

Puits d'Amoul-Gragim. — Serpens énormes. — Hautes dunes appelées Helk. — Puits d'Amoul-Tat. — Collines de granits diversement colorés. — Puits d'el-Ekseif; très-bonne eau. — Puits dits Marabouty, el-Guédéa, Mayara et Sibicia. — Hautes montagnes escarpées, défilés et précipices. — Chute violente. — Camp de Sidi-Aly. — El-Harib. — Les Berbers. — Tatta. — Description du pays d'el-Harib, ses usages, tribus qui l'habitent.

**Chapitre XXV**........................... 43.

Pays d'el-Drah. — Zaouât. — El-Hamid. — Bounou. — Ville de Mimcina. — Camp des Berbers. — Tabelbât. — Les Taouâts. — Puits d'Yénéguédel, de Faratissa, de Bohayara. — Usages des Berbers. — Puits de Goud-Zénaga, de Zénatyia. — Ville d'el-Yabo. — Puits de Chanérou, de Nyéla. — Arrivée au Tafilet. — Ville de Ghourland; sa description. — Marché très-bien approvisionné. — Ressant, résidence d'un gouverneur de l'empereur de Maroc.

**Chapitre XXVI**.......................... 81.

Description du Tafilet et de son commerce. — Agriculture et industrie florissantes. — Misérable condition des Juifs; leur costume et leurs usages. — Afilé. — Jardins riches en fruits. — Tannéyara, Marca, M-Dayara, Rahaba. — Chaînes de montagnes de granit. — Petite rivière de Guigo. — L-Eyarac, Tamaroc, Kars, Ain-Zéland, L-Eksebi

— Montagnes très-élevées, couvertes de liéges. — L-Guim. — Guigo. — Ville de Soforo. — Ville d'el-Fez ou Fez, l'ancienne capitale de Maroc.

Chapitre XXVII ................................ pag. 136.

Description d'el-Fez. — Marchés, monumens, jardins, police. — Méquinaz. — Le voyageur ne peut y obtenir l'hospitalité. — Bras de mer appelé Sbo. — Arbate ou Rabat. — Visite à l'agent consulaire. — Le voyageur évite le camp de l'empereur de Maroc. — Il écrit au vice-consul M. Delaporte. — Il passe à Larache. — Il arrive à Tanger le 7 septembre, presque mourant, exténué par la fatigue, la misère et la fièvre. — Réception généreuse de M. Delaporte. — Anxiété du voyageur. — Il est introduit de nuit et caché dans le consulat. — M. Delaporte obtient du commandant de la station navale de Cadix, un bâtiment pour le transporter en France.

# APPENDIX.

Chapitre I. — Remarques et recherches géographiques ........................................ 147.

§ I. Coup-d'œil général sur les connaissances antérieures au voyage de M. Caillié .......................... ibid.

§ II. Analyse de la carte itinéraire et de la carte générale du voyage ........................................ 174.

Art. 1. Premiers voyages de M. Caillié ............... 175.

Art. 2. Carte itinéraire du voyage. — Observations générales .............................................. 179.

Résumé des marches et séjours ............... 181.

## DES MATIERES. 403

| | |
|---|---|
| *Première partie du voyage*..............*pag.* | 184. |
| *Deuxième partie du voyage*................ | 193. |
| Observations sur le tracé du cours du Dhio-libâ, de Couroussa à Ségo et Djenné.... | 199. |
| *Troisième partie du voyage*................ | 207. |
| Liste des puits et stations du désert....... | 214. |

ART. 3. Remarques sur la carte générale du voyage, et les élémens qui lui servent de base............ 217.

Observations sur la position de Temboctou, et particulièrement sur sa longitude............... 226.
Orientation des routes de M. Caillié........... 234.
Appréciation des marches.................. 236.
Positions géographiques des principaux lieux.... 245.

§ III. De la nomenclature......................... *ibid.*
Liste de plusieurs noms de lieux de l'Afrique septentrionale............................ 251.

§ IV. De quelques résultats du voyage de M. Caillié........ 253.
§ V. Du cours du Dhiolibâ au-dessus et au-delà de Temboctou................................. 283.

CHAPITRE II. Vocabulaires recueillis par M. Caillié... 293.

1.º Vocabulaire français-mandingue............. *ibid.*
2.º Vocabulaire français-kissour, dialecte parlé à Temboctou et sur les bords du fleuve........ 308.
Observations sur les vocabulaires.............. 315.

CHAPITRE III. Itinéraire de M. Caillié, de Kakondy à Tanger, par Temboctou............ 317.

I.re Partie, de Kakondy à Timé............. *ibid.*
II.e Partie, de Timé à Temboctou............ 328.
III.e Partie, de Temboctou à Tanger........ 338.

# TABLE DES MATIÈRES.

Chapitre IV. Explication des planches du voyage.. *page* 343.

Notes sur des fragmens de plantes rapportés par M. Caillé ............................ 345.

Notes diverses sur les productions naturelles des pays qu'il a parcourus, et sur quelques points de géographie........................................ 347.

Chapitre V. Documens et pièces diverses.......... 355.

Société de géographie. — Encouragement pour un voyage à Temboctou et dans l'intérieur de l'Afrique. ............................ 356.

— Rapport de la Commission spéciale chargée de rendre compte du voyage de M. Caillié à Temboctou et dans l'intérieur de l'Afrique.. 359

Correspondance relative au retour de M. Caillié. 369.

FIN DE LA TABLE DU TOME III.

www.ingramcontent.com/pod-product-compliance
Lightning Source LLC
Chambersburg PA
CBHW071907230426
43671CB00010B/1512